絲路、遊牧民與唐帝國

從中央歐亞出發，騎馬遊牧民眼中的拓跋國家

シルクロードと唐帝国

森安孝夫（大阪大學名譽教授）——著

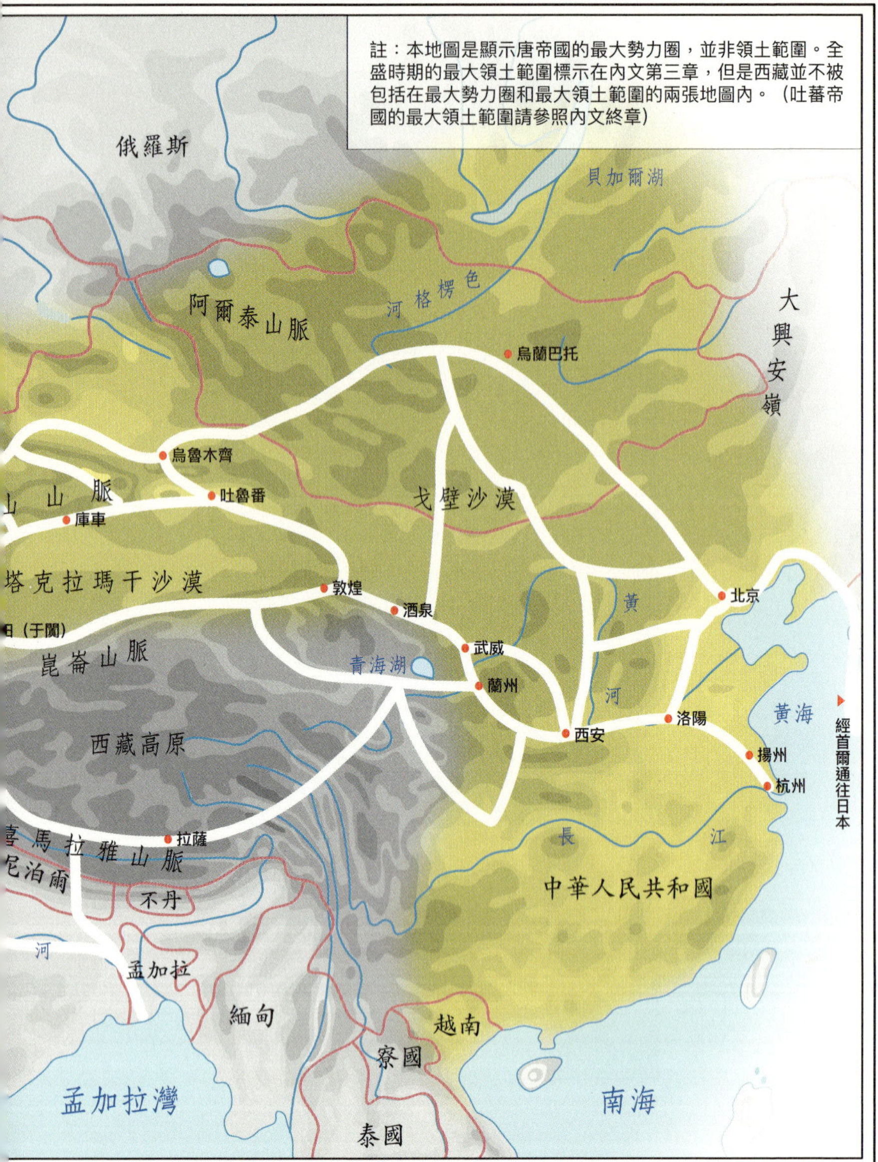

註：本地圖是顯示唐帝國的最大勢力圈，並非領土範圍。全盛時期的最大領土範圍標示在內文第三章，但是西藏並不被包括在最大勢力圈和最大領土範圍的兩張地圖內。（吐蕃帝國的最大領土範圍請參照內文終章）

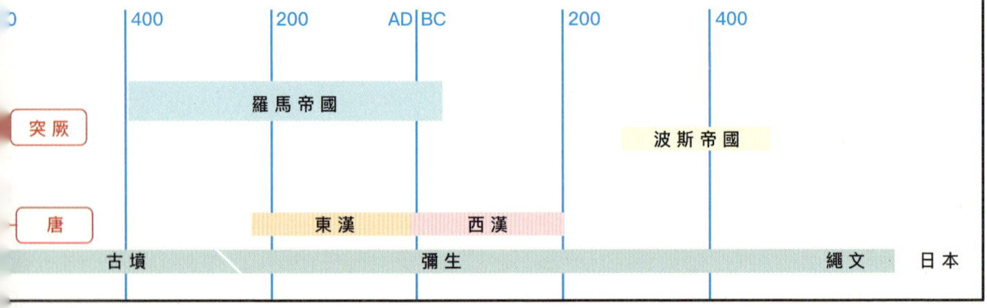

唐朝的最大勢力圈與絲路圖

絲路，不單是東西貿易的要道，而是連結東西南北的網絡。綠洲民族的粟特人在絲路貿易上相當活躍，進出中國本土，並且與擁有強大軍事力的北方遊牧民族結合，在外交、軍事、文化面上均發揮了重要作用。

唐朝全盛時期的最大勢力圈

絲路的主要通道

※地形、國界、國名、都市名稱皆為現今的稱呼

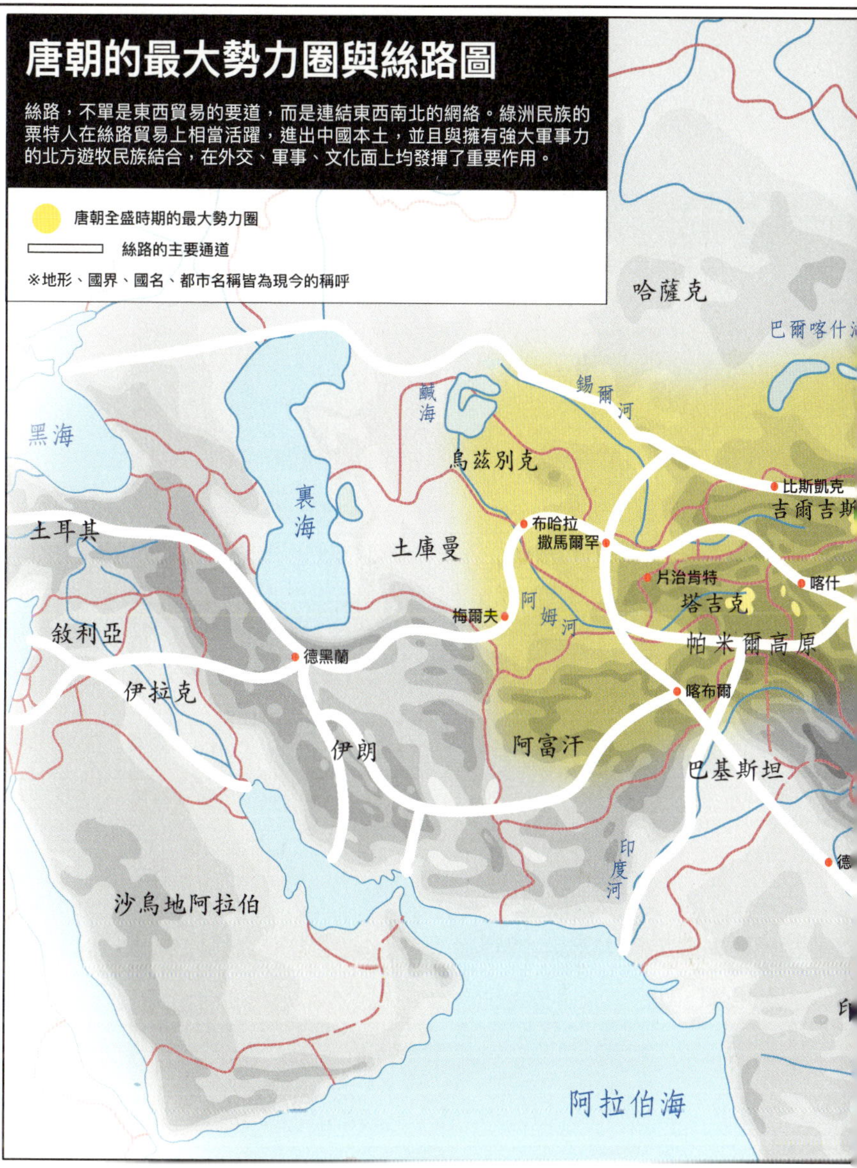

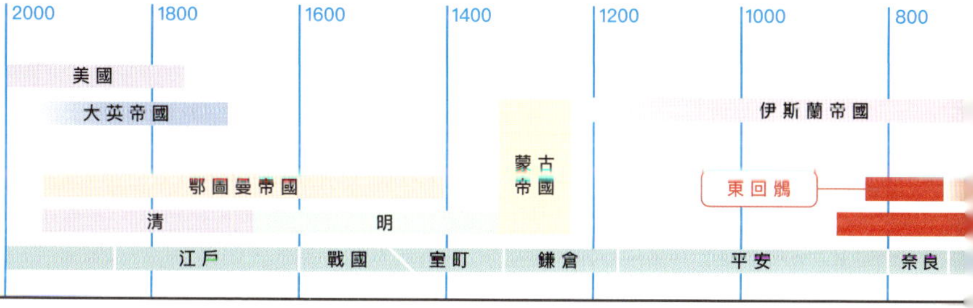

目錄

序章

何謂真正的「自虐史觀」？

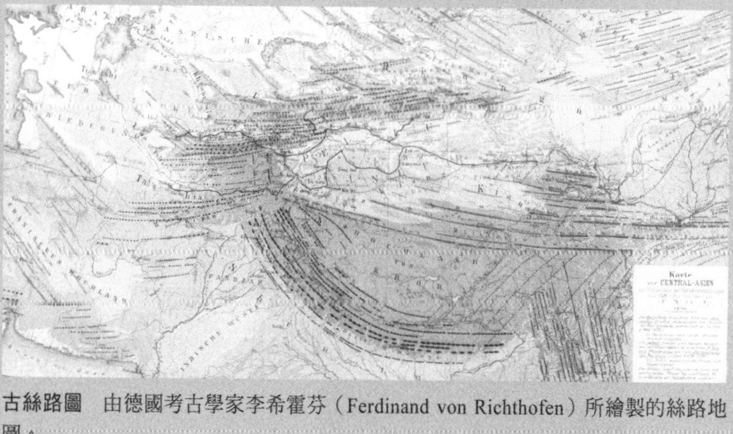

古絲路圖　由德國考古學家李希霍芬（Ferdinand von Richthofen）所繪製的絲路地圖。

本書的目的

◎被絲路與唐帝國吸引的日本人

許多日本人容易被「絲路」一詞吸引，對大唐帝國心生憧憬，並將兩者重疊，懷抱著浪漫幻想，這是為什麼呢？關鍵大概就在佛教吧。佛教雖是在六世紀中葉開始傳入日本，但佛教文化的正式輸入則是在自七世紀開始的唐朝前半期。唐朝的首都長安，一般被視為橫貫歐亞大陸的絲路東方終點站，但是日本人卻擅自解釋，將之一直延伸到博多、大阪、奈良乃至京都，而且對此堅信不移，甚至發揮了作用，讓不太在意歷史的人也認為這是日本文化的源流之一。

正值「日本」這個國名剛成立的時期，日本透過佛教文化與唐朝有了連結，而唐朝透過絲路，又與佛教文化興盛的西域和印度產生密切的結合。於是，日本民族初興之際的昂揚朝氣，匯合了對佛教的良好印象，穿越過千百年的時空，在現代日本人的遺傳基因裡也被繼承下來。當然，三藏法師從西域遠赴天竺取經的形象，也和這樣的感覺彼此重疊。自奈良時代以來，對日本人而言佛教是最具有親近感的宗教，不只如此，隨著明治時代以來的學問發達和普及，現在只要提到正倉院收藏的皇室寶物，任誰都會反射性地聯想到絲路或古代印度的犍陀羅國（Gandhara）。

漢朝時印度傳入中國的佛教，終於在南北朝時代紮下根基；到了隋唐，北朝佛教和南朝佛教更進一步地產生了融合。在唐朝，不論是以玄奘（六〇二～六六四年）、義淨（六三五～七一三年）為代表的教學佛教，或是由善導（六一三～六八一年）集大成、發展隆盛的淨土教，還有以不空（七〇五～七七四年）為代表的密教，都在歷代皇帝持續的保護與尊崇之下，而成就了中國佛教史上的黃金時代。因此，若稱唐朝為佛教王國，首都長安為佛教之都，一點也不為過。

唐朝的人口大約五千萬人，佛教僧侶的數目如

玄奘　三藏法師，漢傳佛教史上最偉大的譯經師之一，中國經典小說《西遊記》的唐僧原型。

果包括沒有經過官家許可的「私度僧」，至少超過了五十萬人，意即一百人當中就有一人為佛僧。在長安，我們幾乎可以確定，光是正式的佛教僧尼數目就有兩萬以上，因此以長安的人口一百萬人來計算，僧尼所占的比例已經達到了五十人裡面就占了超過一人。然而，就近現代的中國人或歐美人而言，對於唐朝曾經是佛教王國的印象逐漸淡薄了。這是起於自宋朝，尤其是明朝以後編纂的大型漢籍叢書裡面，關於佛教與佛教文化的史料，連同遊牧民族或少數民族的相關資料，同樣遭受到蓄意排斥和忽略的緣故。然而，對於居住在直到現代佛教還深植人心的日本的我們來說，對大唐帝國抱持的印象，還是跟佛教脫不了關係。

唐朝，自西元六一八年高祖李淵建國到九〇七年被朱全忠所滅，國祚持續了大約三百年之久。在這當中，唐朝名副其實地保有「帝國」的榮光，是從六三〇年消滅、吞併東突厥到七五五年爆發安史之亂的這段期間。安史之亂後，唐朝不僅失去甘肅省以西的土地，在中國本土內也被迫承認許多地方政權（藩鎮）的半獨立，完全無法與之前相比，簡直就像是變成了另一個小國。在文學史上，唐朝是分為四個時期：初唐（建國～八世紀初期）、盛唐（玄宗時代～安史之亂平定後的七六五年）、中唐（七六六～八三五年）、晚唐（八三六～九〇七年）。政治史上則分為前期與後期，把包括唐太宗「貞觀之治」的初唐與包括玄宗「開元之治」的盛唐歸為前期，而中唐與晚唐併稱為後期。唐帝國的鼎盛時期容易被認為是盛唐，但是發展出以均田制、府兵制、租庸調制為代表的律令體制並趨於完備的是初唐，到了玄宗時代，這樣的制度已經開始走向崩壞了，安史之亂不過是壓垮駱駝的最後一根稻草而已。即使如此，文化的繁榮依然延續到後期，不只在學術和文學的領域上陸續出現流傳後世的傑作，文學類型也相當多元，雕版印刷術也開始普及。

唐朝是中國史上最具有國際性，也最富開放性的王朝；中國文化本身在此時，也達到最巔峰的輝煌時代。七到八世紀的唐朝是名實相符的世界第一大帝國，其世界主義反映在國內各大都市裡的外國人居留地；四處可見的外國使節、留學生、商人和藝人；透過外交、商業管道如洪水般流入的外國文物，文化、藝術上呈現的西域愛好，以及作為與道教、儒教相抗衡的普世宗教佛教，甚至被稱為三夷教的摩尼教、景教和祆教等等，都是這個時代的特徵，而這些都在相當程度上和絲路有著密切關係。

若是從學術面來看，事實上是在元朝亦即蒙古帝國時代，才真正建立起了世界性的帝國，而且日本在佛教文化方面，元朝帶來的莫大恩惠並不亞於唐朝，但是由於對「蒙古襲來」的負面印象過於強烈，導致一般日本人並不太喜愛這個時代。另外，漢代或是三國時代的曹魏，歷史太過遙遠；宋明時期充滿濃厚的中華主義色彩；清朝雖是大國，但是日本打贏了甲午戰爭，自然地也被屏除在憧憬對象之外。

自《古事記》時代起至明治維新，長久以來漢文就是日本的公用語。在飛鳥、奈良、平安、鎌倉、室町、江戶時代，日本的官吏和知識分子都是使用漢文或者是混合日文的變體漢文，作為正式的書面語，其間有大量漢語直接被引入日文，並逐漸固定下來。如果從現代的日文裡面把漢語拿掉，就無法寫出一篇完整的文章，甚至連片假名或平假名也不過是改良漢字而形成的。總之，要說日本的文字文化在近代以前完全是拜中國所賜，一點也不為過。然而，明治維新以後，日本的政治家、官僚、經濟人、文化人，無一不將目光投向歐美，尤其是第二次世界大戰之後，透過將藝術、娛樂的領域傳遞給一般日本民眾，社會整體一面倒地向美國傾斜。

對日本而言，在過去中國曾經是壓倒性的存在，其影響力遠遠超過當今的美國。經過戰後六十年，雖然現在日本處於外交關係貧瘠的可悲時代，政府首腦或高級官僚肆無忌憚地公開表示日美同盟就是日本外交的基本方針，但是，外交夥伴的選項裡其實也有歐洲，也有亞洲。不過，對於從飛鳥、奈良時代到平安時代前期的日本而言，大唐帝國可謂是獨一無二的絕對性存在。縱然還有百濟、新羅或渤海，但這些國家也同樣繼承了中國的漢字、律令制、佛教文化，與日本就如同東亞文明圈的兄弟般，完全是由唐朝扮演起亦師亦父亦母的角色。

◎現代日本人對歐美的自卑情結

即使標榜資本主義、自由主義的美國此刻是走在現代文明的最前端，可是沒有知識分子不知道，美國直到一百年前還是落後於西歐。以歐美為中心的現代文明，實際上幾乎都是起源於西歐，這點就連一般的知識分了都知道。然而，這樣的西歐其實在幾百年前，不管在軍事力、經濟力，還是文化力上都是遠不及亞洲的，可是包括自認為亞洲先進國家的日本，卻鮮少人認知到這一點。

翻開歐亞大陸的地圖，位於阿爾卑斯山以北，領導近現代世界與價值觀的西歐各國，只是地圖上的西北一隅而已，而且從地理位置便可以一目了然地看出屬於寒冷的氣候帶。也就是說，比起所謂的四大農耕文明圈，也就是靠著栽培小麥、大麥、粟等農作物發展起來的埃及、美索不達米亞、印度河、黃河所串連起來的一線，西歐各國位於更北方（參照五十六頁的地圖）。

在進入機械化時代之前，人類本身就是最好的道具，若沒有人口增加，文明也不會發達。人口增加的基礎在於充足的糧食，而糧食生產的根基在於農業技術的水準。在這方面，西歐一直要到十八世紀，才能夠趕得上中國在六世紀北魏時代完成的農業指南書《齊民要術》當中的水準。若是要讓便宜的糧食能夠大量且在一年四季中穩定供給所需，有辦法大規模生產穀類或薯類等容易保存糧食的農耕地帶，或是能夠從這些地區方便輸送糧食的手段，兩者皆是不可或缺的。

其實，在鐵路或貨車等內陸的大量運輸工具發達以前，阿爾卑斯山脈以北的西歐並不具備這樣的條件。實際上，為英國帶來工業革命的大批勞工，支撐他們的是馬鈴薯或玉米，這些從新大陸輸入且能適應寒冷地區或荒地的糧食。可想而知，如此貧瘠的西歐不可能從古代開始就是世界的中心，儘管如此，多數的現代日本人卻陷入這樣的錯覺，原因何在？

答案很簡單，就是我們的前輩們透過明治維新後的留學生或者御雇外國人顧問，對歐美文明囫圇吞棗地全盤接受，不只是技術或工業產品，包括了思想、文學、藝術等整體文化，全都處心積慮地進行吸收或模仿。大學的理工科系固不用說，甚至連文科也都講求以西洋學為中心。即使是現在，在一般的大學可以學到以英文為首，還有德文、法文、俄文的西洋語言，在綜合大學裡甚至開設義大利文、西班牙文，偶爾有作為西歐古典語言的拉丁文、希臘文。相對地，東洋語言幾乎長久以來只有中文、漢文而已。韓流的興起帶動了學習韓文的風潮，增加韓文課程也是近年來的事情罷了。法學部裡面，雖然有羅馬法或日耳曼法等歐洲法律的專家，可是精通中國或日本律令的專家，即使是放眼過去的帝國大學，也未必能夠找得到。經濟學部裡，不是馬克思經濟學，就是與之相對應的近代經濟學等。於是，日本的大學教育長期偏重西洋的結果，就是令一般日本人陷入錯覺，以為西歐從古代到現代始終都是世界的中心。

有許多現代的日本人對歐美人抱持自卑感，對亞洲人卻是抱持優越感，這是因為，明治維新以後日本從西方引進了西歐中心史觀（一般稱為西洋中心史觀）。透過倡導「脫亞入歐論」的福澤諭吉這樣的明治啟蒙思想家，以及國高中歷史教科書的極力宣傳而廣為人知。再加上甲午戰爭的勝利、占領台灣、日俄戰爭的勝利、日韓合併，及第二次世界大戰的挫敗等接踵而至的歷史事件，綜合而讓日本產生了這樣的「負面遺產」。

◎先進的亞洲和落後的歐洲

然而，若以一千年、兩千年的單位來看歐亞大陸整體的歷史時，在我們東洋史學家看來，這種自卑感和優越感既不恰當也不必要。舉凡紙、指南針、印刷術、火藥，乃至火器（槍、大砲），都不是歐洲發明的。在歐洲之中，尤其是以法國、英國、荷蘭、德國為代表的西歐，在歐亞大陸的位置上是處於西方邊境，正好和位於東方邊境的朝鮮、日本遙遙相對。意即從所謂的「四大文明圈」來看，這些地方乃是「偏僻鄉下」，時而從亞洲本土單方面地接受許多恩惠，時而處在備感強大威脅的被動立場。

另一方面，以包含南歐的希臘、義大利、西班牙，還有東歐在內的西洋整體來看，基督教是從西亞傳播開來的，而日耳曼民族的大遷徙，是因為受到來自中亞的匈人（Huns）西進所引發。接著伊斯蘭的崛起讓查理大帝（Charlemagne）的法蘭克王國產生變貌；西方透過十字軍東征，首次以「基督教民族」自詡，確立了自我身分認同後，卻因為蒙古帝國的登場而局勢動盪；之後終於從南歐的義大利開始興起了文藝復興運動。十三世紀後半到亞洲旅行的馬可波羅，應該不會自認為或是自我陶醉地認為歐洲勝過亞洲吧。而在一四五三年，當鄂圖曼帝國占領君士坦丁堡，拜占庭帝國（東羅馬帝國）的滅亡則宣告了西洋中世紀的終結。

在日本人或東洋人當中，很多人單純地相信西歐從古典時代（Classical Antiquity）開始就是人類文化的中心，但是把近代以後的狀況直接投影到過去，是很大的謬誤。例如，比較八至九世紀歐亞大陸的東側與西側的文化狀況，巴黎雖有花都之稱，可是當時真正配得上這個美稱的是唐朝長安。在長安，書店的生意興隆，因為不管到哪裡紙都相當充足，可以提供輕量便宜的書籍。還有，因應科舉制度，考試用書的需求量增加。雖然還在寫毛筆的時代，但是當時也發明了雕版印刷術，可開始印刷實用性高的曆書、家庭醫書、道德書或是字書、韻書、唐詩，甚至是佛典，商業相當發達，出現多個大都市，其中也形成了大量的識字階層，以上這些都是唐朝的書店生意能夠成立的重要因素。

另一方面，以法蘭克王國為代表的西歐，當時還處於羊皮紙的時代，書籍笨重不好保存，而且價格昂貴。不只如此，查理大帝有點類似遊牧國家的領導者，始終在國內四處巡視，因此法蘭克王國並沒有出現足以稱為首都的地方，巴黎的人口也僅有兩萬到三萬人，因此書店等的生意很難立足。輕量便宜的紙，在八世紀從中國傳播到中亞的撒馬爾罕，在九到十世紀普及到阿拉伯世界，在十二世紀才終於出現在南歐義大利，傳到西歐又更晚了。如果有書店，就必須確保一定程度以上的庫存數量，這對昂貴笨重又占空間的羊皮紙書籍來說，不知道什麼時候賣得出去的情況下，根本無法保管。在西洋，書籍原本只是非常少數的王公貴族和基督教聖職者的特權，要等到十三世紀開始，像大學這樣的行業公會性質的學問場所正處於搖籃期，書籍的「世俗化」才使需求擴大，而真正的普及化是谷騰堡（Johannes Gutenberg，一三九八～一四六八年）改良活字印刷術（不是發明）的十五世紀開始。印刷術要能普及是需要大量便宜的紙，書店的有無是判斷文化水準的指標，這是古今中外不變的原理。

提到文藝復興運動，在日本比較有名的或許是藝術方面，可是這場運動的本質其實是在於復興希臘羅馬的古典文化，這些古典文化並不是近代西歐直接從古代地中海世界的南歐繼承過來的。文藝復興的傳播也不是從羅馬直接傳入被稱作野蠻人的日耳曼人統治的中古西歐世界，實際上是透過西亞到北非的伊斯蘭世界與東歐的希臘正教世界來進行傳播的。

正如日本人對亞洲的優越感，是起於明治時期以後的武力侵略，同樣地，歐洲人對亞洲人的優越感，再怎麼早，也不過是從十八世紀開始進行武力侵略之後才產生的。鄂圖曼帝國、薩法維帝國（又稱波斯第三帝國）、蒙兀兒帝國、大清帝國均是繼承了蒙古帝國的衣缽，直到這些大國鼎立的十七世紀為止，不管是經濟力、軍事力，歐洲特別是西歐不曾凌駕過亞洲，亞洲和歐洲的勢力真正開始出現逆轉，是一六八三年鄂圖曼帝國為了威脅神聖羅馬帝國而發動的第二次圍攻維也納，卻以失敗收場之後的事情。

◎從「國民史」邁向「全球世界史」

歷史不是自然地或是單純發展起來的東西，而是人類創造出來的東西。近代西洋創造出「國民國家」（nation-state）的概念，不過是人類文化的一個歸結而已，為了穩固國民國家的框架，接著誕生的是要守護這個框架的國別史或是國民史。在中華世界，為了主張王朝正統性的史觀已有兩千年的傳統，相較之下，在十九世紀的西洋，歷史學是作為國民性的學問而形成的，歷史家對於創造國民認同做出貢獻，學校的歷史教育除了培養國民的共同體意識，還有被用來賦予以國家安定為第一要務的權力體系的正當性。

同樣在十九世紀誕生的唯物史觀則是完全不同的立場，對二十世紀的世界發揮極大的影響力，然而在東西德合併與蘇聯崩壞之後，至今已經完全褪色了。另外，不同於德國的馬克思或恩格斯主張的唯物史觀，在法國有年鑑學派推動社會史的發展，也在二十世紀的西洋史學界一時蔚為風潮，可是在日本，包括日本史、東洋史的歷史學界整體上並沒有被捲入潮流。

從二十世紀末至二十一世紀初，馬克思史觀的崩壞引起一種回歸現象，歷史再度倒退回到國別史或國民史的水準。但是總的來說，那是政治動態，還不構成學問上的研究思潮。現在，作為新歷史學的方向，主要是立足於比較史或者是關係史的觀點，「全球世界史」蔚為一門顯學。

◎歷史學的意義

比近代歐洲早一千年，透過科舉制度這樣的實力主義手段，採取「民主的」高級官吏錄用考試的是中國。在傳統的中國，很多時候讀書人與政治家或官僚是一體兩面的，將兩者結合在一起的就是科舉制度。除了佛教或道教的僧侶之外，唐代文人和詩人（以現在來說，就是文科的學者和知識分子）沒有不以科舉為目標的。初唐的張說、陳子昂，盛唐的杜甫、王維、孟浩然，中唐的白樂天（白居易）、元稹、韓愈、柳宗元，晚唐的杜牧、李商隱、韋莊等人，大家都志於仕途。就連被稱為詩仙，感覺超俗灑脫的的李白，也三番兩次想要當官從政，並曾經侍奉過唐玄宗。

科舉考試的必要項目是儒學，基於儒教精神的儒學，重視實際的政治經濟，這一點可以稱之為「實學」，相對之下，佛教和道教的學問就稱為「虛學」。在現代，法學部、經濟學部的學問被稱為實學，相對於此，文學部的學問往往被稱為虛學，各有各的道理，我沒意見。對於身為歷史學者的我來說，從事與賺錢無緣的虛學，我覺得很自豪。只是話說回來，歷史學真的是虛學嗎？其實不然。

那麼，歷史學是一門對人類有幫助的學問嗎？我可以果斷地回答：是的。醫學不管再怎麼進步，對於沒生病的人就沒有用處，但是沒有人會因此否定醫學的存在。學問也是這樣的東西，即使是發現多麼渺小的事實，只要能夠拓展人類的「知性視野」，就是很大的助益了。更進一步地說，歷史學並不是停留在發現事實而已。

對於安史之亂前後的歷史狀況，杜甫詳盡地寫在詩裡而被稱為「詩史」，白樂天坦言寫諷諭詩的目的不是為了文學，而是政治，不管是何者都是站在社會批判的視角，其背後由歷史的教養和學問支撐著。即使在現代，舉凡政治家、官僚、外交官以及監督他們的新聞記者，甚至是必須對未來有明確展望的財經人士或企業家，都被要求具備回顧歷史的教養。與此同時，普遍存在的一般讀書人是關注上述人物的言行並形成輿論的推手，因此提升歷史水準也是很重要的。在報紙、電視等的大眾媒體的背後，感受到歷史的流動，培養敏銳度，揭穿將人類導向毀滅的虛偽或不公不義的言行舉止，這樣的涵養將成為開拓日本未來的關鍵。

◎本書的論述結構與目的

六四〇年，唐朝併吞了位於中亞吐魯番盆地的麴氏高昌國，打開了統治西域的道路，直到七五五年爆發安史之亂為止，唐朝直接控制絲路的東段，創造了一個聯繫東西南北、文物與人才交流皆相當熱絡的時代。以這個時代為中心，日本也從唐朝學到了許多東西，因此日本也必然地通過長安、洛陽等唐朝的大都市，與絲路產生密切的連結，要說絲路和唐帝國是日本史的一部分也不為過。今後的年輕人若想要成為真正富有學識的國際人，以及教化英才的高中歷史教師，至少要有這樣的見識，而不是考試機器而已。

那麼，作為本書的讀者，首先我最期待的是在高中任教的世界史、日本史、現代社會等科目的教師，理由很明確，就是對於已經出社會、活躍於各個領域的日本人，他們的歷史知識基礎幾乎都是依賴高中時代的歷史教育或者是準備大學入試的內容。本書雖是我初次撰寫以一般大眾為對象的書籍，不過從研究生時代開始，我便長期接觸大學入試範圍的世界史教育，曾在補習班教課，也經常到高中演講，直到最近才在大阪大學二十一世紀COE計畫（The 21st Century Center Of Excellence Program）的「跨界面的人文學」的一環，主辦全國高中歷史教師研討會。透過這樣的經驗，我更加確信日本歷史教育的瓶頸就是高中的社會科教師。若是這些教師的歷史意識沒有徹底改變的話，日本自明治以來的歐美依存體質，在今後也不會有任何改善。

人類可以從歷史學到教訓，可是教科書或以此為基礎的學習指導要領若是出錯了，除了研究者以外的一般人，包括大部分的高中社會科教師也只能將錯就錯。因此，應該盡快提供另一套可以取代謬誤的高中教科書，這套歷史叢書的目標就是作為其中的一環。

到目前為止，前面反覆地提到絲路與唐帝國的歷史，而本書的主要目的是要站在「中央歐亞」（Central Eurasia）的觀點，以淺顯易懂，且異於西歐中心史觀或中華主義思想的方式來加以記述。換言之，透過內含遊牧騎馬民族集團與絲路這兩大主軸的中央歐亞史，重新檢討歐亞世界史，意即前近代的世界史。前近代一詞與近代以前屬於同義詞，但是西洋史和我們的歐亞世界史在看法上出現分歧，有兩個世紀的時代差距。西洋中心主義（Eurocentrism）或是中華主義（Sinocentrism）在廣義上是民族主義，因此在認識世界史的過程中，能夠將這兩者排除在外的話，也是為民族主義型態的歷史「捏造」敲了一記警鐘。

本書具體的敘述主軸有①與絲路史互為表裡的粟特人東方發展史、②唐建國史以及突厥在其前後的動向、③安史之亂為唐朝帶來的變化與回鶻的活動，由這三點構成。突厥與回鶻同樣誕生於蒙古高原，屬於在中央歐亞的東部展開活動的突厥系遊牧民集團。本書沿著這三個主軸，按照時代順序來展開，但是①也和②或③的時代有連續，粟特人在②③裡經常登場。談及唐代的西域愛好時，其中一環是關於胡姬及其由來，將導入奴隸貿易的觀點來詳加敘述。還有，唐朝能稱得上名實相符的世界帝國的時代，只有安史之亂發生之前的前半期而已，因此敘述重心也必然偏重這個時期。

歷來的概論書籍裡，累積了從漢代到唐代為止關於東西文化交流的有趣事實，以及絲路與遊牧騎馬民族有密切關係的歷史，這裡不再一一重述。因為自已成古典名著的羽田亨《西域文明史概論．西域文化史》（合冊復刻再版）、石田幹之助《增訂．長安之春》、松田壽男《東西文化的交流》以來，在多數的概論書裡已經不斷地提及絲路或是東西交流史。為了作出區隔，本書的重點是放在以我自身的研究為中心，介紹曾在學界發表過的，以及在世界的東洋史學界上幾乎成為定論，但是世間的讀書界卻尚未知道的史實，因此採取的方針是舉出許多原始史料。

本書最大也是最終的目標是，希望世間的讀書人以及支撐日本未來的莘莘學子們，可以跳脫西洋中心主義的歷史觀與徹底改變觀點，為此，這篇序章帶了些文明論的色彩，提出關於整體人類史的重大問題。雖然我在腦海裡謹記這些目的，但從第一章開始，敘述就會變得更加具體，屆時就請充分享受絲路世界史上發現的新事實及其樂趣吧。

「誓願圖」中的粟特人　在佛的腳下單腳跪膝的粟特商人樣貌。描繪於吐魯番的柏孜克里克千佛洞。

人種、民族、國民的根據何在？

◎人種並無優劣之別

本書的舞台是多人種、多民族、多語言、多文化、多宗教的世界。即使是在現代，以美國為中心的全球化如火如荼地展開，可是文明衝突、宗教戰爭、多國間或者是兩國間的戰爭、國內的民族紛爭等，仍是相當嚴峻的問題。全球化意味著拿掉國家的框架，美國本身就是多人種、多民族、多語言、多文化、多宗教的世界，背後潛藏著形形色色的問題，不只會直接演變成全球性的問題，尤其隨著交通、通訊的發展日新月異，情況也會愈來愈嚴重，明若觀火。所以，這裡首先要討論的是，與國家密不可分的國民是什麼？以及作為國民構成要素的民族又是什麼？民族決不是自太古以來就存在的，也並非不證自明的東西。

現在地球上棲息的人類，其實只有智人（Homo sapiens）一種而已。曾經我們把世界上的人類區分為高加索人種（白色人種、也稱歐羅巴人種）、蒙古人種（黃色人種）、尼格羅人種（黑色人種）等三大人種，或者是又從蒙古人種區分出澳洲人種（Australoid）的四大人種說。然後認為這些人種有著各自不同的祖先，追根究柢的話就是從不同的類人猿進化來的。可是，根據現代的遺傳基因人類學，利用粒線體DNA之序列分析的結果，所有現代人類的祖先都可以追溯到大約二十萬年前，在非洲從原人進化的一位晚期智人「夏娃」（夏娃假說），爾後她的子孫離開非洲，擴散到世界各地驅逐了原本居住的原人。也就是說，「四海之內皆兄弟」這句話既不是理想也不是隨口說說，而是千真萬確的。

若是如此，一開始就無法以膚色區別人種了。相反地，從非洲擴散到世界各地的人類，只能夠推斷說是因為移居到各地受到不同環境的影響，導致包括膚色或毛髮的體質產生變化。而且，發明農業以前的石器時代，人類尚未有定居的文化，人類集團經常移動，因此集團的聚散離合也很頻繁。之後，進入發明農業的歷史時代，即使在國家被創造出來之後，人類集團的聚散離合與混血依舊不斷地反覆進行著，這種人類大移動所產生的結果，就是近代人類的分布——以體態特徵為主，也考慮到語言和文化等因素，把相互接近的集團概括在一起，於是實際的情況便分為三大集團，分別命名為蒙古人種、高加索人種、尼格羅人種。

人種（race）相當生物學上的亞種或者是變種，並沒有優劣之分。因此，種族歧視（racism）並沒有人類學上的根據，純粹是心態問題而已。

◎民族與國民是近代的產物

與上述的人種經常被混為一談的，就是民族和國民。這兩者也是和人種相同，都是進入近代才出現的概念。「國民」指的是被包含在一個國家內部的人類集團，與之相對應的歐美語言，例如英語就稱之為 nation，可是「民族」就沒有可以相對應的字彙。實際上，「民族」一詞是明治維新後的日本人所自創的，要找英文相對應的字彙除了剛剛的 nation，還有 people 或是 ethnic group，甚至有的情況是 race。像這樣子，「民族」的定義決不是可以一概而論的，目前大眾認知的民族是①首先語言相同、②風俗、習慣或者歷史（包含神話）共通、③不只如此，還擁有屬於同個民族的「民族意識」的一種人類集團。要注意的是，雖然所謂民族以內在宗教信仰或是外在體態特徵一致的情形居多，可是也經常會出現不一致的情形。

民族的第一特徵是擁有共通語言，但這也是屢屢引起混亂的元凶，原因為何？因為語言是單單一個世代就可以替換的東西。語言並非先天遺傳，而是後天學習的，因此輕易就能改變。包括移民美國的日裔人士，到了第二代、第三代就幾乎不說日語，而是改用英語。假如第二次世界大戰後，美國占領軍司令部的麥克阿瑟將軍宣布戰後的日本教育全都改用英文的話，我們現在肯定也在說英文。現在的美國，不管是白人、黑人、黃色人種，大家都在說英文。換言之，人種和語言毫不相關。可想而知，用語言來區分民族的分類方法充滿了不確定性。

從以上看來，即使將前面的①②③加以濃縮，亦即把民族定義為「以語言為首，在廣義上擁有共通文化的人類集團」，實際上仍會出現各式各樣的矛盾。然而，明明知道漏洞百出，可是當我們要掌握整個大歷史的潮流時，為了論述上的方便，只能將就使用「民族」的概念。

◎土耳其民族的情形

在此，舉出與本書內容密切相關的「土耳其民族」為例來說明。概觀土耳其民族從唐代到現代的歷史與語言狀況，即使方言歧異，但是突厥、鐵勒、回鶻、葛邏祿、拔悉蜜、沙陀等民族，使用的都是相當近似的土耳其語系的語言，因此被統稱為土耳其民族。還有，近來的學界不使用土耳其，而是以突厥人（テュルク／チュルク）的標記較為常見，不過本書仍然統一用土耳其（トルコ）稱呼。[1]

這個土耳其民族的情形，直到唐代為止幾乎都是黑髮、直毛、黑眼睛的蒙古人種，但是在唐代末期左右，以蒙古高原為根據地的回鶻帝國（東回鶻汗國，以下簡稱東回鶻）瓦解後，以回鶻族為首的蒙古人種土耳其民族就從蒙古－阿爾泰山一帶開始大規模移動，進而統治天山山脈一帶至整個塔里木盆地。結果，此地帶原先居住的高加索人種的印歐語族（Indo-European）經過了幾個世代之後，也土耳其語系化，於是整體就成為「土耳其斯坦」，波斯語的意思是指「土耳其人的國家，說土耳其語的人的土地」。此時，土耳其語民族絕對沒有將印歐語族的人趕盡殺絕，只是整體成為「人民共同說土耳其語的國家」，這個狀態直到現代；這意味著，語言可以輕易地跨越人種間的隔閡。在那之後，即使是統一用土耳其民族來稱呼，裡面混雜著有黑髮、直毛、黑眼睛的人，也有紅髮、捲毛、藍眼睛的人，更有彼此混血之後，出現各式各樣外觀的人。更有甚者，當中亞的土耳其民族往西亞前進，先後建立塞爾柱王朝、鄂圖曼王朝之際，不只是高加索人種土耳其人的比例增加，甚至出現了捲髮、黑色皮膚的黑色人種土耳其人，這是史實。

但是，作為歷史學，還有其他的問題：那就是以上的土耳其人不見得全部都認為自己是土耳其民族——不，更正確說，實際上他們並不會那麼認為。舉個近例，就是江戶初期的越後人、土佐人、薩摩人，他們是否有同樣身為日本民族的意識呢？這是一個很大的疑問。總之，回到上述的民族定義來看，要認定③的條件格外困難。

◎唐代與現代的「回鶻族」

在此，我想先說明一下在本書中頻繁出現的唐代回鶻民族與現在中國的新疆維吾爾自治區裡的維吾爾人，這兩者之間的關係。實際上，古代的回鶻作為民族集團，在唐帝國到蒙古帝國（元朝）的時期相當活躍，可是在那之後回鶻的稱呼暫時消失了。若是追溯回鶻的流向，從蒙古時代以後漸漸伊斯蘭化的東土耳其斯坦東部的土耳其人，以及更早之前就在喀喇汗國統治下並伊斯蘭化的東土耳其斯坦西部的土耳其人，他們在各自居住的綠洲都市群裡產生自我認同，例如吐魯番人或是龜茲人（庫車人）或是喀什噶爾人，其稱呼也因應不同的出生地而五花八門。直到二十世紀前半，東土耳其斯坦迫於政治上統一的必要性，才將曾經是光環圍繞的回鶻之名作為全體的統稱。這樣的新回鶻人，甚至包含了前喀喇汗王朝統治下的喀什噶爾人、于闐人，因為後者是伊斯蘭教徒（穆斯林）所以容易被誤解。但本來古代的回鶻人是完全沒有伊斯蘭教徒的。當他們在蒙古草原上過著遊牧生活的時代，宗教信仰是薩滿教和摩尼教，當民族移動到天山地方，過了百年之後，習慣了農耕和都市生活，改信佛教的情況顯著。到了蒙古帝國時代，幾乎所有的回鶻人都是佛教徒，只有一部分是聶斯脫里派基督教徒。

就語言來說，唐到元代的古回鶻語和近現代的新回鶻語（亦即中文的維吾爾語），基本上同樣是土耳其語，文法上沒有很大的變化，但是文字卻完全不同，還有字彙也有很大的歧異，也就是說在伊斯蘭化以後，阿拉伯／波斯語系的文字與字彙傳入，甚至在清朝以後借用了大量漢語。

像這樣，民族和人種一樣，不過是人類到了近代在書桌上創造出來的概念罷了，和人類在前近代是如何認識自己的並不相關。不只是同一人種會因為不同語言而被分類為許多民族，像土耳其民族這樣，同一民族是由多個人種來構成的情況也屢見不鮮。尤其是我們日本人必須要注意的是，不管是過去或現在，歐亞大陸的大部分地區都是多語言的世界。即使是一般民眾，會講兩種語言的一點也不稀奇，從商者或翻譯人員會三種語言，甚至是多種語言也不在少數。當我們在研究其他資訊非常稀少的前近代史之際，似乎很容易光靠語言來決定民族或是將國家與民族視為一體，以及將現代的框架直接投射到過去，因此要謹慎留意。

若追溯現代人類的起源，結果都會導向非洲，在世界史上根本就不存在純粹的民族或是純粹的文化。與人種相同，所有的民族都是混合生成的產物，世界上的民族或多或少都繼承了人類共通的文化遺產直至今日，也是歷史的造物。就算是人種，也是在長遠的時間軸裡面逐漸形成的，是後天的東西，而民族是在更短的時間跨度裡面形成，今後也會不斷地改變。故此，民族可說是一種變動的「活體」。

◎企圖混淆國民與民族

在概念上，有個字彙與人種、民族一樣容易成為招致混亂的要因，就是在前面已經提到的國民（nation）。總歸言之，若人種是生物學上的分類，民族是文化上的分類，那麼國民就是政治上的分類了。國民是指一個國家（state）的成員，國家一定有統治階層，也有領土，國家的統治階層不是為了國民，而是為了自己的利益與繁榮，祈求國家安泰，處心積慮訂定政策或措施來提高國家成員的同胞意識。在近代西歐偶然誕生的，以一民族形成一國家的民族國家（nation state）虛構就是其一。實際上，一民族形成一國家，抑或是一國家只有一民族，這樣的模範例子在世界上根本就不存在（雖然一般人認為日本是例外），一個民族分布在好幾個國家，或是一個國家內存在多種民族，這是歷史的實態，也是現實。

歷史上出現過規模較大的國家，在創建時期至少都是多文化、多民族的國家，之後持續了幾個世代之後，才宛如成為同一民族，或者是以現代的目光來看似乎是同一民族。民族在某種程度上是流動的，而非從神話時代以來就一成不變的東西。然而，像日本這樣島國的特殊情況，利用在近代西歐創造出的一民族形成一國家，或是一國家只有一民族的幻想，是再合適不過了。先前提出了疑問，江戶初期的越後人、土佐人、薩摩人是否覺得自己同樣是日本民族呢？住在飛鳥、奈良時代日本列島的東北蝦夷人、奈良人、大陸來的渡來人、九州的隼人，不可能同樣都抱著日本人的意識吧。但是，明治政府卻擅自決定將這些人從一開始就歸列為單一的日本民族。

國家統治階層不只是意圖把國民和民族劃上等號，即使在民眾裡面，屬於多數派的人也覺得理所當然，企圖把民族與國民混為一談，這樣的例子在近現代史裡面不在少數。此時，語言又再度成為關鍵因素。明治維新以後，原本不過是日本國民的結合卻又竄改為日本民族，強迫朝鮮民族或台灣人學習日語，但是以失敗收場。還有，在舊蘇聯，強制要求各個民族的自治共和國學習俄語。現在的中國，也是將中華人民共和國的國民改為中華民族，彷彿在文化上是一體的而催生出連帶感，進而在政治上隨心所欲地利用。

◎漢族的真相

只是在中國，情況有些不同。語言是用文字語言，亦即書面語來趨向統一，並非口語。中國在歷史上經常是多民族國家，可是多數派的漢族過去用來主張的異民族已「與漢人同化」或者「漢化」的依據，就是因為使用的共同文字語言是漢文。

以現代來說，漢族固不用提，新疆的回鶻族（維吾爾族）、西藏高原的藏族、內蒙古的蒙古族、廣西的壯族，大家都會讀寫漢語（中文），因此出現了「中華民族多元一體論」等論調。多元裡面的中華，結果是以漢族為中心的中華思想，這也不過是以國民國家為目標的近代主義的虛構而已。西藏人現在是中國人，但不是中華民族。儘管雙方說的是互不相通的口語，也不管透過文字語言的強制統一來創造中華民族這樣的單一民族有多無理，只要遵循現行憲法中宣示的「中國是多民族國家」精神，在政治上其實也不是什麼大問題。

所謂的中國人，指的是中國國民，和漢族是截然不同的事物。不只如此，就連漢族本身，也不是一個固定不變的概念。漢族的稱呼是從漢朝由來，但是之後出現的唐文化，乃是前漢、後漢時代的漢文化，混合著北方的遊牧文化、西方的佛教文化和伊朗文化等而集大成之物。因此，其背景當然會受到異民族（現代中國稱之為少數民族）或異國人的大量流入，尤其是五胡十六國時代發生的民族大遷徙所影響。故此，「漢文化」與「唐文化」是不同的，所以唐代的漢族應該稱為「唐族」才正確，但這樣一來就愈來愈複雜了，所以本書也還是沿用「漢族」這個常見的表達方式。不只如此，唐代的漢族、漢文化到了遼金朝的時代再度改變，之後到了加入蒙古族與色目人的元朝，更是變化甚鉅，最後則是由滿洲人統治的清朝登場。現在，漢族的典型民族服裝是旗袍，但這是滿洲人的服裝，與漢代和唐代沒有任何關係。現在中國的標準語是北京語，這也是統治清朝的滿洲人所說的中文，因此中國史絕非等同於漢族史。

必須強調的是，我並非意圖使中國在政治上陷入混亂的分裂主義者。然而，就像日耳曼民族大遷徙時期，既是大分裂的時代，也是大融合的時代，更是形成之後的歐洲諸民族的一大契機；同樣地，五胡十六國的時代同時是大分裂和大融合的時代，也是新興漢族的形成期。在那之後，這樣的大分裂與大融合也不斷地上演，才有現在的漢族。針對這個事實，我只是秉持客觀的立場來敘述。

正如中世以後的西洋史，是被古代的希臘羅馬人視為野蠻的北方日耳曼所開拓的一樣，五胡十六國時代以後的中國史將視為野蠻的北方異民族從漢民族之中切割開來。然後就像希臘羅馬人與日耳曼人融合，甚至之後也與阿瓦爾人、保加爾人、可薩人、斯拉夫人、馬札爾人等民族混合，誕生出新的西洋人一般，漢族和五胡（三至五世紀在華北地區活動、以匈奴、鮮卑、氐、羌、羯為代表的遊牧少數民族統稱）的融合，接著又與突厥、鐵勒、吐谷渾、沙陀、黨項、奚、契丹、韃靼、女真、蒙古、滿洲人等各民族依序混合，誕生出新的中國人。西洋人有許多種，中國人也不例外，就像不存在著西洋民族，中華民族也亦然。漢族充其量不過是中國人的多數派而已。

◎勝利者的邏輯

目前還沒出現美國民族，雖然美國在人種、語言、宗教和文化上都呈現了多樣化，可是統治階層熱衷於培養同胞意識，國旗與國歌成為統合的象徵，奧林匹克運動會也巧妙地被政治利用。如果再過一百年，即使宗教無法獲得統一，可是共通語言是英語，擁有同樣的風俗習慣，同樣住在國內的話，就算出現美國民族也不會感到意外吧。如此一來，現在不過是美國國民的美國人，就會變為美國民族。其實，我們在過去所認識的許多民族，或多或少都是透過這樣的途徑而來的。

過往寫下的歷史，通常是勝利者的歷史。十八世紀以後的世界史是以西洋中心史觀來敘述的，中國史一貫都是中華主義的傳承，各國史總是多數派的民族史。隨著政治上的持緒施壓，風俗、習慣或歷史（神話）的共有，還有同胞意識的產生，放眼古今中外幾乎是一再地發生，想必今後也會這樣持續下去吧。在這層意義上，自明治以來的日本民族神代起源論到現代的西尾幹二《國民的歷史》（產經新聞 news center／扶桑社，一九九九年）以及「新歷史教科書編撰會」代表的民族史觀也好，中國的中華民族多元一體論也好，美國的國家主義也好，均可以列為同類。

必須注意的是，由勝利者的邏輯創造出來的框架或概念，經常意味著這個名稱獲得公民權，而現代的歷史學也不得不沿襲這樣的說法。不管寫歷史、讀歷史的人是不是專家，都必須時常提醒自己別落入這樣的圈套。在學問上，我們為了論述方便而不得不經常使用「民族」這樣的術語，但是根據上述的定義，即①語言相同、②風俗習慣或歷史（包含神話）的共有、③擁有同一民族的歸屬感即「民族意識」，能夠符合這三項條件的就只有現代史，頂多是近代史的領域而已。在前項敘述的，前近代史的「民族」也未必符合③的條件，相反地②的風俗習慣方面，包含宗教，卻經常可見。像這樣子作為學術用語的「民族」，明確認知到它的某種虛構性而容許使用，跟被政治所利用時具有明顯意圖的虛構性，這兩者要區分清楚。

人種、民族、國民這三者間，可分為意圖混同或者是無意識的混同，剛剛提到種族歧視時談到的種族主義（racism），也被翻譯為民族主義。還有，當想要擴大政治、軍事、經濟的規模時，是以國民為優先。反之，在文化上想獨立時，則是以民族為優先。這個矛盾孕育了現代的各種民族紛爭，而民族主義者或國家主義者為了攻擊政敵，也經常用「賣國賊」一詞來恐嚇對手。

◎何謂真正的愛國者？

第二次大戰中，法國駐日大使兼詩人的保羅·克洛岱爾（Paul Louis Charles Claudel，一八六八～一九五五年）曾經說過：「對我來說，絕對不希望滅亡的民族就是日本人，自古代以來就擁有如此令人感興趣的文明，是我前所未見的。」作為移民國家，在歷史積累上相當淺薄的美國人，經常奮力揮舞著美國國旗來提升歸屬感，但在日常生活裡卻總是對西歐人抱著強烈自卑感。其中，堪稱是西歐人代表的法國人，尤其是頂尖的知識分子反而對日本人與日本文化心生憧憬。故此，日本人大可以為自己的歷史感到自豪，我也為自己身為日本人一事感到光榮，在奧林匹克運動會或是世界盃足球賽時，興奮地高舉日本國旗加油吶喊，對國歌「君之代」也不會心生抗拒，論愛國程度我自認不會輸給任何人。但是，對於在學校教育的場所強制向國旗敬禮或是齊唱國歌，我卻相當反感，因為這等於是國家權力朝著校園伸出魔爪。

權力的本質是依賴暴力（軍事力）與經濟力，權力者理所當然地表現出傲慢，而國家權力也不例外。國家的統治階層是為了保護自身在政治上、經濟上的利益，卻大肆吹播這是「國家利益」，不服從自己的勢力就隨便扣上「賣國賊」的帽子。因為如此，在現代就連教育或是大眾媒體也成為被動員的對象，但是無視人類的長遠歷史和日本人在世界史裡面的定位，短視近利地煽動愛國心的教育或是媒體報導，這樣的態度不是真的為了日本人好。

日本的和平憲法確實是在美國的主導下制定的，但是那裡有人類的理想，縱使我本身也對美俄的軍事力，或是中國和朝鮮加強包括核子武器在內的軍備感到威脅。可是，正因如此就打著防衛的名義而致力成為「能夠戰爭的普通國家」，這是人類史的倒退。想到沖繩或是廣島長崎，對和平憲法抱持強烈共鳴的人被揶揄為「和平傻瓜」，可是這些說風涼話的人，大概是地位崇高到足以讓自己或家人免於徵兵制的恐懼，或是想要靠軍需產業致富的人吧。不管是防衛或者是侵略，戰爭本身就是經濟行為，結果導致一群信奉資本主義的人前仆後繼地投入戰爭，還肆無忌憚地說「到底賺錢錯在哪裡？」這些傢伙口口聲聲地說「國家利益」、「國際貢獻」或「國家的品格」等，沒有比這些更讓人懷疑的話了。

學習歷史的終極意義，是舉凡人種、民族、語言、思想等等，沒有任何一個是純粹的，全部都是混合生成的歷史產物，因此應該明確認知到世界上並不存在所謂的優勝劣敗或是歧視的正當性。如果以愛國者自居的話，就應該看清楚人類史裡面直到最近才第一次出現擁有國境的國家本質，故此，包含國境，國家的框架該如何處理？這是今後人類最重大的課題，值得認真探討。佛教教誨的根基是「諸行無常」，那個無常指的是「所有都會改變」，如果知道人種和民族也都是無常的話，真正的佛教徒就不會掉入種族主義或民族主義的陷阱了。

打破西洋中心史觀

◎近代西歐文明的優越與侷限

把人類從宗教的束縛中解放的是「近代」。從古代到中世，也就是前近代，人類長久以來一直把雷、暴風、洪水、地震、海嘯、疫病等自然災害視為神的旨意而心生畏懼。可是，當煉金術和魔術變成化學和物理學之後，隨著合理的自然科學發展起來，自然災害不再是神的旨意，地動說也取代了天動說，還有由科學文明與技術發達支撐的資本主義，所有的數值只要呈現上升趨勢，便被視為絕對的「進步」與「善」。很早就注意到裡面潛藏陷阱的人們，在十九世紀創造出共產主義。反對資本主義的共產主義，也是懷抱理想的人類所進行的偉大革命嘗試，但是人類果然無法按照理論前進，因此共產主義到了二十世紀末期就徹底瓦解了。由資本主義掀起的狂風巨浪，再也不受任何阻撓，恣意地席捲全球。

資本主義的前提是民主主義，民主主義的根本是自由、平等、人權、多數決原則、以及法治主義，可是自由競爭、機會均等或是多數決，不管聽起來是如何地「民主」，最後產生出的卻是不顧一切手段讓數值上升，漠視環境的開發至上主義。於是，不只是個人之間出現了貧富差距或是社會不平等，也擴大到民族間、國家間，科學技術的進步只為一部分人帶來財富，甚至在世界各地引起了連鎖反應，從近代西歐的殖民地統治直至現代無止盡的環境破壞。

二十世紀在亞洲、非洲發生的「近代化」，意謂「西歐化」，也是資本主義、民主主義化。的確，直到不久以前，這些由基督教西歐世界達成的具備自由、平等、基本人權等屬性的普遍價值觀，被視為是送給全人類的禮物。不只如此，工業革命以來，科學文明的進步經常是「正義」的，西歐的價值觀普及到世界各地，被視為絕對正確的信念。

但是，當今面臨到二十一世紀的資源問題或人口問題，甚至是放棄戰爭的和平主義理想，是無法光靠基督教西歐世界誕生出來的資本主義、民主主義、自由主義就可以解決或是實現的，這是不爭的事實。就連「自由」本身，也不再是金科玉律，經濟界裡面的「自由」（free）甚至是與「公正」（fair）對立的負面概念，這一點今後不管在學問或思想的世界裡面，都是需要重新檢討的迫切課題。這個時候，因為我們不是預言者，只能夠盡量從過去的歷史學習，當然前提是這個歷史必須是盡可能地秉持客觀公正的立場來書寫的東西。

◎理科類歷史學、文科類歷史學、歷史小說

在此，我把歷史相關的論著分類為理科類歷史學、文科類歷史學、歷史小說這三個範疇。在擴展「知識視野」的層面上，這三者並沒有優劣之分，但是有很大的區別。

理科類歷史學，是基於原典史料展開精密推論，禁得起他人檢驗，也就是說符合理科追求的能夠「重現實驗」的學術論著。但是，前近代的歷史史料幾乎是偶然留下來的東西，在必要的史料上往往會處於殘缺狀態；所以在建構歷史時，為了填補空白不得不依靠「推

論」。在這方面，秉持學問良心來進行推論的是文科類歷史學，不負責任的推論則是歷史小說。小說家寫的歷史小說賣得很好，是因為容易閱讀又很有趣，但是包含事實錯誤或一廂情願的曲解卻隨處可見，即使如此，他們對此也無須擔負任何責任。

現在，經常出現在歷史漫畫或電腦遊戲的「三國志」裡面，為人熟知的關羽、張飛、諸葛孔明馳騁沙場，充滿了各種魅力。雖然，這是基於正史的《三國志》來改編的，但是讓我們亢奮的精彩地方，幾乎都是編出來的故事，所以這不算是歷史書籍。當然，我也不是一概否定歷史小說的價值，如果確實遵守了必須正確傳遞出時代氛圍的基本原則，即使多少有些空想或是誇張，對培養讀者的歷史意識還是有助益的。然而，現代的思想或政治情勢是以十年為單位產生趨勢變化，往往歷史小說容易與之附和，並非忠實於成為書寫對象的過去時代，甚至偶爾會淪為政治宣傳的手段。不只如此，將歷史小說影像化的東西也不例外。近年，聖德太子、新撰組、源義經等都被改拍成電影或電視劇，可是每一部都如實反映出這樣的傾向。

著眼於近現代史的歷史評論，也包含在文科類歷史學裡面。但是，只要利於自己主張的就大書特書，試圖誤導讀者的話，那就不是文科類歷史學，而是變成虛構的歷史小說了。例如，西尾幹二公開坦言「自己是歷史的門外漢」，他寫的《國民的歷史》屏除了站在中華主義立場的中國史研究者的看法，而本書是從中央歐亞的立場重新探討中國史，並且屏除西洋中心史觀，因此在屏除主流的這一點是互通的。可是，對戰前日本軍國主義的反省，他批評為「自虐史觀」，並且和為了培養盲目愛國心的政治勢力緊密結合，很可惜地，整體而言是很難列入文科類歷史學的範疇內。

在文科類歷史學的範疇內，本書盡可能地朝著「有趣易懂」來執筆。但是，也下了理科類歷史學該有的佐證功夫，例如記載人名、地名、官名稱號或出處典故就是其一。在本書裡，有些讀者可能會經常遇到類似「我是這麼認為」或是「根據誰的說法」等的論述方式而感到蹙眉，如果認為歷史只是羅列客觀事實的話就會覺得沒有必要，但其實不然；在理科類歷史學的層次發現新學說的人，包含智慧財產權在內，都應該適當地獲得彰顯，而在文科類歷史學的層面上，解讀也各自不同，因此需要釐清責任歸屬。絲路與唐帝國，正因為是多民族、多語言、多文化的世界，在研究上伴隨著相當大的困難，因此擁有共同問題意識的許多研究學者也必須引用彼此的研究成果，不時進行資訊交換或共同調查。本書為了讓讀者知道以唐代為中心的絲路史最先端研究，不分學術界裡德高望重的學者或是初出茅蘆的新銳，頻繁出現研究者的名字，這決不是因為同業之間的顧忌。當然，光是這一點，就可以看出本書與以往概論書的差別在哪。

◎何謂真正的「自虐史觀」

在我看來，二十世紀前半日本帝國主義所留下的負面遺產，例如日韓合併、滿洲事變（九一八事變）、南京大屠殺、從軍慰安婦問題等，坦然記述這些事件並不是什麼「自虐史觀」。真正的「自虐史觀」，是無視於自己立足於亞洲的偉大文明，卻一味地認為向歐洲孕育出的近代西歐文明看齊才是人類的共同目標，並盲從這樣的西歐中心史觀；明治以來以西洋史學界為中心的日本歷史學界，以及其領導的第一線歷史教育，才是問題所在。明治以來的世界史教科書，不只是對農業發明以來的一萬年，尤其是遊牧騎馬民族登場以來的三千年，對這些人類史的大潮流沒有客觀地掌握，反而對於十八世紀以後第一次稱霸世界的西歐各國建構出的對自己有利的世界史架構，稍微補充修正過後，幾乎是囫圇吞棗地全盤接納，這才是自虐史觀的象徵性存在吧。

明治維新是以模仿西歐的近代化為至上命令，因此日本的傳統全被視為古老陳腐的、引以為恥的東西，應該丟棄。不只是佛像或浮世繪、繫在腰間的印籠或丁髷（明治維新以前男子梳的髮髻）、和服，甚至把身為日本人的自尊心也丟棄了。有一位在社會上很有名卻對世界史一竅不通的評論家，說現代才是世界史上劃時代地首次進行「文明統一」的時代，或者是近代化是全球化滔滔洪流下的世界趨勢，我聽到時，再次為日本的知識分子深入骨子裡的西歐中心主義感到驚訝。在此想要強調的是，在西歐的「近代化」潮流中，世界根本不可能成為一個國家，這是不懂世界史、而且握有軍事力（在國內，警察力就足夠了）和經濟力的權力者，為了自身利益想要控制人類的宣傳字眼罷了，或者是封住別人嘴巴的藉口。現在的美國透過變本加厲的壓倒性軍事力進行統治，走向統一世界之類的令人毛骨悚然的劇本結尾，到底世界上有幾分之一的人是希望如此呢？

現存世上的最古老歷史書，是紀元前五世紀古希臘的希羅多德（Herodotus，前四八四～前四二五年）所寫的。書裡面最大的主題是古希臘與勁敵阿契美尼德王朝（波斯第一帝國）的戰爭，實際上比較當時的波斯和古希臘，在領土面積、人口、經濟力等方面，都是波斯擁有壓倒性的優勢。在波希戰爭裡，並不是古希臘贏了波斯，而是剛好沒輸而已，不要被馬拉松競技的由來給矇騙了。波斯的真正敵人是活動於黑海周邊草原的遊牧民族斯基泰人（Scythia），他們根本不把古希臘放在眼裡。可是，在希羅多德的敘述裡，世界自古就二分為歐洲與亞洲，彼此對立抗爭，古希臘在波希戰爭裡贏了波斯，意味著歐洲贏了亞洲。而且之後，在希臘北方接近東歐草原部的馬其頓，出現了菲利浦二世擊敗希臘，繼承其後的亞歷山大又遠征阿契美尼德王朝，打敗大流士三世，因此對應到希羅多德描寫的「善的歐洲，惡的亞洲」模式，就更容易被後世的歐洲人所接納。

羅馬帝國當初迫害基督教，可是歐洲在中世以後幾乎全面基督教化。相反地，原本是基督教搖籃地的西亞，基督教沒落，代之而起的是伊斯蘭教蓬勃發展；向東方傳教的景教（聶思托里派基督教）等也無法擴展勢力，於是基督教完全成為歐洲的宗教。若是用我個人的解讀來說明岡田英弘或岡崎勝世的主張，沒有像中國這樣留下古老歷史紀錄的歐洲，拚命地把《舊約聖經》裡描寫的歷史當作真實發生過的事情，甚至把《新約聖經》的啟示錄裡所寫的「世界是善的原理與惡的原理的戰場」，和希羅多德留下的歷史解釋模式重合，演變為「世界是歐洲的善與亞洲的惡之戰場」的二元論，甚至是「歐洲肩負神聖的使命，是要幫助神打倒並征服惡魔的僕人亞洲，因此多殺幾個亞洲人也沒關係」。

近代西歐列強用武力侵略亞洲，伴隨著殘酷的殺戮，其背景是由自希羅多德以來的歷史觀在支撐著，美國的布希政權將基督教與伊斯蘭教的對立，稱作是文明世界與恐怖主義的對立，要求各國選邊站，都是來自同一根源。

西歐的歷史是起源於古代希臘羅馬，這只是近代西歐虛構對自己有利的故事罷了。而且，十六世紀以後，西歐世界透過海上航路直接接觸中國，剛開始是真心地為了中國的悠久歷史與高度文明而感動，發展出人文主義，就好的層面來說，是醉心於東洋趣味與支那趣味。然而，到了以武力侵略亞洲的十九世紀，相對於不斷進步的歐洲史，他們直截了當地斷定亞洲史的特徵是停滯的。原本是一直以來並列存在的各文明圈歷史，因為西歐的世界稱霸而進行統合，甚至就此宣布世界史的誕生，完全就是「勝者為王」的姿態。於是，十九世紀日本的明治維新就以近代化即西歐化為目標，不只是歐美的物質文明，包含哲學、思想、藝術等所有方面皆來者不拒，結果導致西歐歷史觀的滲入，依然持續到現在。

◎反思日本人的歷史意識

事實上，現代西歐的知識分子與十八到十九世紀不同，如今克服了在文化上對亞洲的矛盾情結，也開始認為古典時代的希臘羅馬在地理上也好，在歷史或文化上也好，與西歐並無直接關聯。那些成為他們精神依歸的柏拉圖或亞里斯多德等人的古典思維，是向在文化上擁有壓倒性優勢的伊斯蘭世界學習來的，甚至是繼承拜占庭的希臘正教世界而來的。真正西歐世界的誕生是在十二世紀前後，這在許多研究者裡面已經達成共識。也就是說，在現代的歐美大家已經逐漸認知到一個事實，就是領導現代世界的西歐及北美文明是從繼承了古典時代的美索不達米亞和埃及文明開始，雖然到中世稍微衰頹，卻因為文藝復興而再度完美復活，並經由大航海時代將榮光普照全世界，其實這種西歐中心主義的世界史只是一種虛構而已。

儘管如此，為何我國還流連在以西洋中心來記述的世界史虛構當中呢？這是因為接受明治以後教育的日本人本身，在思考方法上已經西洋化了。歸根究柢，就是在明治時期輸入、十九世紀西洋中心主義的世界史典範，基本上是不容許變更的，責任就在高中的世界史教科書指導要領，以及將之奉為聖旨的教科書評審委員身上。甚至是對自己的不上進感到可恥卻又隱身在大學考試的斗篷下，那些不希望變更教科書的許多高中世界史教師也支撐著這樣的結構。借用清水宏祐的話，蒙古帝國時代誕生的拉施德丁（Rashid-al-Din Hamadani，一二四七～一三一八年）《史集》（*Jami al-Tawarikh*）是「至少比起現在的高中世界史教科書，還更具備了作為『世界史』的必然性與統一性」。

當然把全部責任都歸咎到高中方面也不公平，因為高中也迫於無奈必須面對大學考試的現實，所以大學入學考試的試題偏重在西洋史和中國史的方面，也有很大的責任。這也考驗著大學方面是否具有勇氣與前瞻性，能夠不畏懼社會或大眾媒體的批判，立足於嶄新視野來出題。

在這篇序章中，我強調要「脫離自虐史觀」，這決不是為國家主義者或盲目的愛國者幫腔，而是誠摯地盼望日本值得鄰近各國的信賴，並且作為聯合國的常任理事國的一員受到支持歡迎，並且高舉人類最高理想的和平憲法，成為領導世界的「文明國家」；即便這只是個夢想，但至少由衷期盼日本的人們，可以擁有作為國際人該有的歷史意識和自豪。

1 編註：本書為避免混淆與忠於原意，將「トルコ」、「トルキスタン」譯為「土耳其」與「土耳其斯坦」；而「テュルク／チュルク」與漢字「突厥」才翻譯成「突厥」。

第一章
絲路與世界史

敦煌千佛洞遺跡　敦煌位在河西走廊的西端，地處西域入口，南和吐蕃相接。

從中央歐亞的視角出發

◎何謂「中央歐亞」？

在力圖重構世界史的歷史學界中已經成為常識，且在最近也廣為一般人所知的術語，就是「中央歐亞」。歐亞大陸不用說，當然是亞洲大陸與位在其西方，如半島般附隨的歐洲大陸合稱的概念，當它與夾著地中海的北非合稱在一起，就是歐亞非大陸（Afro-Eurasia），這是在近代以前主要世界史的舞台。所謂的「四大文明」，全部都發生在其中乾燥地區的大河流域。中央歐亞，指的是歐亞大陸以及歐亞非大陸整體的中央部分，從大興安嶺周邊（包含滿洲西部）以西的內外蒙古至裏海周邊的內陸亞洲，加上南俄羅斯（烏克蘭）至東歐中心地區的領域。

在整體的歐亞大陸裡面，中央歐亞是由雨量、水量最少的沙漠地帶與其次的乾燥地帶即草原地帶所形成，位於曾經是四大農耕文明圈的北方。雖說是乾燥地帶，但卻是有大河流經。中央歐亞上具代表性的草原與沙漠，由東往西依序來看，分別是：大興安嶺周邊—蒙古草原—準噶爾草原—天山山脈內部草原—哈薩克草原—烏拉爾草原—南俄羅斯草原—喀爾巴阡山草原，呈帶狀分布。其南側有戈壁沙漠—塔克拉瑪干沙漠—克茲勒固姆沙漠—卡拉庫姆沙漠形成的帶狀沙漠。松田壽男所提出的天山—錫爾河線，正好形成區隔這個草原地帶與沙漠地帶的分界線。來自北極海與西伯利亞的濕空氣，無法到達沙漠地帶。另一方面，在這片帶狀分布的沙漠南側，是內蒙古（包含黃河彎曲處的鄂爾多斯）—寧夏回族自治區—甘肅省—青海省—西藏—喀什米爾—犍陀羅—吐火羅斯坦（舊稱巴克特里亞）等地區相互連接，是一片交雜著草原與沙漠的半草原半沙漠地帶。換言之，中央歐亞的整體，由北向南分別是由草原地帶、沙漠地帶與半草原半沙漠地帶的三層構造所形成。

不只是上述的橫向變化，我們也必須留意山脈地帶的縱向變化。雖然乍看之下難以一眼辨明，不過以天山山脈為例，在海拔高度兩千到三千公尺左右的地區，散布著許多大小盆地，每一處都是蒼翠的大草原。在南麓，海拔低於盆地的地區，呈現出急劇半沙漠化的山脈肌理，再往下則是一片完全光禿禿的山麓，然後逐漸化為沙漠。相對地，在北麓，即使往下抵達海拔一千公尺左右，還是很多草原地形，再往下的話，就是接近沙漠的草原。不過，即使抵達海拔五百公尺處，北麓的河川周邊還是擁有廣闊的農耕地帶。天山山脈是鋸齒狀的群山重疊相連而成的，每一座山的北斜面，比起日照直射的南斜面還要翠綠；超過兩千公尺一帶的北斜面，有著茂密叢生的針葉林，與南斜面的草原形成強烈對照。只是，不管是南面或是北面，超過三千公尺以上都是岩石裸露的地表，超過四千公尺的地區，則是被冰河或萬年白雪所覆蓋。

中央歐亞有許多大型山脈，所以千萬不能忽略在那些廣大的山麓或山脈內部，擁有廣大草原這一地理事實。尤其值得注意的是位在天山山脈中，一直以來因為被稱為裕勒都斯河谷而經常招到誤解的巴音布魯克草原，其實是片東西超過兩百五十公里，南北達到一百數十公里的大草原，千萬不要被溪谷等這樣的稱呼誤導了。其他的規模雖然沒那麼壯觀，可是山脈中也包含許多大大小小的草原。除了相當於歐亞大陸背脊的帕米爾、天山山脈、崑崙山脈、喀喇崑崙山脈、興都庫什山脈，還有分隔滿洲與蒙古的大興安嶺、分隔蒙古與準噶爾地方的阿爾泰山脈、分隔甘肅省與青海省的祁連山脈、分隔西藏與

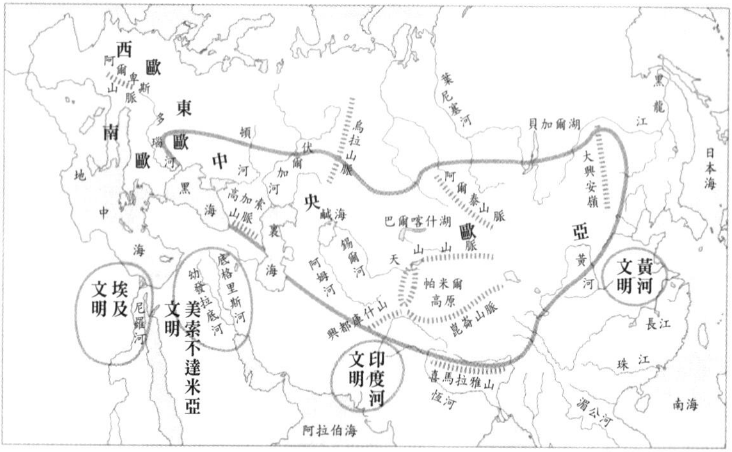

中央歐亞與四大文明圈的位置關係（附西歐）

天山山脈的牧場　天山山脈當中有許多大大小小的草原，在這些草原間放牧有羊群。

印度的喜馬拉雅山脈、乃至分隔亞洲與歐洲的烏拉山脈等，均擁有這樣的自然景觀。

這些山脈是巨大的儲水池，是孕育出遊牧民族的搖籃地。在活躍於中央歐亞史上的土耳其民族的古代語裡，除了一般意義的「山」（tay）以外，還儼然存在著意指「大山脈中的森林與草原、山中牧場」的「yïš」一語。在中央歐亞最高的大草原地帶，孕育出眾多遊牧國家的根據地——蒙古的於都斤山（Ötükän yïš）與阿爾泰山脈（金山 Altun yïš），以及開拓了從北魏到隋唐的「拓跋國家」的鮮卑系遊牧民集團，他們的故鄉大興安嶺（Qadïrxan yïš），每一座山脈都是「yïš」，而不是「tay」，其意義不可謂不深遠。

◎遊牧騎馬民族的故鄉

儘管在河川湖沼的周圍，或是山脈裡海拔較高的北斜面等地方，也有森林生長，但總體來說，中央歐亞是擁有豐饒的草原和沙漠的乾燥地區。因為是這樣的乾燥地區，所以本書的一大主題——絲路就是出現在中央歐亞上。絲路並非人工修築成的高速公路，而是在無法運用機械力的古代和中世裡，由人們一步一腳印所踏開的道路。正因如此，想當然耳，他們一定會避開必須使用道具和人力砍伐開拓的茂密森林地帶，而採取通過一望無際草原或沙漠的途徑。故此，中央歐亞乃是連結以「四大文明圈」為基礎，擴大發展而成的東亞農耕文明圈、南亞農耕文明圈、西亞半農半牧文明圈，以及較晚才出現的歐洲半農半牧文明圈的天然交通要道。

中央歐亞在人類史上發揮的另一個重要功能，是距今約三千年前誕生出遊牧騎馬民族。雖然我認為人類史上最大的發明是農業，可是南北美洲大陸也獨自發展出農業，而在澳洲大陸及撒哈拉沙漠以南的非洲大陸等地，或許也都存在著農業。然而，地球上各大陸裡面，只有歐亞非大陸能夠生成、發展出與近代直接連結的文明，是因為唯獨在這裡出現了騎馬遊牧民，以及他們騎乘的馬是中央歐亞原產的馬。由四大文明圈發展出的農耕民與由中央歐亞發展出的騎馬遊牧民，兩者之間的對立、抗爭、協調、共生、融合等緊張關係，正好催生出歐亞非大陸生氣蓬勃的歷史，並孕育出與近代連結的高度文明。順道一提，儘管在更早之前就存在沒有馬匹的單純遊牧民，不過在本書指的遊牧民或遊牧民族，全都是遊牧騎馬民（騎馬遊牧民）或遊牧騎馬民族。

不只如此，從世界史的意義上來看，中央歐亞草原地帶西部的烏克蘭草原—高加索地區是印歐語族的發祥地，東部的蒙古—大興安嶺周邊地區則是阿爾泰語族的故鄉，這是我們所必須切記的。若是想到這兩個語族在之後的世界史上那種無人能及、舉足輕重的角色，我們便會更自然地領悟到中央歐亞究竟有多重要了。

◎北中國和中亞

本書的主要舞台是中國本土，尤其是唐帝國的政治中心，與陸上絲路直接連結的北中國（華北），以及位於其北方的蒙古，還有北中國以西的中亞。北中國裡面也包含屬於中華人民共和國的內蒙古自治區，但是那裡隔著戈壁沙漠，與現在的蒙古國，也就是外蒙古相對峙。要將之統稱為蒙古，或者是劃分為內外蒙古，都是很中華主義式的說法。所以接下來，我會以戈壁沙漠來分界，戈壁以北就稱為蒙古、蒙古本土及漠北，戈壁以南就稱為內蒙古及漠南，但是有必要將兩者結合時，就稱呼為內外蒙古，或者是蒙古高原。

另一方面，位於北中國以西的中亞，自古就被稱為「西域」。西域原本指的是漢代中國世界的西方大門口——位於敦煌西方的玉門關和陽關——以西的地區，最初只包含了漢帝國支配下的天山山脈以南的塔里木盆地地區，亦即天山南路而已，可是後來，甚至連帕米爾高原的西方也被包含在其中。也有說法是把波斯含括在西域範圍內，但是如同玄奘的《大唐西域記》裡包含印度，都是屬於稍微例外的情況。即使是近現代的用法，所謂「中亞」從狹義到廣義所指的範

戈壁沙漠　雖名為沙漠，但實際以礫石為主體，間雜短草生長。主要放牧動物為駱駝及山羊。

圍，也有相當的「波動」，而這個「波動」與形成中亞核心的土耳其斯坦稱呼，有很密切的關係。

如上述，土耳其斯坦在波斯語裡是指「土耳其人的國家、說土耳其語人們的土地」。九世紀的回鶻帝國崩壞之後，以回鶻為首的土耳其系各民族展開了人遷徙，隨之而來的，便是天山山脈以南的塔里木盆地逐漸土耳其斯坦化。在那之前，「土耳其斯坦」這個辭彙是說波斯語且以農耕為中心的世界，用來指稱天山—錫爾河線以北土耳其裔遊牧民族草原世界的用語。雖然如此，九到十世紀以後，大山—錫爾河線以南曾經是印歐語族居住的沙漠綠洲地區逐漸土耳其語化後，這個地區反而被改稱為土耳其斯坦了。故此，近現代的土耳其斯坦這一稱呼，嚴密說來是只適用於唐代之後，但是必須注意的是過去的概論書裡，作為人文地理的概念，專指唐代以前的古代中亞（部分區域）時，也頻繁地使用。

近現代的土耳其斯坦是由東土耳其斯坦（別稱支那土耳其斯坦）與西土耳其斯坦（別稱俄羅斯土耳其斯坦）所構成，但是這也是有廣狹兩義，廣義的東土耳其斯坦是現在中華人民共和國的新疆維吾爾自治區、西土耳其斯坦則是烏茲別克、哈薩克、吉爾吉斯、土庫曼、塔吉克，也就是相當於前蘇聯時代的五個中亞共和國。但是，按照本來狹義的限定範圍，東土耳其斯坦指的是新疆維吾爾自治區的南半部（天山南路）、西土耳其斯坦則是帕米爾地區與其西的錫爾河以南的哈薩克南部、烏茲別克、土庫曼這些以綠洲農業為中心的地區。這片狹義的東西土耳其斯坦，就是意義最狹窄的「中亞」。

然而，中亞一詞與包含草原地帶的廣義上土耳其斯坦，經常被視為同義來使用。這是介於中間涵義的中亞。順帶一提，吉爾吉斯語、哈薩克語、烏茲別克語、土庫曼語都是屬於土耳其系的方言，只有塔吉克語是波斯系的方言，塔吉克境內也有說土耳其語的人居住，可是俄羅斯語在前蘇聯時代已經滲透到這五個國家。另一方面，在新疆維吾爾自治區，則以回鶻語（中文稱之為維吾爾語）和哈薩克語等土耳其系方言占優勢，可是目前中文（漢語）正在迅速普及。還有，在受到前蘇聯學界影響的研究者間，受到俄語的影響，至今仍然傾向將中亞範圍界定在前蘇聯時代的五個共和國，但是日文裡的中亞概念，不論是傳統或是用法，一直以來都沒有把東土耳其斯坦排除在外。

在學界最常使用的是更廣義的中亞概念。這樣的中亞是往廣義的土耳其斯坦東方與南方擴展，在東方夾著戈壁沙漠的蒙古草原與內蒙古到甘肅省西北部的河西走廊，然後再往南繞到青海省與西藏、喀什米爾、犍陀羅、阿富汗。換個觀點來看，從東方的大興安嶺到西方的烏拉山脈—裏海之間，從南方的喜馬拉雅山脈到北方的西伯利亞為止的草原和沙漠地帶；這個廣義的中亞，通常被稱為內陸亞洲。

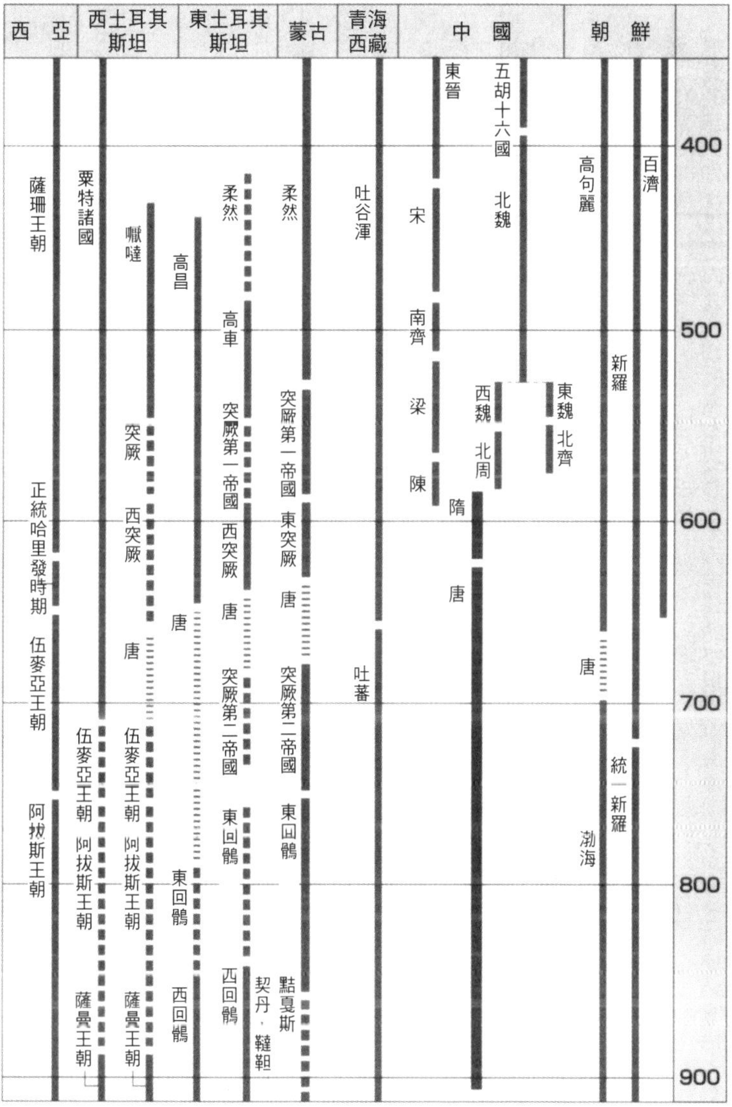
西亞
西土耳其斯坦
東土耳其斯坦
蒙古
青海西藏
中國
朝鮮
400
500
600
700
800
900
薩珊王朝
正統哈里發時期
伍麥亞王朝
阿拔斯王朝
粟特諸國
伍麥亞王朝
阿拔斯王朝
薩曼王朝
嚈噠
突厥
西突厥
唐
伍麥亞王朝
阿拔斯王朝
薩曼王朝
高昌
唐
東回鶻
西回鶻
柔然
高車
突厥第一帝國
西突厥
唐
突厥第二帝國
東回鶻
西回鶻
契丹・韃靼
柔然
突厥第一帝國
東突厥
唐
突厥第二帝國
東回鶻
黠戛斯
吐谷渾
吐蕃
東晉
宋
南齊
梁
陳
隋
唐
五胡十六國
北魏
西魏
北周
東魏
北齊
高句麗
唐
渤海
新羅
統一新羅
百濟
主要王朝的交替略圖（4～10世紀）

由以上可知，中亞分為廣義和狹義，以及介於中間的用法，而且使用方法也因人而異，因此要嚴密定義的話不只不可能，還會出現齟齬之處。在本書，若明確包含了有時也會被歸類到北亞的蒙古時，會用內陸亞洲或是中央歐亞東部來稱呼，但是必須事先強調的是，若引用到學者先進或是論爭對手所言的「中亞」時，就只能夠配合他們的說法，因此在不同的情況會出現個別的處理。

◎農牧接壤地帶

一提到中國，也許會立刻想到農耕地帶，可是在中國本土境內，不只在內蒙古有著廣大的草原，甚至在更往南處也有遼闊的草原地區。換言之，在河北省北部、山西省北部、陝西省北部、寧夏回族自治區、甘肅省等地，都有可耕地與遊牧用草原並存，兩者皆宜的寬廣土地比比皆是。再加上內蒙古草原，我們必須記住，這些適合遊牧的地帶，曾經是匈奴、羯、鮮卑、氐、羌、稽胡、突厥、沙陀、黨項、吐谷渾、奚、契丹等各式各樣的遊牧民集團活躍之地。從秦漢—匈奴對抗時代開始，歷經五胡十六國的時代，至北魏、隋唐、五代，甚至是接續到遼、金、元朝的中國史裡面，以草原為根據地的遊牧民族絕非過客而已，而是與農耕民族並列、各據一方的主人。首先，希望讀者能夠清楚地認識到這一點，因為要讓中國史能夠脫離中華主義的束縛，這是首要之務。

在五胡十六國時代之前的西晉，擔任文官的江統曾經描述：關中（以長安為中心的渭水流域與其周邊）的人口有百餘萬人，其中戎狄占了半數，並非誇大其詞。因為後漢末年的戰亂使得人口急遽減少，於是五胡乘勢流入，經過三國時代、西晉之後，五胡在北中國建立起的各個政權歷經興衰，最後被鮮卑族的北魏統一。這個北魏分裂成東魏與西魏，之後各由北齊與北周繼承下來，接著把江南也納入手裡，取而代之的是再度統一全中國的隋、唐，

蒙古草原　廣闊的蒙古草原上，放牧著騎馬遊牧民族賴以維生的馬匹。

兩個朝代都是由鮮卑部族之一的拓跋部出身者所創立的，因此可以通稱為鮮卑族王朝或是「拓跋國家」（杉山正明）。本來，鮮卑族是以大興安嶺周邊的草原森林地帶作為原居地，之後逐漸南下到內蒙古的草原地帶並且勢力增長，甚至集團南下到農業－遊牧交雜地帶建立根據地，掌握北中國，最後發展為再次統一中國的大帝國。

近十年來，比起內蒙古的帶狀草原，注意到其南側半農半牧地帶重要性的研究者逐漸增加。因為以漢族是農耕民、都市民，以及漢族才是中華民族（中國人）的立場來看，這裡被稱為「長城地帶」，語感上帶著「邊境」的含意。但是，從我們的立場看來，認為漢族的出身有一半是遊牧民，因此這裡不只不是邊境，反而是混合著遊牧民與農耕民的「接觸點」，也是誕生出中國史上充滿活力的中心部，故此在稱呼上也自然出現分歧。妹尾達彥一開始是稱之為「農業－遊牧境域線」，石見清裕則沿用歐文．拉鐵摩爾（Owen Lattimore，一九〇〇～一九八九年）的說法，稱為「儲存地」或者「（中國北邊）帶狀地帶」，而我是稱之為「農牧接壤地帶」。之後妹尾重新命名為「農業－遊牧分界地帶」。在本書，是希望強調「農業－遊牧交雜地帶」的含意，所以繼續使用「農牧接壤地帶」的稱呼。

這個農牧接壤地帶是從河北、山西北部的「燕雲十六州」至陝西、寧夏、甘肅的六盤山、賀蘭山、祁連山，橫向寬敞地伸展開來，對中國各個王朝而言是把雙刃劍，如果能夠順利控制的話，就能像唐朝在前半期達到前所未有的繁榮，可是同個地方也成為支撐安史之亂勢力的搖籃地，甚至成為五代的沙陀系王朝（土耳其系）與遼朝（蒙古系）、西夏（黨項系）這些所謂「征服王朝」出現的舞台。

順帶一提，如果是單純畜牧的小規模草原，就連河北省南部、山東省、河南省北部、山西省南部、陝西省南部也可見散在分布。原宗子專門研究被視為北中國農業基礎的黃土，她在最新著作裡面批判中國的所謂農本主義，實際上明明就依賴畜牧，卻在理念上對之加以排斥和歧視。在此同時，齋藤勝在最新論文裡面開始主張北中國的畜牧並不劣於農業，相反地是賺錢的行業，可以說是不可思議的巧合。

「萬里長城」是順應著農耕都市民與遊牧民相互衝突的中國史潮流，當這個農牧接壤地帶往北上移或者是往南下移時，它都會產生動搖。而且，當農耕都市民與遊牧民兩者合而為一時，萬里長城就不折不扣地成了毫無作用的贅物而已。典型的時代最初是唐朝，之後的元朝、清朝也是延續這種情況。在此補充說明的是萬里長城不只是為了防止遊牧民的入侵，甚至有另一個作用，那就是為了阻止在農耕為主的中國有些不得志的知識人、軍人或飽受苛稅重役之苦的貧窮農民往北方逃亡。

依據妹尾達彥的研究，中國的人都市自秦漢時代以來，都是沿著這個農業—遊牧分界地帶發展起來的，長安、洛陽、太原、北京等做為歷代中國首都及副都的大都市，幾乎都是集中在緊鄰農業—遊牧分界地帶的地方。在本書，我所提出的作為網絡的絲路，當然必須包含這些大都市在內才算完整。

何謂絲路？

◎絲路的定義與變遷

也是本書標題的「絲路」，原本是源自於十九世紀的德意志帝國地理學家李希霍芬男爵（Ferdinand von Richthofen，一八三三～一九〇五年）創造出的德語學術術語 die Seidenstrasse，之後英國的斯坦因（Marc Aurel Stein，一八六二～一九四三年）翻譯成 Silk Road，目前在世界上這一詞實際是在各式各樣的涵義與範圍被使用。在中亞的學術探險，直到斯坦因或是斯文・赫定（Sven Anders Hedin，一八六五～一九五二年）活躍的二十世紀前半為止，古代絹織品的遺物或是發現有關絹布貿易文書的遺址，即使在中亞也幾乎僅限於綠洲地帶而已，因此絲路在定義上儼然成為「綠洲之路」的代名詞，一直以來也在這個意義上被使用。

然而，自明治以來，我國的東洋史學，尤其是作為核心之一的內陸亞洲史學與東西交通史學產生了卓越發展，一九三〇年代以後的「絲路」不只是「綠洲之路」，也是貫穿中央歐亞的「草原之路」，甚至也包含了經由東南亞的「海洋之路」。其中，松田壽男博士的研究發揮了最大作用。博士首先挖掘出的事實是：在蒙古高原到天山山脈的廣大草原上誕生的匈奴、鮮卑、突厥、回鶻等遊牧國家，他們在和平時期經常用自己的主要產物——馬，和中國的絹進行交易；博士將這樣的交易形態，命名為「絹馬交易（絹馬貿易）」。除此之外，博士也明確指出商業對中央歐亞的遊牧國家而言，是攸關發展的不可或缺要素，尤其是絹本身既是商品也是交易貨幣的移動，意味著作為遠距離交易路徑的「草原之路」是非常重要的。更有甚者，博士還將目光移向整體的亞洲史，也出版了幾本出色的概論書，裡面也把「海洋之道」包括在絲路的一部分，這樣的主張現在已成為學界的定論。

在歷史研究上開拓了東西交通史學的領域，發現作為絲路的「草原之路」，這是我國東洋史學界的偉大貢獻。可是，在我國的高中世界史教科書裡記載的絲路，很多就依照李希霍芬男爵的原義，單純解釋為「綠洲之路」。這裡也可以看出高中世界史教科書裡殘留著西歐中心主義的殘渣，如果是反映了現在東洋史學界的實況來定義的話，首先絲路應該是包括了「綠洲之路」和「草原之路」兩者才對。在本書單純提到絲路時，指的是包含這兩者的「陸上絲路」。然而，俯瞰整體的歐亞大陸史時，想當然耳，從南中國經由東南亞及印度抵達西亞的「海洋之路」也應該列入檢討範圍內，這樣的情況就不單單稱為絲路，而是以「海上絲路」來稱呼。

◎東西南北的網絡

絲路，絕不是「線」而是「面」的存在。在入門的概論書或學習參考書之類裡，提到絲路時，通常會舉出中亞的天山北路（草原之路）與天山南路（綠洲之路），南路當中又區分為沿著塔里木盆地北邊的西域北道以及沿著南邊的西域南道，並且以東西向延伸的三條線來標示，讓人產生錯覺，以為絲路宛如人工鋪設好的筆直康莊大道。可是，實際上大部分的絲路是在沙漠或草原上沒有固定路徑的路，除了像狹窄的峽谷或嶺口這種誰都會經過的同一個地方之外，要怎麼走都可以，而且即使是峽谷或嶺口，若因為自然條件或人為因素而導致通行困難的話，人們也會立刻迂迴通過其他峽谷或山嶺。

另一個問題在於，天山南北路都是東西走向，因此絲路也很容易被誤解為東西交易路線，但如果參照比較詳細的概論書的附圖或是歷史地圖，就知道絲路不只是東西向，也往南北延伸而去，是許多支線合起來成為密密麻麻的網狀。無數交錯的交叉口（網眼）裡面，有很多成為交通要地，而且出現大大小小的都市。也就是說，絲路不是連結東西兩方的線，而是往東西南北拓展開來的網絡。基於上述兩點，我才將絲路稱為「面」的存在。

將絲路分類為草原之路、綠洲之路、海洋之路，每一種都是連結中國與西亞、或者是中國與羅馬帝國的道路，所以無論如何都會圍繞著東西交通的印象。但是，若是把絲路當做網絡來理解的話，那就決不是只有東西而已，南北的觀點也相當重要。如果將比中央歐亞更北方的北歐亞所產的高級毛皮或是南海產的的香料、藥材等卻而不談，光是談絹的交易，那並無法窺見絲路的全貌。透過東西南北如網狀般交錯連結的交易路徑，世界上有價值的特產品，例如以絹織物、金銀器、玻璃、香料、藥品、毛皮等為首等應有盡有的商品，以複雜的途徑紛沓往來。

絲路商隊　敦煌壁畫中，描繪了往返於絲綢之路上的商隊。

因此，東西南北的長距離交易路線裡，有相當部分或是取其一部分，分別稱之為黃金之路、銀之路、玉之路、玻璃之路、香料之路、毛皮之路等不同的情況。本來，作為「絹之道」的絲路也不過是和這些屬於同等的稱呼之一而已，但是，因為絹是特產品的代表，所以絲綢之路這樣的術語容易獲得大眾的認同，並且普遍化。絲路一詞，始終是東西南北交易網絡的代名詞，也就是雅稱而已。即便如此，如果知道從中央歐亞各地出土的絹織物種類與廣泛分布，甚至是紋樣與織布技巧所體現出人類文化的深奧，也會認同這個最高貴的雅稱是當之無愧的。關於絹織物的文化交流史研究，可以期望具有考古遺物分析能力、真正名符其實的「絲路史研究者」有所成長，預料今後將有很大的發展前景，而且已可見於陸柏（Loubo-Lesnitchenko, E.I.）、坂本和子、橫張和子等人的研究。

關於陸上絲路貿易，還有誤會需要澄清。如上述所言，絲路是擁有多數交叉口（網眼）的網絡，商品的傳遞一般是接力式（中繼）的。也有單純在一個或者是兩至三個交叉口間移動的短程商人，也有越過好幾個交叉口的中長程商人，還有同一位商人身兼兩者的情況也比比皆是。例如，粟特的長程商人從撒馬爾罕出發，行經天山北路的草原路徑，抵達現在烏魯木齊東方的北庭（別失八里），從那裡越過天山進入吐魯番盆地的高昌，停留數個月之後，橫越沙漠到達敦煌，就這樣子沿著河西走廊東進抵達長安，千里迢迢地搬運粟特產的金銀器和印度產的胡椒。同時，他也是在北庭購入綿羊到吐魯番四處販售的短程商人。如果他又是越過戈壁在敦煌重新購入于闐產的玉，再運到長安的中程商人，正好一人分飾三角，而這樣的經商模式是再自然不過的事了。

需要留意的是在西元前開始的初期絲路貿易，首先是短程，接著是中程移動的商人透過接力式展開交易，並不是一開始就出現長程商人。因此，常常有人認為漢武帝時代的張騫是絲路的開拓者，這是誤解。張騫並沒有開拓絲路，他只是在既有的道路上獨自一人長途跋涉而已。話雖如此，但是自張騫以後，中國方面對絲路的探險轉為積極，從西域流入的物產或情報都有顯著地增加，這是無法否認的。

絲路作為東西南北交易網絡的雅稱之外，甚

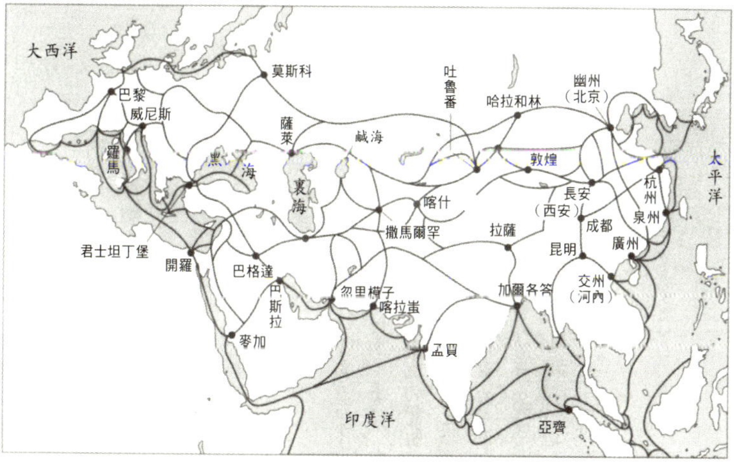

絲路網絡概念圖　絲路不限於東西，也連結南北。

至更進一步地連涵蓋整體交易網絡的地區，也使用絲路這個稱呼。而且，在我看來，絲路不只是空間，也包含了時間的概念。例如「絲路地帶」或是「絲路東部」等的用語，在世界史上絲路（當然是指陸上絲路）發揮重要作用的時代，也就是包含了近代以前絲路幹線通過的地區。因此，絲路若用其他詞語來代替的話，就是「前近代的中央歐亞」。不只如此，在本書大多是從東側（中國、朝鮮、日本）的觀點來看絲路地帶，因此往往會提到「絲路東部」的情況。

◎絲路貿易的本質

絲路貿易的本質是奢侈品貿易。特別是極度依賴家畜輸送力的陸上絲路，更是必須強調這一點。絲路在舊世界即歐亞非世界自成一格的「歐亞世界史」時代，是連結各文明圈的最重要路徑。

相對於此，所謂「大航海時代」以後的世界史就包含了新大陸，變成以全球規模進行的「全球世界史」時代，陸上絲路相形之下就顯得沒落了。這是因為一直以來隱藏在亞洲榮光背後的中世歐洲各方勢力，比起亞洲，改良了與火藥同時學到的羅盤，攜帶鐵製刀劍、馬匹和槍砲搭乘大型遠洋海船駛出大西洋，憑藉著從新大陸掠奪以白銀為首的財富與移植馬鈴薯、玉米等適合寒冷地區栽培的作物，迅速發展起來，成就了工業革命，終於凌駕在亞洲之上。這樣的歷史進程與全球世界史的時代是呈表裡一體的關係。換言之，與生產力和軍事力並列共同牽動世界史的原動力是物流，以「大航海時代」為界，在那前後有很大的轉變。具體來說，一旦進入全球世界史的「海洋時代」，笨重且體積大的糧食、原材料、生活必需品都能夠大量運輸，相較之下，在歐亞世界史的「內陸時代」進行的絲路貿易，根據時間和場所也有鹽和穀物等生活必需品的短程運輸，但是主流始終是輕巧貴重的商品，也就是奢侈品或嗜好品的中長程運輸。但是，如前項關於交易網絡的敘述，中長程移動的商品也不是經常由同一位商人或商隊進行一貫的運輸，相反是以短中程來中繼轉運的情況較為常見，這一點需要留意。

由駱駝或馬匹運輸的奢侈品及嗜好品，包括來自東方中國的絹織物、紙、茶，來自西方的波斯、東地中海方面的金銀器、玻璃製品、乳香、藥品、絨毯，來自南方的印度和東南亞的是胡椒、香木、寶石、珊瑚、象牙、犀角、玳瑁（又稱龜甲）、蓼藍，來自北方俄羅斯、西伯利亞、滿洲的有高級毛皮、朝鮮人參、鹿角、魚膠，來自中亞本身的有于闐玉、巴達赫尚（現阿富汗東北方）的青金岩、庫車的磠砂、西藏的麝香或犛牛尾，甚至有橫跨多個特產地的毛織物、棉織物、珍珠、飾品、鎖子甲、裝飾馬鞍等的武具、葡萄酒、蜂蜜、大黃等等。除此之外，也不要忘記其他重要的貿易品，例如即使笨重但可以自行移動的奴隸與家畜。

當然，如上述所言，長程及中程運輸奢侈品的典型絲路商人在旅行途中也可以進行短程交易，這樣的情況下，雖然是家畜，除了馬和駱駝這樣高價且腳程快的牲畜，甚至也經手低價且腳程慢的綿羊、山羊、牛等的買賣。活躍於絲路貿易的商人，為人所知的有阿拉姆商人、印度商人、巴克特里亞商人、粟特商人、波斯商人、阿拉伯商人、敘利亞商人、猶太商人、亞美尼亞商人、回鶻商人、回回商人等。

在絲路上，不只是興盛的商業活動，還有佛教、瑣羅亞斯德教、基督教、摩尼教、伊斯蘭教等宗教的傳播，利用累積的財富相繼興建了擁有豪華裝飾與華麗壁畫的寺院或教會，並且用慷慨捐獻來的金錢財物維持營運。還有，僧侶或朝聖者從事宗教活動的同時，一般也會進行商業活動，除了在公私上代表權威的物品，包括宗教儀式用的必需品（僧侶衣裳、式場的裝飾品、香料、糕點等）也是重要商品，在絲路上來回流動著，成為活絡遠距貿易的要因。

◎壁畫遺跡的涵義

一般來說，關於商人的經商行為或貿易的紀錄，被官方記載或是保存下來遺留後世等的情況相當罕見，這裡涉及到與下一節介紹的「絲路史觀論爭」提到的史料論有關的問題。然而，像建築遺跡或壁畫這樣在視覺上看得到的「實物」，可以讓後人清楚知道此地是如何依靠流通經濟而繁榮起來的。在前近代，顏色鮮豔的壁畫是豐富地使用了一種也可稱作寶石的高貴顏料（例如青金岩、土耳其石、金泥、銀泥），所以愈是大型的壁畫愈需要龐大的費用，因此成為財富的象徵。沿著絲路的綠洲都市

敦煌莫高窟第 57 窟「佛說法圖」 左側菩薩身上的飾品相當華麗，充分顯現了初唐時期的風格。

國家有敦煌（郊外的莫高窟、榆林窟、西千佛洞）、高昌（吐魯番盆地首府，城內有佛教寺院、摩尼教寺院、基督教修道院等，郊外有柏孜克里克千佛洞）、樓蘭、焉耆（錫克沁千佛洞）、庫車（郊外有克孜爾千佛洞、庫木吐喇千佛洞等）、于闐（在首都之外的丹丹烏里克、熱瓦克）等的寺院遺跡都殘存著壁畫，這是因為背後有王族貴族或大商人等財力雄厚的捐獻者。

前面列舉的絲路商人裡面，在西元第一個千年最活躍的是粟特商人。粟特商人的根據地是在索格底亞那（Sogdiana）地區，從那裡的各都市遺跡，甚至連不是王宮或神殿、教會的普通建築物內，接連發現壁畫。尤其是在現今塔吉克境內，中世粟特人的都市遺跡片治肯特，其考古挖掘結果令人相當驚訝。片治肯特絕不是大型的綠洲都市，即使在鼎盛時期也頂多有七千人左右居住而已，但為了讓城牆內部的狹窄空間發揮最有效的利用，下了各式各樣的功夫，大大小小的房子鱗次櫛比，相當密集。而且，其中有多棟規模比較大的建築物，猜

榆林窟第 3 窟西壁南側《普賢變》中的唐僧取經圖

測可能是貴族及大商人的宅邸，內部的主要廳房實際上裝飾著豪華的壁畫。

接下來也會敘述到的，作為絲路商人在歷史上名聞遐邇的粟特商人，其故鄉索格底亞那地區直到八世紀為止，一次也不曾成為大帝國的中心，也不是巨人的穀倉地帶，光是憑靠國際貿易而繁榮起來。而且，索格底亞那地區有數十座綠洲都市，片治肯特也不是特別突出，其規模遠不及撒馬爾罕或布哈拉、塔什干等大都市。儘管如此，發現豪華壁畫的地點既不是王宮也不是大寺院，而是多棟的普通建築物，由此可推知片治肯特的財力不容小覷。況且，索格底亞那地區還有好幾座規模超越片治肯特的大都市，因此整個地區究竟累積了多少財富，其富裕程度已經超乎想像。

絲路史觀論爭

◎抹煞「絲路」的行為

「絲路」這一用語不只是專家，就連一般日本人也耳熟能詳，是個充滿魅力的單詞。可是，近年我國的中亞學者，尤其是在研究伊斯蘭化「以後」新時代的學者之間，愈來愈多人認為在敘述中亞史的時候應該把絲路這個術語或主題拿掉。說得極端一點，這是在學問上企圖從中亞史抹煞絲路的行為。這也是自一九七〇年代以來的所謂「絲路史觀論爭」再度捲土重來，而我無論如何也不能認可。這裡雖然提到的是專家之間的議論，不過也絕非與一般讀者毫無關係。豈止如此，以NHK電視台播出的新舊絲路系列為首的大眾媒體或出版界的風潮，與受到包含本書在內的絲路主題書籍吸引的讀者本身的態度，都成為遭受非難的對象。

絲路史觀論爭雖是環繞著以松田壽男、江上波夫為首，認為絲路不管是對中央歐亞史或是對世界史而言，都是極其重要存在的這一學說而展開，不過實際上他們兩位並不知情。真正最大的當事人，乃是欲將廣義的中亞史以「北方」遊牧民與「南方」綠洲農耕民的關係為中心來探討，對於由絲路連結起「東西」貿易的意義幾乎不認同的間野英二，與對此展開反駁的護雅夫、長澤和俊兩人。發端是起於一九七七年間野英二出版的《中亞的歷史》（講談社現代新書）。

間野認為日本的中亞史研究重點過分偏重於東西交通史，於是提出了下列的觀點：提及中亞首先會聯想到絲路，若是站在這樣的「絲路史觀」，中亞就成了單純是東西交流的「通道」而已，對當地社會的關注也少了許多。甚至，中亞裡面有些地區或時代與東西交流的關係淺薄，於是有可能被完全排除在關注範圍之外。因此，我想要描寫的不單純是絲路經過的地方，而是鮮明勾勒出作為「自成一體的世界」的中亞史輪廓。

然而，作為始祖般存在的松田壽男的「絲路史觀」並不是如此膚淺的東西。間野把松田的宏大史觀命名為「絲路史觀」，批評這種歷史觀是如何沒顧慮到在當地生活的遊牧民與綠洲農耕、都市民的動態，只是把中亞史作為東西文化交流史來討論，這樣的扭曲解讀並不公平。最初提出區分「北方」遊牧民與「南方」綠洲農耕民的天山—錫爾河線，注意到中亞「南北」關係的，毫無疑問地就是松田本人。

在《史學雜誌》（一九七三年）的〈回顧與展望〉裡，我曾經與梅村坦共同主張，因為「以東西交通、南北對立、南北共存等的角度來探討內陸亞洲史的看法已經過時了」，所以「今後的內陸亞洲史研究要打破東西交通或是南北對立這樣的外在視角，以各個地區或民族『與東西南北的交通和對立』作為立足點，從內側來建構那個地區以及民族本身的歷史，應該朝著這個方向前進。」這時的主張和間野在那之後的新書版提出的觀點之間有相當大的「差距」。間野所說的「南方」是中亞內部的綠洲農耕民，可是以松田為首的我們所說的「南方」更加廣闊，是並列於整塊歐亞大陸「南方」的大農耕文明圈。

若重複間野主張的要點，就是對中亞而言，重要的是北方遊牧民與南方的農耕、都市民，連結東西的絲路商人等的存在沒有太大的意義，將中亞史從東西交通史獨立出來，描繪成「已完結的一個小世界」。而且，他提出的有力根據之一是中亞出土的古代回鶻文書，說明：「回鶻王國的居民幾乎全部都是農民，我們無法找到任何明確存在的從事東西貿易的『綠洲商人』。」可是，這顯然是對事實的誤判。

◎回鶻文書的反證

早在間野說發表以前出版的佛教、摩尼教相關的古代回鶻宗教文書（尤其是序文或後書）或世俗文書裡面，都有不少資料顯示出回鶻人的商業活動。

例如某位佛教徒的懺悔文內容當中，就有這樣的敘述：「弟子烏托雷托，從前世到今生，在寺院、僧房或潔淨的地方，因為私情或沒有羞恥心，做了不該做的事，出借、使用寺院所屬的財物卻沒有歸還，或是做生意時矇騙重量、長度、分量，少給卻多拿……（中略）……一村又一村、一國又一國，作為密探四處遊走，如以上所述，我累積了許多罪孽和惡業，現在弟子誠心懺悔一切。」

還有，古代回鶻語的世界級權威茨默（P. Zieme）在一九七六年發表的德文論文〈關於高昌回鶻王國的商業〉裡面引用到：「如果某位貴族的子女想要旅行到遠方做買賣的話，對望眼欲穿的商品產生渴望（以下缺）」等的佛教文本，另一方面也提到了包含未發表的書信，有相當數目的商業關係文書。正是現在，我們從古代回鶻文書裡面發現了包含大量書簡的商業文書資料，不只是其中已經公開的一部分（參照森安一九九七《岩波講座世界歷史》所收論文），當然在同樣從東土耳其斯坦各地（吐魯番、焉耆、尼雅、于闐、庫車等地）或是敦煌出土的佉盧文（Kharosthi）文書、粟特語文書、藏語文書裡面，還有近年西土耳其斯坦出土的巴克特里亞語文書裡，也陸續發現了顯示絲路實際商業情況的直接史料。今後，透過站在學界最前線的研究者們對這些史料進行文獻學的分析，將會一一解明事實，證明絲路貿易在近代以前的歐亞大陸深具歷史的重要性，這一點我可以很有自信地斷言。

若是以我自身的研究成果來說的話，我之前已經發表了一篇題為〈蒙古時代吐魯番盆地內七克台的回鶻人佛教社會〉（Takao Moriyasu,"On the Uighur Buddhist Society at Ciqtim in the Turfan During the Mongol Period."）的英文論文，列舉相關事例，證明以農業為生活基礎的古代回鶻人，也同時和遠地的商業貿易有著密切的關係。因為該文比本書探討的時代還要晚，無法在這裡做介紹，但是至少在前近代中亞發現到這樣的事例，對研究近代中亞史的專家而言，是無法漠視的。

◎環境史的視點

就我個人而言，認為以上所述就足以完全駁倒以間野為首的「反絲路史觀」，不過其實從別的方向也提供了理論掩護。那就是妹尾達彥對於農牧接壤地帶的見解。妹尾採用環境史的觀點，為以唐代為中心的中國歷代王朝都市史研究吹進了一股新風，他的主張可整理如下：

在思考歐亞非大陸的都市形成與發展之際，必須注意到生態環境形成的界線。在歐亞非大陸上最大的生態環境界線，是橫跨農耕地區與遊牧地區界線的農業—遊牧分界地帶。其中最大的，就是在北緯四十度前後橫貫東西、超過一萬公里的帶狀區域；以地球規模來看就像東西走向的一條線，不過在歐亞大陸東部，其寬幅則是達到一百公里到三百公里。當然，這條界線也會受到地球年平均氣溫高低起伏的影響，隨著遊牧民南下或農耕民北上等情況，在歷史上縱跨南北數百公里移動，所以這個模式圖總是僅供參考而已。前近代歐亞大陸的都市，大多是在將生態環境概分為南北的農業—遊牧分界地帶的南緣，鄰近容易取得水源的地方。不只如此，這個農業－遊牧分界地帶與南緣地帶合起來的地區，自古以來就是東西南北物產交易的高度商業化地區，連結起這裡發達的各都市間且橫貫東西的陸路，就是歐亞大陸的主幹道——絲路。

以上是妹尾說的要點整理。雖然他似乎把絲路單純理解為綠洲之道，並不包括草原之道，對於這點我個人有所疑慮，不過其他以外的論點則是全面認同。

◎在世界史的重要性

的確，在一九八〇年播放的NHK特別節目《絲路》裡面，貫穿全篇的絲路印象是「東西」交流與「文明通道」，漠視了當地的歷史與文化。但是，如果對當地出土的多語言文書加以解讀，並且進行精密分析的話，那麼前輩學者們使用漢文史料、波斯語、阿拉伯語史料等所謂中亞「外緣」殘留的史料，費盡苦心論證的絲路貿易及語言、宗教、文化交流的實際情形，便能夠如實地勾勒出來。隨著這些被埋沒在當地極度乾燥的砂礫底下或石窟裡面的一手史料重見天日後，現在可以確認當時中亞的多民族、多語言、多宗教的人類活動，不管如何都與絲路密切相關。因此，直到蒙古帝國時代為止，中央歐亞的絲路的重要性是絲毫不容置疑的。

進入近代，西歐列強的備有槍砲火藥與羅盤的遠洋海船，透過「海洋之道」稱霸世界，於是內陸亞洲在世界史上的重要性開始降低。誠如佐口透所言，即使在近代，通過內陸亞洲的國際貿易由於有俄國與清朝間的貿易盛況支撐，總量甚至凌駕了近代以前，可是占世界貿易的比例仍然遠遠不及「海洋之道」。也就是說，通過內陸亞洲的貿易絕對量雖然有增加，可是在世界貿易量整體裡面，地位相對低下，因此內陸亞洲在世界上的重要性，不論經濟面也好，文化面也好，都逐漸降低。

近代的東西土耳其斯坦居民，大多數都已經變成農民。即使在前近代，絲路貿易是商隊攜帶奢侈品移動來進行的遠距商業，與各地區內的定期市集等自成一體的日常生活程度的交易是截然不同，鮮少和一般農民產生直接關聯。因此，絲路貿易對在地的居民而言並不重要，可能會有這樣的評論吧。但是，我認為商隊的通過及停留應該也會刺激到當地經濟的發展，因此不會做出這種評價。

相反地，當我們將焦點放在七世紀前半時，我們可以注意到，當玄奘通過典型絲路商人的根據地——索格底亞那時，他親自見證了「力田（農業）逐利（商業）者雜半矣」的事實。不只如此，他還說「風俗澆訛，多行詭詐。大抵貪求，父子計利」。我們並不是在說中亞史裡面的農民並不重要之類的，而是在前近代世界裡，作為第三級產業的商業就占了百分之五十是很不尋常的，可以說這裡面存在著某種特殊性。

近代以後，軍事力的核心從騎馬軍團變成了槍砲，貿易的主要路徑也從「綠洲之道」和「草原之道」轉移到「海洋之道」，於是中亞硬生生地被拉下世界史的大舞台，以後的中亞史在論述時就成為多數的區域史之一，因此可以理解近代中亞史研究者對於作為雅稱的絲路甚至會感到彆扭。我並非否定區域史的意義，例如日本平安時代史的研究完全不會輸給中央歐亞史的研究，但是，平安時代的日本僅僅是接受同時代的亞洲大陸的影響，而不是積極地扮演了與世界史直接產生關連的重要角色。

蘇聯瓦解後，中亞再度受到世界矚目；可是，自帖木兒帝國滅亡以後的十六世紀至二十世紀的中亞史，並未跳脫區域史的框架太遠。也就是說，那個時代的中亞史即使是區域史，不管是在政治、經濟、文化的哪一方面，都不是世界史的中心。先前，我把絲路地帶定義為「前近代的中央歐亞」，這是因為探討近現代的中亞或中央歐亞的狀況時，並不適合用絲路這個術語，也不希望大眾媒體任意使用例如「絲路在現代復甦」這樣的概念。

◎歐亞大陸史的時代區分

在本書，雖然也使用源自西洋史的概念，用古代、中世、近世、近代、現代的術語來區分時代，可是這些並無法直接對應到亞洲史。以中國史而言，從唐末到五代、北宋是所謂的「唐宋變革期」，要視為古代進到中世的轉換期，還是中世進到近世的轉換期？這個問題在東京學派與京都學派之間引起激烈論戰。但是，從西洋史誕生的概念要擴及到整個世界史終究是有難處，所以我認為沒有什麼意義。儘管如此，漢帝國與唐帝國是截然不同的存在，所以我不認同將兩者含括在相同的古代帝國範疇之內。要說日本史的飛鳥、奈良、平安前期被稱為古代，所以將同時代的唐朝也列為古代，這是很奇怪的道理。另一方面，若是規定法蘭克帝國與唐帝國同屬於中世的話，西歐史對於中世的暗黑印象又無法套用在燦爛輝煌的唐帝國身上，因此也不恰當。

雖然現在是迎接脫離西歐或是馬克思主義的發展史觀束縛的時期，可是古代或者中世之類的術語作為普通名詞來使用很方便，因此即使在本書也會經常出現，作為指稱某個文明圈或民族相對古老的時代或是中程時代般的曖昧用語。只是，在此必須事先說明的是，在這樣的情況下，因為同時必須依照各專門領域的慣例，例如中世波斯語比古代土耳其語最早的例子還要古老，所以也會出現古代和中世的用詞逆轉的現象。

雖然本書的目標是跳脫西洋中心史觀，可是當西歐各國的大型船隻駛出大海「發現」新大陸，透過軍事力擴大殖民地實現稱霸世界的偉業，甚至軍事力的重心從歐洲移往美國的結果，到了現代就形成在美國主導下的全球化席捲世界各地，這樣的歷史潮流是無法否認的。故此，以十六世紀為分歧點，在那之前的悠久時代統稱為前近代或近代以前，以便與近代以及近現代做區別。意即，本書所正式採用的世界史的時代區分用語就只有這個而已，一般說來，西洋史的古代、中世就會對應到本書的前近代吧。

關於中亞史的時代區分，羽田亨提倡了雅利安人時代與回鶻人時代的兩大區分。然而，這個始終是以近代以前的東西土耳其斯坦與天山北路為對象而已。間野英二沿襲羽田說，把整體的中亞史稍微放寬，分為三個時代：I 雅利安人時代（西元前五千年至西元前七世紀左右的史前時代，與之後直至九／十世紀左右為止）、II 突厥人－伊斯蘭時代（九／十世紀至十八／十九世紀）、III 近現代（二十至二十一世紀）。

◎對強調伊斯蘭化的質疑

對於間野的時代區分，大致上我也同意，可是並非毫無疑問，因為這個時代區分的觀點過於西側，意即從伊斯蘭方面的角度出發。東土耳其斯坦整體完全變成土耳其—伊斯蘭世界是在蒙古帝國滅亡之後，也不過是從十五世紀開始的。可是，間野卻從九／十世紀開始就定義為突厥人—伊斯蘭時代，也太過傾向伊斯蘭中心主義，只從西土耳其斯坦的角度來看中亞而已，不是嗎？

唐帝國的建立與伊斯蘭的崛起同樣發生在七世紀，是歐亞大陸史上的大事件；不過，伊斯蘭教直到本書的主角唐帝國末期為止，都沒有跨越帕米爾地區。唐代的絲路東部地區，亦即東土耳其斯坦—河西走廊—華北北半部、北方的準噶爾盆地—蒙古高原、南方的西藏—青海，不管是哪個地區，基本上都是佛教世界，那裡只有摩尼教在回鶻人的軍事力背景下出現某種程度的滲透，還有景教（基督教的一派）、祆教（瑣羅亞斯德教）的錦上添花，可是與伊斯蘭教幾乎是完全無緣。的確，雖然可以確認到在海路的玄關廣東有伊斯蘭教徒的居留地，長安也有伊斯蘭教徒的使節來訪等，可是在唐代一般廣泛分布的大宗教是儒教、佛教、道教這三種宗教，西域特色的稀有宗教也是只有摩尼教、景教、祆教，所謂的三夷教而已。

《唐文粹》卷六十五的舒元輿撰〈重巖寺碑銘〉裡記載：「有摩尼焉，大秦焉，祆神焉。合天下三夷寺，不足當吾釋寺一小邑之數也。」他為了誇示佛教寺院的為數之多，用摩尼教、基督教、瑣羅亞斯德教寺院的稀少來襯托，而後來漢語所指的清真教或回教——亦即伊斯蘭教，在排名上還摸不著邊。與做為大眾宗教的佛教、基督教、摩尼教不同，祆教是不向異民族傳教的伊朗系民族宗教，完全不被漢人所接納，所以在中國的信徒極為少數，但伊斯蘭教徒的數目卻還要更少。

在坊間，有一說認為回教是指由「回鶻＝回回＝維吾爾」民族傳來的宗教，這完全是假的，可是到現在依然流傳著。本來「回鶻（維吾爾）」與回回就是完全不同的東西，唐代的「回鶻」人從信仰薩滿教的階段突然改信摩尼教，十世紀後半以後改信成為佛教徒的也有增加的趨勢，而成為伊斯蘭教徒，不過是在蒙古帝國崩壞後的十五世紀以後的事。

根據間野的說法，中亞的範圍是從本章開頭介紹的廣義中亞即內陸亞洲開始，但是不包括內外蒙古、西藏的地區。他的理由是，蒙古、西藏在近代以後是佛教世界，必須與信奉伊斯蘭教的地區有所區別。然而，歐亞大陸的歷史，一方的主角是中央歐亞草原部的遊牧民，另一方的主角在認定上，則不只是中亞的綠洲農耕民，還包括了位在歐亞大陸整體南側的大農耕文明圈的農耕與都市民。我們的立場是透過兩者間從不間斷的緊張與友好關係，探索歐亞大陸史的動力，所以實在無法理解為什麼要把遊牧民活躍的內外蒙古和西藏從中亞史移除。這裡恐怕也是因為把重點放在伊斯蘭的緣故吧！在概觀整個中亞史時，過於強調伊斯蘭化，就會輕易忽略了歐亞大陸東部到西藏的佛教文化圈的存在，從而出現不協調的情形。

◎對世界史時代區分的新建議

那麼，在此謹提供我個人對世界史時代區分的建議。雖然有說法指出人類的歷史可以追溯到六百萬到七百萬年前，可是我們智人的歷史頂多就只有二十萬年左右，最後終於在一萬一千年左右前發明農業之後進入歷史時代。以往的世界史也深受馬克思唯物史觀的影響，總是會以生產力為中心來探討。換言之，就是農業地區中心、農耕都市文明中心史觀。但是，我把焦點著重在軍事力與經濟力（糧食生產力、工商業和能源）上，以及背後的情報蒐集傳達能力。

世界史的八個階段：

①農業革命（第一次農業革命、以及較晚的家畜革命）　約一萬一千年前開始

②四大文明的登場（第二次農業革命、車輛革命）　約五千五百年前開始

③鐵器革命（較晚的第三次農業革命、馬戰車的登場）　約四千年前開始
④遊牧騎馬民族的登場　約三千年前開始
⑤中央歐亞型國家的優勢時代　約一千年前開始
⑥火藥革命與海路帶來的全球化　約五百年前開始
⑦工業革命與鐵道、蒸汽船（外燃機）的登場　約二百年前開始
⑧汽車和飛機（內燃機）的登場　約一百年前開始

我認為世界史的大潮流大致上可區分為以上的八個階段，為了使其特徵能夠與中央歐亞史和世界史連動，而設了④「遊牧騎馬民族的登場」與⑤「中央歐亞型國家的優勢時代」這兩個時代區分，而⑥火藥革命，即殺傷力高的槍砲登場與⑦工業革命以後，人類進入機械化文明時代，可是也才五百年不到而已。在那之前的兩到三千年間，最強的軍事力是什麼？最快的情報傳達手段又是什麼呢？答案就是馬，就像作為機械化文明根基的動力，其表示單位至今仍留存著「馬力」（horsepower）一詞。培育優秀的馬，善於騎馬射箭的集團，也就是騎馬遊牧民族，堪稱地表上最強的軍事集團。不只是農業生產力，馬的軍事力、情報傳達能力與絲路商業帶來的經濟力也應該得到相應的評價，才能夠真正理解前近代的歐亞世界史。

九到十世紀可視為廣義的中亞史及中央歐亞史的一大轉換期，這點我與間野抱持相同意

見。但是，我把那個時代——即遊牧民把草原作為根據地的同時，也支配了包含農耕地帶或都市的地區，這樣的中央歐亞型國家（若用稍微過時的用語是「征服王朝」）成立的時代及其定位，視為歐亞世界史的一大轉換期。當然，這種中央歐亞型國家的完成體就是蒙古帝國，之後的繼承國家有帖木兒帝國、鄂圖曼帝國、蒙兀兒帝國、俄羅斯帝國、大清帝國。

因此，從中央歐亞的立場來做時代區分的話，以十世紀前後為界，在那之前稱為中世，之後稱為近世，十六至十七世紀開始稱為近代，應該也可以與全球世界史產生連動，但是目前還沒有人這樣主張過。

第二章

粟特人的登場

壁畫中的粟特人戰士　粟特人不只作為商人，同時也以武士身分活躍於中國歷史。

絲路的主角

◎粟特研究小史

在深受騎馬遊牧民動向左右的絲路歷史舞台上，曾經有過許多活躍的民族與集團，可是若提到曾經擔綱絲路商業的主角，粟特人堪稱是第一把交椅。尤其是在本書探討的時代裡，粟特人擁有相當強烈的存在感。他們最初是以商人的身分融入中國以及位於中央歐亞東部的遊牧國家，隨著時間的推移，不只在經濟上，包括政治、外交、軍事、文化、宗教領域，也占有超乎想像的重要地位；隨著近年的新發現與新視角的研究，對此，我們得以一舉揭開全貌。

難得一見的優秀東洋學者、同時也是在中亞、敦煌探險上相當知名的法國人伯希和（Paul Pelliot），首次在學界中提倡粟特商人是西元第一個千年的絲路貿易支配者，而且粟特語也是當時的國際共通語。一九一一年，法蘭西公學院（Le Collège de France）剛開設中亞學講座，伯希和在開場的紀念演講上明確地提出這個假說，他能夠在材料非常稀少的時代提出這樣的假說，真是獨具慧眼，不由得令人心生欽佩。可是，在之後的粟特研究上，明治末期至大正年間的日本學者則相當活躍，讓人見識到日本對歐洲東洋學界急起直追的氣魄。

在日本，初期的粟特史研究代表作有白鳥庫吉〈粟特國考〉（一九二四年），另一方面，關於在包含北中國的絲路東部發展的粟特人研究，舉凡羽田亨〈漠北之地與康國人〉（一九二三年）、藤田豐八〈西域研究（4）關於薩寶〉（一九二五年）、桑原隲藏〈隋唐時代移居支那的西域人〉（一九二六年）、石田幹之助〈「胡旋舞」小考〉（一九三〇年）等，幾乎集中在同一時期。在那之後，關於粟特人的東方發展史，日本依舊領先全球的學界。其中，擁有亮眼業績的前輩們有松田壽男、小野川秀美、羽田明、榎一雄、伊瀨仙太郎、護雅夫、池田溫、後藤勝等人，比我年輕的世代則有吉田豐、荒川正晴、森部豐、影山悅子、山下將司等人接力投入研究領域。

日本的粟特人研究在二十世紀締造了輝煌成果，可是進入二十一世紀後，地位卻岌岌可危。不管怎麼說，一九九九年以後在西安、太原接連發現北周、北齊、隋代的豪華粟特人墓葬，同時伴隨著中國研究者的興起，都帶來了威脅。在中國，粟特學是從一九八〇年代開始興盛的，那時候還是以立足於日本研究成果之上的形式展開，可是到了現在，反而是日本屈居下風。

甚至，更令人感到衝擊的是，二〇〇二年有一本名為《粟特商人的歷史》的法語書籍在巴黎出版，而且作者是法國年輕研究者魏義天（Étienne de La Vaissière）。本來，像這樣子的單行本應該在日本先出版的，結果卻被超前了。這本書裡也包含了許多我們未知的資料，但是不可否認地，有相當部分的內容感覺起來，像是對於日本已經完整討論過的研究成果進行整理；而且作者本人不懂日文，所以忽略了日本的許多研究。一直以來，歐美學界對絲路商業抱持強烈關心卻又礙於看不懂日文文獻，所以這本書的出版引起了很大的迴響，很快地在二〇〇四年又出版了修訂版，甚至在二〇〇五年也推出了英譯本。修訂版的部分，由我和吉田豐、荒川正晴三人利用和他直接接觸的機會，在英文書評裡提出增補或修正的建議，這些建議一定程度上也反映在後來的修正當中，但是還不令人滿意。可是，今後歐美的粟特商人研究，將不是參考日本累積的豐厚業績，而是會以本書為中心來展開吧！很遺憾地，這是除了日本史以外的全球歷史學界的現實處境，但是只要能夠保持最尖端的研究水準，總有一天必有回饋吧。

◎粟特人的故鄉——索格底亞那

索格底亞那的意思是指「粟特人的土地」，是在西元第一個千年馳騁活躍於歐亞大陸的粟特人故鄉。索格底亞那幾乎位在歐亞大陸的正中央，被從帕米爾高原往西北方流入鹹海的阿姆河與錫爾河圍繞，並受到同樣源自帕米爾，最後消失在沙漠中的澤拉夫尚河（Zeravshan River）和卡什卡達里亞河（Kashkadarya River）的滋潤。

阿姆河、錫爾河這兩大河流域在人類史上，曾經扮演著極其重要的角色。南方的阿姆河曾經被稱為 Oxus 河（漢字稱烏滸水）或是 Jayhoun 河，而北方的錫爾河又被稱為 Jaxartes 河（漢字稱藥殺水）或是 Seyhun 河。[1]這兩條河的中間地帶，以南方的視角是稱為 Mā warā al-Nahr 或是 Transoxiana，前者的阿拉伯語意思是指「大河（即 Oxus 河）的彼方之地」，後者是翻譯的歐美語，前者是七世紀後半阿拉伯勢力進入之後才有的稱呼，後者是現代語。另外，中文是稱為河中地區。這個河中地區正是西土耳其斯坦的中心，內部雖然有克茲勒固姆沙漠，不過從鐵器變得普及的西元前六到五世紀左右開始，灌溉網便獲得了相當程度的整備，是一

粟特人　中國北齊時的粟特人浮雕。

片綠意盎然，充滿了以農業為基礎、繁榮興起的綠洲都市國家群的土地。這河中地區的一大中心就是索格底亞那，有些情況會把兩者視為同義詞來使用。

索格底亞那現在幾乎是烏茲別克所屬，只有東邊的一部分是塔吉克的領土。西方是阿姆河下游河域的肥沃三角洲地帶，即花剌子模（Khwārizm），南方則是阿姆河中游流域的重要據點吐火羅（Tokharistan，舊巴克特里亞），東方位處錫爾河上游流域的費爾干納，自古以為作為名駒的產地相當有名。這些地方全都屬於乾燥地帶，花剌子模和索格底亞那屬於綠洲農業地帶，相對地吐火羅和費爾干納則占了農牧接壤地帶的一角。

索格底亞那的第一大首都撒馬爾罕，在阿契美尼德王朝（也稱波斯第一帝國）的時代開始以希臘語 Marakanda 的名字出現在歷史上，但是到了西元後有更多的綠洲都市國家開始為人所知，這裡列舉主要的國家，也一併標記中國方面的漢字稱呼（參照一〇四頁地圖）。

首先，索格底亞那的中央是撒馬爾罕（康國），往南抵達吐火羅入口的鐵門處，掌握這段通道的是羯霜那（Kashana；今沙赫里薩布茲，漢籍史書稱為「史國」）。撒馬爾罕的西方是屈霜你迦（Kushanika，何國），再往西便是整個索格底亞那地區的西方要衝布哈拉（Bukhara，安國）。從那裡橫渡阿姆河，便可以抵達梅爾夫所在的馬爾吉阿納（Margiana），然後前往波斯本土；這條道路穿過花剌子模到達裏海方面，甚至可以遠至俄羅斯、歐洲方面。

相反地，堅守索格底亞那的東北位置，位於錫爾河北岸的赭時（Chach，另有者舌／赭支的音譯名；今塔什干，漢籍稱「石國」），往東可以從天山山脈北麓越過阿爾泰山脈到達蒙古高原，往西則可從烏拉山脈南部接續到南俄羅斯，是通往草原世界的玄關口。撒馬爾罕的北邊有位處正中央的劫布呾那（Kaputana，曹國），兩側有蘇對沙那（Sutrushana／Ushrusana，東曹國）與瑟底痕（Ishitikhan，西曹國）並列。前往東方中國的最短捷徑是從蘇對沙那通過費爾干納，越過帕米爾進入東土耳其斯坦的道路。

關於弭秣賀（Maymurgh，米國）的位置，以吉田豐的論點較為有力，推定是在撒馬爾罕東方六十公里的都市遺跡片治肯特。一九三三年，有粟特語文書以及各種遺物出土的穆格山（Mt. Mugh）城塞遺址，則是位在更往東，可以溯澤拉夫尚河而上的要害之地。

這些都市國家的經濟基礎是農業，其土地豐饒之程度甚至在阿拉伯語地理書中，被列為世界的四大樂園之一流傳後世。粟特農業的最初發展期是西元前六到五世紀，而根據考古學的發掘成果顯示，第二個大發展期是在五到六世紀，有灌溉水路與為了防止遊牧民或沙漠的侵入而擴建長城，農耕地和都市的範圍擴大，人口增加，更加欣欣向榮。佛教的極樂世界或是西方淨土、基督教的伊甸園等，這些所謂的樂園就是在沙漠中別有洞天的豐饒綠地，也就是綠洲的形象，簡直就是指這樣的地方吧。

然而，屬於乾燥地帶的綠洲農業，即使是擴張農田也是有限度的。因此，一旦出現人口過剩的現象，自然地透過與其他都市或地區交易的商業來找活路的人也會增加。接著，他們把夥伴派到其他地區的商業中心，並且在那裡落地生根，於是各地便出現了粟特人聚落（殖民地、殖民聚落、居留地）。如玄奘記載的、散在於西部天山山脈北麓七河地區（Semiryechye）的粟特人殖民都市群尤其出名，玄奘的《大唐西域記》裡，將這裡與其西鄰的索格底亞那本土合稱為「粟特地方」。

索格底亞那偶然位於歐亞大陸的正中央，從這裡通往東方的中國、東南方的印度、西南方的波斯到地中海周邊東部地區、西北方的俄羅斯到東歐、東北方的七河地區─準噶爾盆地─蒙古高原，這些天然的交通路線正是絲路網的心臟，故此，粟特商人能夠發展成為國際性的絲路商人，可以說是必然的事。粟特人聚落沿著草原之路往西到達黑海周邊，往東不只是塔拉斯河以東至伊犁河流域的七河地區，甚至再往東的準噶爾盆地到蒙古高原、滿洲也包含在內。不只如此，沿著綠洲之道，從東土耳其斯坦的庫車、于闐、吐魯番、羅布泊地方到河西走廊的沙州（敦煌）、涼州（武威、姑臧），甚至遍及了整個北中國的各大都市，都存在過粟特人聚落。

◎粟特文字與粟特語

粟特人在人種上屬於高加索人種，身體特徵即所謂的「紅毛碧眼」為代表，更加具體地說還有皮膚白皙、綠色或藍色眼睛、眼窩深邃、鼻子高挺、鬍鬚濃密、亞麻色、栗色或是深褐色捲毛等的特徵。語言是現在已經滅絕的粟特語。粟特語屬於印歐語系伊朗語族中的東伊朗語的一支，同屬東伊朗語的還有花剌子模語、巴克特里亞語、于闐語，雖然名目上都是方言，可是差異是無法相互溝通的程度。

索格底亞那在西元前六世紀被波斯阿契美尼德王朝的居魯士二世征服，成為波斯的屬地之後才開始使用文字。但是，最初只是用阿拉姆文字書寫阿契美尼德王朝的公用語阿拉姆語，並非突然用粟特字母書寫粟特文。這個與漢字進入日本時，也不是立刻用日文書寫，漢字只能夠用來書寫漢文的情況是相同的。是花了很久的時間之後，終於可以用漢字寫日文，這就是萬葉假名，之後發展出片假名或平假名。這個狀況與遙遠以前的索格底亞那幾乎是一樣的，在阿契美尼德王朝滅亡之後用阿拉姆文字書寫粟特語，從阿拉姆文字的草書演變成粟特文字，之後伴隨著粟特人往東方發展，粟特文字也傳播到突厥和回鶻，唐朝時這個粟特文字就變成回鶻文字，到了十三世紀回鶻文字變成蒙古文字，而最後在十七世紀時蒙古文字就轉變為滿洲文字。

西元第一個千年，粟特人在中央歐亞全域縱橫馳騁，在各地形成聚落，不只是有名的商人，也包括了武人或外交使節、宗教的傳教者或翻譯、音樂或舞蹈、幻術等從事藝能表演的人，相當活躍。因此，粟特文字和粟特語便成為了中央歐亞，特別是絲路東部的國際共通語。

滅了阿契美尼德王朝的亞歷山大大帝征戰四方，遠征的東方終點就在索格底亞那，之後，它又先後被納入塞琉古帝國、巴克特里亞王國的領域。在那之後，在索格底亞那的土地上就不曾出現過擁有絕對權力的王，粟特諸國相互獨立，組成鬆散的聯盟。整體來看，這塊土地雖然從西元前二世紀起受到

索格底亞那的綠洲都市　粟特人的故鄉位於歐亞大陸的正中央處。

康居、貴霜王朝，從五世紀後半又受到嚈噠、突厥等遊牧國家的間接支配，可是直到八世紀前半斷斷續續受到阿拉伯的伍麥亞王朝的直接支配之前，幾乎都保持獨立的狀態。

然而，八世紀中葉，索格底亞那受到了阿拔斯王朝的直接支配，之後接連在薩曼王朝、喀喇汗國、塞爾柱王朝、花剌子模（阿拉伯語為Khwārizm）等伊斯蘭帝國底下，逐漸失去作為粟特人的獨特性。除了宗教從瑣羅亞斯德教改為伊斯蘭教，連粟特語也被波斯語取代。之所以如此，是因為雖然伍麥亞王朝或阿拔斯王朝的上層階級都是阿拉伯人，但在伊斯蘭帝國的東方領域，前薩珊王朝的波斯人改信伊斯蘭教的人口相當多，所以當他們大舉進入包含索格底亞那在內的河中地區時，是以伊斯蘭化的波斯人為中心。尤其是九世紀末左右興起的薩曼王朝是波斯人王朝，阿拉伯文字的波斯語在索格底亞那遂成為主流。像這樣子的近世波斯語，和現在的塔吉克語有直接關聯。

接著在十世紀後半以後，從內陸亞洲大草原部滲透的土耳其語族人成為支配者，建立起喀喇汗國、塞爾柱王朝、花剌子模，這次換土耳其語變成優勢，於是正式地進行土耳其斯坦化（西土耳其斯坦的成立）。

粟特人的社會與商業

◎粟特商人的記錄

粟特經濟的基礎雖是農業，但進入西元第一個千年之後，粟特人的事業裡面最突出的非商業莫屬了。漢文史料也好，伊斯蘭史料也好，也都特別記載了這一點。首先，從漢文史料來看，韋節在隋煬帝的命令下，與杜行滿一起作為使節被派遣到西域，並寫下《西蕃記》這本遊記。裡面他在粟特地方留下足跡，報告內容值得信賴。遺憾的是，《西蕃記》整體都早已散佚，所幸中唐的文人政治家杜佑所著的《通典》卷一九三〈邊防九．西戎五〉裡有引用，留下這一段文章：

康國人並善賈（經商），男年五歲則令學書，少解則遣學賈，以得利多為善。

不只如此，在《舊唐書》卷一九八〈西戎傳．康國〉的項目裡，記載更為詳細：

其人皆深目高鼻，多鬚髯（鬍鬚）。丈夫（男性）翦髮（剪短平整的髮型）或辮髮。其王冠氈帽（毛氈製的帽子），飾以金寶。婦人盤髻（大髮髻），幪以皁巾（黑絹頭巾），飾以金花。人多嗜酒，好歌舞於道路。生子必以石蜜（冰糖）納口中，明膠置掌內，欲其成長口常甘言，掌持錢如膠之黏物。俗習胡書（粟特字母粟特語）。善商賈（經商），爭分銖之利。男子年二十，即遠之旁國，來適（進出）中夏，利之所在，無所不到。（中略）隋煬帝時，其王屈朮支娶西突厥葉護可汗女，遂臣於西突厥。

至於伊斯蘭方面的史料，時代則是稍微往後，十世紀波斯語寫成的《世界境域志》裡面，摘錄自「河中地區（Transoxiana）與其都市的項目」，引用如下：

這個地方的東邊是西藏的邊境，南方是與呼羅珊（Khorasan；今伊朗東部及北部）的國界地帶，西方是與古茲人和葛邏祿人的邊境，北方也是葛邏祿人的邊境。這裡遼闊繁榮，是非常舒適的國家，位居土耳其斯坦的入口，商人們的聚集地，居民相當好戰，為了信仰而成為主動積極的戰士，是弓箭手。

撒馬爾罕廣大豐饒，是座非常舒適的城鎮。來自世界各地的商人在此雲集，有市街區、城塞和郊外，市集的屋頂有（納涼用）水流經過的導管。在撒馬爾罕，建有被稱為「耨沙嗲」（聽眾之意，指摩尼教徒）的摩尼教徒的教會。撒馬爾罕生產紙和麻繩，紙輸出到世界各地，布哈拉河（澤拉夫尚河）流經撒馬爾罕的城門附近。

雖然本書成書於十世紀的後半，但是伊斯蘭地理書經常是吸收過往時代的書籍或史料編纂而成的，因此十分值得我們留意。從河中地區東鄰西藏（吐蕃）這一點來看，應該是反映了九世紀前半吐蕃帝國到達鼎盛時期的情勢吧。即使如此，從這篇內容看來，很容易推想出九到十世紀的索格底亞那作為遠距商業的中心地，繁榮一時的景象。

◎從書簡看遠距商業

另一方面，粟特人本身留下的文書即所謂的粟特語《古代書簡》，也顯示出興盛的遠距商業活動。這是一九〇七年英國探險家M．A．斯坦因在敦煌西方屬於舊玉門關遺跡群的一部分的烽火台遺跡發現的，包含五封幾乎接近完整的書信和其他斷片。關於這些書簡的年代有各式各樣的論點被提出來，不過現在大概是以三一二到三一四年的看法最為確鑿無疑。這些是當時來到河西至北中國的粟特人，為了將關於中國的政治情勢或是商業夥伴與家族等的各種消息，傳回粟特本國或者是居住在本國與河西中間的樓蘭等地的粟特人聚落的家族或夥伴而寫的書信。裡面提到的商品有金、胡椒、麝香、樟腦、胡粉（鉛白）、絹織品、毛織品、麻織品類，貨幣單位是秤重的白銀與中國的銅錢。還有，有封書信的信封是絹製的，這些書信似乎是由通過絲路的商隊帶往西方的樓蘭或索格底亞那的途中，在敦煌西方遭遇事故之類的，連同郵袋整個被丟棄或者是被官兵沒收了。

五封古代書簡裡面的第二號書信是粟特商人奈伊凡塔克從河西的某處（舊說為酒泉是錯誤的，姑臧或是金城的可能性較大）要寄給撒馬爾罕的生意夥伴，大概也是親戚一員的瓦爾札克。根據書信內容，奈伊凡塔克一面以從敦煌、酒泉橫跨姑臧（涼州）、金城（蘭州）的河西走廊一帶作

M．A．斯坦因（Marc Aurel Stein）　著名的英國考古學家、藝術史家、語言學家、地理學家和探險家，原籍匈牙利。曾經於 1900 年至 1931 年進行了四次著名的中亞考察，其考察的重點地區是中國的新疆和甘肅，期間取得大量佛教文物。

為直接的經商區域，一面派遣夥伴或是雇人到中國本土做生意。而且，他對於五胡十六國時代初期的洛陽、鄴、長安的政治情勢，尤其是伴隨「永嘉之亂」發生漢人與匈奴（Hun，匈人）的爭鬥、饑饉、掠奪或放火等引起的混亂，三一一年皇帝（西晉懷帝）要逃出洛陽等均有提及，同時關於自己的生意夥伴或是麝香等商品的消息也很詳細地傳達。甚至，他還考慮到了在中國內地一百名撒馬爾罕出身的自由人或在洛陽的印度人、粟特人居留區消滅一事，連寄放在本國親戚那邊的資金要如何運用都有指示。

順帶一提，依照這封要送到撒馬爾罕的第二號書信，證實匈奴被稱為匈人（Hun），這點是很重要的。還有，第一號、第三號書信是從敦煌可能要寄到樓蘭的，而第五號書信被認為是從涼州寄出的，由此可窺知作為粟特商業網絡的一環，連結粟特人殖民聚落的郵遞制度已經存在了。

專營奢侈品的絲路貿易，為了避免高價商品在運輸途中遺失、蒙混數量、以高級品掉換低級品等的各式各樣的損失，一般在商品上會隨附書信。比方說商品的品質和數量，或者是託給哪個商隊的成員來運送等的情報，都會填寫在上面。若是有在商品的包裝袋外用封泥封緘的情況，就在書信裡告知封泥的形狀。近年，陸續從粟特人的墓葬等遺跡發現附有寶石印章的戒指，上面陰刻著各種圖案。將印章壓在泥團上就成了獨特圖案的封泥，還有將印章沾上朱砂印泥按壓在紙上，就可以透過書信傳達同個圖案給收件人。像這樣子，最初期的書信只是單純作為商品的發貨單（invoice），之後的功用不只如此，自然地逐漸開始進行個人消息的傳達。甚至，即使沒有商品的情況下，光是獨立寄送書信的構想也出現了。如此一來，往來於絲路的馬和駱駝商隊，也就成了郵遞制度的旗手。即使商品或書信需要長程移動，並不意味著負責搬運的商隊或商人也要進行長程移動，若考慮到必須熟知地形等的各種條件，在網絡上幾個交叉口之間來回的短程以及中程移動的情況，實際上是比較多的吧！

◎稱價錢文書與史料殘存的偶然性

足以顯示粟特人在四到九世紀的絲路東部是遠距貿易主角的，除了《古代書簡》之外，還有從吐魯番、敦煌出土的漢文文書或者是壁畫、遺物之中所發現的大量線索。其中尤為重要的是被稱為「稱價錢文書」的商業稅資料，以及被稱為「過所」「公驗」的類似旅行許可證的文件，甚至還有買賣契約文書。關於旅行許可證、買賣契約文書類的，在下一章會提及，因此在這裡僅介紹稱價錢文書（73TAM514:2；《吐魯番出土文書》第三冊，文物出版社，頁三一七～三二五）而已。

稱價錢，所指的是唐朝進出西域以前，在吐魯番盆地興起的麴氏高昌王國的公營市場上，對秤重販賣的高價商品課徵的商稅。吐魯番出土的稱價錢文書，是在埋葬於阿斯塔那古墓群第五一四號墓的女性木乃伊所穿的葬送用紙製鞋分解之後發現的。雖然是斷片，可是內容如實傳達了六一〇至六二〇年左右課稅、徵收的事實。回收的殘存部分有徵收商稅的官府（官方倉庫）每隔半個月的統計資料，總計大約一年份；出現的商品有金、銀、銅、鍮石（黃銅礦）、絹絲、香料、鬱金根（薑黃）、磠砂、藥、石蜜（冰糖），而商稅一貫是用銀錢繳納。

不只如此，在這份課稅簿殘片中登場的大約五十名商人裡面，粟特人就占了八成以上，分為買家和賣家的三十三件買賣裡面，就有二十九件是粟特人參與的，這項事實令人感興趣且很重要。以庫車（＝龜茲）特產的藥材——磠砂（參照森安二〇〇四年的論文）為例，除了有一件賣家是庫車人、買家是粟特人以外，其他五件的買家、賣家都是粟特人。也就是說，粟特商人之間進行買賣的例子非常多，明確印證了粟特商人幾乎是獨占當時的絲路貿易，同時也顯露了絲路貿易是中繼貿易的實態。在這層意義上，偶然留下的本文書是相當珍貴的史料。然而，絹織物、奴隸、馬、駱駝等雖然是高價商品，不過是以重量以外的基準來計算，當然就沒出現在本文書裡面。

可是，吐魯番、敦煌出土的世俗文書裡出現的粟特人，大半都是農民、工匠、士兵，商人的身影並沒有很醒目，以及在中亞出土的文書裡，幾乎所有居民看起來都是與絲路貿易無關的農民，所以就有人認為絲路貿易對中亞—綠洲的當地經濟並沒有帶來太大的影響。然而，這是沒有考慮到偶然出土的文書特性，才有的膚淺議論。重點是與史料論有關的問題。就我而言，不管是在索格底亞那本土或是粟特人聚落，從事農業者占了大多數，當地居民有很多都是依賴農業過活，這是理所當然的。前往粟特人聚落的移民應該也包含了農民和工匠，在農地有限的中亞，如果綠洲農業沒有穩定的糧食供給基礎，就沒有商業發展。若有一定程度以上的人口，當然就需要生產衣服、居住、生活用品的工匠，在這樣的粟特移民聚落裡，粟特商人以家族為生活基盤，在短到中程的距離裡面不斷地從事商品的中繼貿易，結果就形成了長程移動的交通系統，即粟特網絡。

遠距交易的繁榮是伴隨著商隊的頻繁來往，商隊若移動，在經過的許多地方必須繳納通行稅，支付下榻旅館的住宿費、餐費等，當然也有助於活絡當地的經濟。很多客人投宿旅館的話，就需要各式各樣的糧食、薪炭、交換用的馱獸，提供這些的當地業者也因此受惠，而購買或是修理馬具、包等旅行必需品的話，當地的工匠和小商家也有好處。雖然從史料狀況來看，沒有證據顯示綠洲都市國家的大多數居民是「直接」參與絲路貿易的，可是要說絲路貿易對中亞史並不重要，這樣導出的結論也未免太過單純了。

◎商業立國的社會構成

在粟特人社會裡，自由人與非自由人有著嚴格的區分。從穆格山出土的約九十件文書，屬於八世紀前二十五年的遺物，透過這些史料足以窺見粟特人在粟特本土的社會構成。

雖說這些穆格山文書也包含寫在羊皮紙或柳枝（木簡的替代品）上的物件，可是大多數是寫在紙上。也就是說，在七五一年的怛羅斯戰役以前，紙就已經在粟特本土流通了。雖然裡面也包括極為少數的阿拉伯語、土耳其語、漢語的文書，其他幾乎都是粟特語寫成的，而其中出現表示社會身分的術語有自由人、商人、工匠、奴隸、俘虜、人質等的區別。

這裡看到的自由人，大概很多都是土地所有者，也有自己的武裝，根據不同場合，也可以稱為貴族或是武士的階級，甚至推估自由人的比例是占人口的三成以上。在前述的古書簡裡，把來到中國的粟特人稱為自由人，由此可知商人裡面也有很多人是列為自由人的範疇內。士農工商的身分階級是把商人列為最底層，這樣的思想不只是江戶時代的日本，在農本主義的唐代中國也可見到，即使是在與粟特同樣為伊朗語圈的波斯薩珊王朝，商人也是社會的最下層，可是粟特社會是完全不同的。商人地位崇高，與聖職者不受重視，兩者同樣是粟特社會的顯著特徵。工匠是否為從屬階級則不明朗，但是他們的作坊都附隨在大宅邸的一隅，那些作坊大致上也兼做商店。

穆格山文書裡並沒有出現農民，但是如同七世紀前半到當地旅行的玄奘所記載的「財多為貴，良賤無差。〔中略〕力田（農業）逐利（商業）者雜半矣。」農民當然是存在的。因為提到農民的玄奘記載沒有賤民，所以應該不至於說所有的農民全都是奴隸，可是實際情形並不清楚。商人比例之高，正好反映了商業立國的粟特社會的實態，貴族裡面不只是地主貴族，也包括了許多商人貴族，或者是兩者也許沒有區別開來。

還有，穆格山文書裡有結婚契約文書，裡面有記載作為契約條件，夫妻雙方若有一方希望離婚再嫁娶的話，支付規定的財產給對方就可以離婚；另一方面，即使因為犯罪失去自由成為奴隸，也與配偶和小孩無關，毋須背負連帶責任。引人注目的除了女性地位高，同時由此可窺知奴隸的存在。

問題是軍人，我個人推測上至貴族下至奴隸身分，軍人可能無所不在。穆格山出土的盾上面，描繪著令人聯想到貴族的騎馬戰士。絲路貿易是行走於草原或沙漠的路徑上，而且是運送高價商品，因此遭遇山賊或被掠奪的危險性極高。因此，商隊通常不是少數人，而是由龐大的人數所組成。那個時候，除了參加商隊的商人本身也會武裝之外，一定也伴隨著做保鑣的專業軍人。像這樣子作為商隊隨行的軍人，作為貴族或富有大商人的私兵，在粟特社會似乎很多是屬於半從屬以及奴隸身分的軍人。

粟特網絡

◎漢文史料中的粟特人的分辨法

粟特商人在漢文史料中是如何被稱呼的呢？直到現在，在西元第一個千年的範圍內，若是「商胡、賈胡、客胡、興生胡、興胡」或者「胡商、胡客」的話，幾乎都被視為伊朗系商人以及西域商人。但是，本書要更進一步地提出這些人有許多都是粟特商人的看法。我認為尤其是唐代的「興生胡」以及簡化後的「興胡」是接近百分之百，而「商胡、賈胡、客胡、胡商、胡客」裡也有十之八九是粟特商人。

然而，關於從後漢到魏晉南北朝時代的「胡」，目前則必須暫且慎重看待。即使這個時代的「商胡、賈胡、客胡、胡商、胡客」確實是西域商人，可是從塔里木盆地的各綠洲都市國家來的非漢人（包含龜茲人、焉耆人在內的吐火羅人；于闐人；樓蘭人等）商人不在少數，甚至有些情況下是指遠從印度或波斯來的商人，所以無法輕易斷定是粟特商人。例如六世紀的《洛陽伽藍記》卷三裡面，「自蔥嶺已西，至於大秦（＝東羅馬帝國），百國千城，莫不（向北魏）款附（聽從）。商胡販客，日奔塞下（＝湧入國境地帶）」，而且同書裡面也出現「乾陀羅國胡王」或是「波斯國胡王」的用語，因此「胡」未必是指粟特人。

像這樣子，「胡」與有商業含義的商、賈、興生或是意指旅人的客結合，是容易理

粟特商人　左圖為三彩陶俑；右圖為絲綢之路的粟特商隊領導陶瓷小雕像，穿著獨特的粟特戴帽。

解的。然而，問題就在於「胡」與其他以外的詞語結合時，出現「～胡」「胡～」的情況，例如「諸胡、雜胡、西胡、胡人」或是單純的「胡」。雖然漢語的「胡」基本上是指「夷、戎、外國人」，可是根據時代或地區的不同，意思也自然發生變化。以被稱為「五胡」的匈奴、鮮卑、氐、羌、羯為代表，常常是用來指稱中國北部至西北部及其外緣的遊牧騎馬民。

來往中國的粟特人，基於漢文文書有行政上的必要，似乎被要求起一個漢名。此時，他們就採用所出身都市名的漢語作為姓氏，以康國（撒馬爾罕）、安國（布哈拉）、米國（弭秣賀）、史國（羯霜那）、何國（屈霜你迦）、曹國（劫布呾那）、石國（塔什干）、畢國（波伊肯特）為由來的姓氏是康、安、米、史、何、曹、石、畢（參照九十九頁地圖）。甚至，雖然無法特別確定出都市名，可是直到最近有研究認為羅、穆、翟姓也可以列為粟特人的姓氏，今後將這些一併稱為「粟特姓」。但是，必須要留意的是康、安、米以外的粟特姓，也是漢人本來既有的姓。因此，在西元後的漢文史料裡面搜尋粟特人和粟特商人時，留意「胡」和粟特姓，以及與作為總稱的粟特、窣利有關聯的地方，是可靠的方法。光是從粟特姓或者是與商業關係用語結合的「胡」來判斷的話，太過危險了。

◎粟特網絡的推測復原

透過前述的粟特語古書簡，可以清楚知道往東方發展的粟特商人的足跡，最晚在四世紀前半已經到達了中國，可是從前學們在漢籍中發現到的一些零星卻有力的史料可知，這樣的情況甚至能夠追溯到更早以前的後漢到三國曹魏的時代。還有，直到最近在四川省發現，而且剛在《文物》二〇〇四年第九號發表，漢代的磨崖圖上面所描繪、形貌特異的集團極有可能也是粟特人。因為根據後漢到南北朝再到隋代的史料，在中國能夠明顯看到粟特人的活躍與足跡的就是在河西地區，其次則是包含長安、洛陽的關中和中原地區以及與之並列的四川地區。想當然耳，粟特人從西域進入中國，通過天山南路的北道或者南道，前往河西走廊是最便利的。之後，再往東前進可以到達長安、洛陽方面，南下的話可以到四川，甚至再往東也可以到江南。還有，比天山南路南道更加南邊的青海路，別忘了也是絲路的線路之一，從青海地區既可以自由地前往關中和中原，也能到四川地區。四川在近現代給人的強烈印象是內陸地區，可是在以陸上交通為中心的時代，比起現在，是非常方便的交通要衝。

另一方面，前往遊牧民族的根據地蒙古高原，雖然可以從河西地區北上，可是比較簡便的路徑是從索格底亞那直接進入草原之道，抵達位於現在烏魯木齊東方的天山北路要衝——

貝加爾湖
伊爾庫次克
色楞格河
黑龍江
大興安嶺
蒙古高原
白八里
土拉河
烏蘭巴托
克魯倫河
哈爾濱
布古特碑
窩魯朵八里（哈剌和林遺址）
暾欲谷遺跡
吉林
鄂爾渾碑銘
鄂爾渾河
漠
遼河
遼陽
塞夫列碑
沙
營州
壁
陰山山脈
黑河
呼和浩特
大同
蔚州
灤州
幽州（北京）
平壤
酒泉
朔州
代州
易州
首爾
鄂爾多斯
定州
瀛州
張掖
太原
恆州
涼州（武威）
靈州
六胡州
邢州
黃河
祁連山脈
相州
魏州
青海
固原
衛州
汴州
蘭州
洛陽
天水
長安（西安）
揚州
南京
長江
武漢
成都
長沙
福州
泉州
昆明
廣州
珠江
河內

粟特網絡　橫跨東西的網絡越過了戈壁，往北方的蒙古草原延展。

北庭（庭州；Bechbaliq，別失八里），接著再越過阿爾泰地區。順帶一提，粟特人一旦進入到中國中樞地帶的關中、中原地區，可以從這裡北上前往內蒙古，有好幾條路徑可以越過戈壁沙漠，通常會擇一利用。

要展開有利的遠距貿易，關於商品價格或道路安全等的資訊乃是第一要件。蒐集情報需要建立人脈網絡，為了活用像這樣橫跨硬體、軟體兩面的人脈網絡，在位於絲路交叉口（網眼）的各個據點必須有效配置人員。因此，粟特商人們必須和家人、親戚，或者是同都市出身的夥伴間組成團隊，互相幫助。雖然有程度之差，可以聯想到現代的跨國貿易公司也是在世界各地成立據點形成網絡。可惜的是，我們沒有足夠的史料可以完全復原那樣的具體網絡，所以在這裡是列出後漢至唐代的粟特人集團確實居住過的帕米爾以東的都市名以及地區名，希望有助於想起他們的網絡是如此遼闊。

雖然說是集團，不過少則數人及數戶家族，多則超過千人以上，規模不一。在學界，稱這個為殖民聚落、殖民地、社群，或者是貿易離散族群（trading diaspora）等不同用語，但是不管哪一個都含括了都市內居留地的概念。關於形成聚落最少要幾戶以上之類的，其實並沒有共識，根據不同的研究者各自抱持的印象也有差異。儘管如此，在地圖上標示出發現粟特人集團存在的都市、遺跡和墓地，以及明確顯示粟特人足跡的碑文或岩壁銘文的地點（參照一二〇至一二一頁地圖），劃線連結起來（這項作業就交由讀者參考本章內容與本書卷頭的地圖自行處理），就會浮現令人驚嘆的網絡。當然這項作業的漏洞在於沒有足以稱為聚落的最低戶數限制，也漠視了後漢到唐代的六百年到八百年的時間差，因此嚴格說來作為歷史家的工作並不周到。可是，考慮到如我前面介紹粟特商人的特徵是「利之所在，趨之若鶩」，這樣劃出來的網絡應該具有不僅僅是參考的價值，在此將之命名為西元第一個千年的「粟特網絡」。

前進東方

◎商人與武人的兩面性

粟特人的重要性不只在於商業面，實際上在軍事面也不可小覷，甚至應該給予過去沒有預想到的積極評價，而最近這樣的看法已經逐漸固定下來。如上所述，絲路貿易原本就是奢侈品貿易，運送高價商品的商人集團用馬或駱駝組成商隊，因為是行經草原或沙漠路線，遭遇山賊或掠奪的危險性相當高，因此經常需要武裝。暫且不論個人的情況，作為集團來看，遠距商人與武人是一體兩面。最早在三世紀的三國志舞台上，就可以看到這樣的粟特人集團了。根據《三國志》卷三三〈蜀書．後主傳〉或是《冊府元龜》卷二一七，二二七年蜀吳計畫聯手共同夾擊魏，諸葛孔明欲率領蜀國大軍北上時，在劉備歿後繼位為帝的劉禪下了詔書，裡面有下列這一段：

> 涼州（這裡指的是廣義的涼州，即河西地區整體）諸國王各遣月支、康居胡侯支富、康植等二十餘人詣（蜀帝劉禪及諸葛孔明的）受節度，大軍（蜀軍）北出，便欲率將兵馬（作為援軍加入），（如果戰爭開始就）奮戈先驅。

雖說是魏、吳、蜀三分天下，割據西北地區的河西走廊在半獨立狀態的諸國王，見此時情勢也紛紛向蜀國靠攏，而不是魏國。因此，諸國王打算派遣自己支配下的月支，即月氏或康居人，分別由異民族的二十幾位領導人（胡侯）統領。從名字來判斷，率領月支＝月氏軍團的是支富，率領康居，正確應該是康國（撒馬爾罕）軍團的是康植。月支＝月氏是指移居西土耳其斯坦之後的大月氏，抑或是殘留在原居住地河西地區的小月氏，不管哪一個都很難確定。但是，主要經由綠洲之道從事絲路貿易的粟特商人的先驅者，是貴霜王朝時代的印度商人和巴克特里亞商人（「sart」〔商隊〕這一詞，是從印度語經巴克特里亞語再傳入粟特語的）。因此，這裡的月氏或許可視為大月氏的巴克特里亞商人。順帶一提，有一說法認為粟特人是受到匈奴的壓迫而從河西往西遷的月氏後裔，現在仍然出現在概論書裡，但是這完全是錯誤的。

雖然時代已經來到初唐，不過在現在的寧夏回族自治區鹽池縣發現的粟特人墓，出土的「何府君墓誌」裡，記載墓主人是「大夏月氏人也」，因此月氏或許也被包含在廣義的粟特人當中。異民族的領導人（胡侯）多達二十幾人，所以大概是康國（撒馬爾罕）以外的粟特諸國，例如安國（布哈拉）、史國（羯霜那）、何國（屈霜你迦）、曹國（劫布呾那）、石國（塔什干）等地來的粟特人集團，應該也有從東土耳其斯坦諸國來的于闐人、喀什人、龜茲人、焉耆人、樓蘭人等民族吧。

因為前揭的史料完全沒有寫到胡侯是商人，所以若把胡侯視為武裝商人的首領，這樣的看法可能也會引起質疑，但是無須擔心。原因在於剛好就在同個時期，曹魏的太和年間（二二七至二三三年），在《三國志》卷一六〈魏書・倉慈傳〉裡描述了倉慈擔任敦煌太守時的善政情形，如下：

又常日西域雜胡欲來（中國本土）貢獻，而（敦煌的）諸豪族多逆斷絕；既與貿遷，欺詐侮易，多不得分明。胡常怨望，慈（倉慈赴任之後）皆勞之。欲詣（魏國首都）洛者，為封過所（發行國內通行證），欲從郡還者，官為平取，輒以府見物與共交市，使吏民護送道路（送到途中），由是民夷（漢人與胡人）翕然稱其德惠。數年卒官，吏民悲感如喪親戚，圖畫其形，思其遺像。及西域諸胡聞慈死，悉（在西域各地的中國官府）共會聚於戊己校尉及長吏治下發哀，或有以刀畫面，以明血誠，又為立祠，遙共祠之。

最後的特殊哀悼儀式（漢籍稱為剺面）是草原遊牧民之間熟知的習俗，但是在綠洲地區的話只有粟特諸國和庫車也可通用。從這篇倉慈傳的整體內容可以得知，大量西域商人朝著敦煌而來，甚至往來於敦煌和洛陽之間，當然從敦煌前往洛陽方面的通道即河西走廊一帶，也可推測有相當多數的西域商人流入沿途的各個都市裡。上面引用文的「貢獻」是朝貢之意，但不管是貢獻也好朝貢也好，不過是外國商人為了進入中國而經常使用的名義而已，實際上跟貿易沒有兩樣，這幾乎成為學界的常識了。

將先前的引文與這篇引文兩者合起來考慮的話，像支富或康植這樣的胡侯，既是分散在河西地區的西域商人集團的首領，同時一旦發生緊急狀況，肯定也能夠成為充分武裝的軍團首長。根據先前的引用內容，河西諸國王與蜀國皇帝之間，應該事先講好了軍事合作的計畫，而這樣的行動背後存在著佈滿情報網的商人集團，這是相當有可能的。洛陽是指魏國的中心部，在河西諸國建立起殖民聚落的粟特商人以及西域商人，不顧已經與三國曹魏之間有通商關係，也打算與四川的蜀國結盟，應該是基於擴大商業圈的盤算吧。如果順利的話，不只是蜀國所在的四川，甚至可以把觸角延伸到吳國的根據地江南。

◎在外交、政治上也很活躍

粟特網絡不只是商業網絡，也被活用於作為外交通道。以下介紹六世紀前半酒泉（肅州）的安氏集團裡的兩位人物的事蹟。

首先是安吐根這號人物，他們家從曾祖父的時代就定居酒泉，原本都表明自己是「商胡」，可是北魏末期，他作為北魏的使節被派遣到以蒙古高原為根據地的遊牧國家蠕蠕（＝柔然＝茹茹）。一直以來，北魏與柔然被認為是不共戴天的仇敵，而柔然也被編入南朝方面的世界戰略裡面來對抗北魏，成為高句麗－柔然－高昌－吐谷渾－南朝－百濟－日本這樣的一大連環將北魏包圍起來，這種看法似乎是很有力的，可是在北魏末期的六世紀卻未必如此。根據後藤勝的考證，安吐根似乎被即位初期與北魏關係親密的柔然可汗阿那瓌（在位五二〇～五五二年）看中他的文書行政能力，延攬至草原的宮廷內。阿那瓌對文書行政的重視，從他留住同個時期從北魏來的使節淳于覃，擅自任命為秘書官黃門郎一事也可窺知。過了幾年後的五三四年，阿那瓌想要趁北魏最末期的混亂入侵而派人勘查，所以派遣使節到北魏，那時安吐根想要討些好處，於是向北魏握有實力的高歡通報了柔然計畫攻打北魏的內幕。

五三四年底至隔年五三五年初，北魏分裂為東魏、西魏，柔然處於外交的優勢，安吐根不是與接近自己根據地河西的西魏要好，反而是與比較遠的東魏氣脈相通。因為安吐根從前年開始就已經和高歡打好交道，由此可知他掌握了完整的情報網，預料到北魏的實權遲早會移交到高歡的手上。像這樣子有政治上的遠見，如前年不顧生命危險把柔然的國家機密傳達給敵方，背後一定有他推心置腹的商人集團做他的眼線在暗中協助。果不其然，北魏一分裂，高歡在實質上成為東魏的支配者，其勢力也遠遠勝過西魏。

之後，安吐根積極推動東魏與柔然的聯姻和親，在五四一年成功促成。之後兩國也靠著好幾層的政治聯姻來相互牽絆，而安吐根也與這些聯姻有關。其間，他本身也好幾次跟隨柔然的使節來到東魏，那時候他不只是協助柔然人的正使，運用粟特語跟漢語進行實質上的交涉任務，應該也發揮了作為商胡的本領吧。而且，他大概是指使手下的粟特人，把商品從柔然運送到酒泉，遊走在河西地區、蒙古高原、東魏所在的北中國東部，持續展開商業活動。

上述的推測是有根據的。實際上在青海地區建國的遊牧國家吐谷渾，從北魏時代開始就扮演著促使北方柔然與南方南朝結盟的媒介角色，可是在北魏分裂後，立即與鄰接的西魏／北周交惡，反而傾向與較遠的東魏／北齊締結友好關係。那時候，往來於吐谷渾和東魏／北齊之間的使節或商隊，就像《北史》〈吐谷渾傳〉裡所記載的：「假道蠕蠕，頻來東魏。」不得不依賴往北經由柔然到東魏的路線。在這樣的國際情勢當中，五五三年發生了一起大事件。

提到五五三年，是東魏將帝位禪讓給高歡之子建立北齊王朝的三年後，也是西魏終於從南朝梁手中奪取四川，斷絕吐谷渾與南朝來往之年。還有，柔然也到了壽終正寢的時期，取而代之的是突厥開始稱霸漠北。吐谷渾恐怕是賭上國家興亡的命運而派遣正式使節團兼商隊的浩浩蕩蕩一群人到北齊，一切都很順利地完成任務，卻在歸國途中不慎中了西魏涼州刺史史寧的情報網所設下的埋伏，於是在涼州西方的赤泉遭遇襲擊，包括身為吐谷渾高官（僕射）的乞伏觸扳與將軍翟潘密在內，「商胡二百四十人，駝騾六百頭」一同被俘虜了，那個時候還奪取了「雜彩絲絹以萬計」（《周書》〈吐谷渾傳〉）的財物。假設絹一匹以十萬圓計算的話，也就十億圓了，可以想像商品的價值是如此昂貴。

從北齊返回吐谷渾的商隊原本要避開西魏的領土，繞道北上經過蒙古高原前往河西，再進入吐谷渾的根據地青海地區。可是，一定是要在河西走廊的赤泉不得不躲避西魏的耳目而橫渡時，不幸地遇到這個災難。當然，這不是單純的運氣不好，而是國家戰略被識破了。然而，有兩百四十人的粟特商人也參加這一趟吐谷渾的商隊，透過這個事實，不只是對他們興盛的商業活動留下強烈的印象，也足以窺見粟特商人也參與了外交事務。順帶一提，從將軍翟潘密這個名字來判斷，他不是吐谷渾人而是粟特人，如果真的證實了，就表示粟特人在很早以前就兼具商人與武人的兩面性，而這個例子就能夠成為貴重史料。

這裡再度把話題拉回安吐根身上，身處位在蒙古高原、連結東魏與河西的柔然，在外交上或商業上都很活躍的他，之後在柔然的宮廷內好像不太順遂，最後歸順了東魏。於是，他與高歡的關係更加緊密，同時也受到其繼位者的恩寵，五五〇年北齊取代東魏之後，他節節升官，做到假節涼州刺史和開府儀同三司的高階官位。在北齊時代，他與同樣是西域商胡的家世、受到武成帝、後主父子以及胡太后寵任而專權跋扈的和士開之間展開激烈對立，而留名歷史。

根據岩本篤志的研究，像這樣子以安吐根、和士開為首，在掌握河北、山東等絹絲特產地的北齊裡面落地生根的粟特人極其眾多；他們跳過北周，直接跟西方結合，使得之後表示統治困難的代名詞「齊俗」蔓延開來。「齊俗」是偏離中華農本主義的重商主義，往壞的方向發展就是變成容許賄賂橫行的拜金主義，但是也不應該一概否定。反過來說，值得注意的是這種「齊俗」與玄奘、韋節等漢人看到的粟特本國的風俗有類似之處。可以說，當這種前近代的商業資本主義的活力與騎馬軍團的軍事力結合時，就誕生出了突厥、隋、唐、回鶻這樣的強大帝國。

◎西魏的正式使節——安諾槃陀

出現在外交網絡的另一位有名的粟特人，是被稱為酒泉胡的安諾槃陀。突厥位於蒙古高原西部阿爾泰一帶，長久以來屈就在

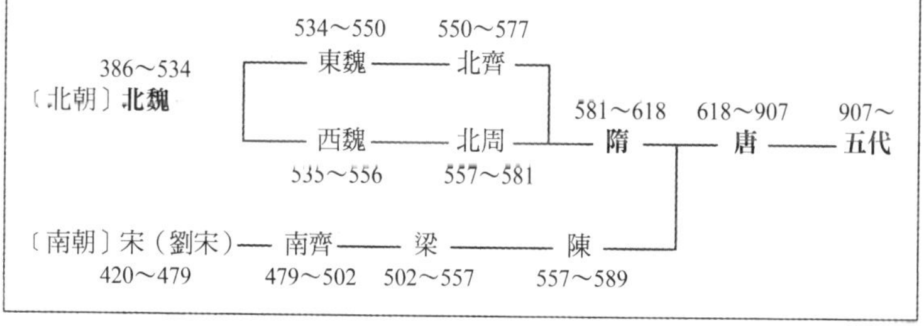

中國的王朝交替圖（南北朝～隋唐時代）

柔然支配下，在西元五四五年終於開始展現出獨立氣勢，而握有西魏實權的宇文泰任命安諾槃陀為正式使節團的首長，出訪希望與中國有直接絲綢貿易關係的突厥。對此，突厥方面相當歡迎：「今大國使至，我國將興也。」（《周書》〈突厥傳〉）

酒泉位於西魏中心部與阿爾泰一帶的正中間，所以選擇任用以這裡為根據地的粟特人為外交使節是很自然的事，但原因或許並不只如此。根據護雅夫的推測，很有可能是因為粟特人也已經進入了突厥的內部。當然有這樣的可能性，但是應該也有不同的看法。安諾槃陀與前面的安吐根同樣是出身酒泉安氏，而且活躍時期也相同，因此推定兩人各自所屬的安氏集團之間應該是互有聯絡。若真如此，兩集團的網絡彼此連結，可以察覺出突厥要從柔然獨立的政治情勢，因此有可能是對商機敏銳的粟特人安氏主動接近突厥或西魏。遠距貿易深受各地政治情勢的左右，而且當時的北中國也好，遊牧民方面也好，都處在動盪的漩渦裡，在酒泉的兩個安氏集團會相互交換持有的情報，也是當然的。

◎虞弘墓出土的衝擊

到目前為止，作為粟特人在外交管道的活躍例子，介紹了同樣位在酒泉、由布哈拉出身

虞弘墓石槨浮雕　出土於山西太原的粟特人虞弘之墓，是近年來考古的一大衝擊性發現。

的安氏集團的兩位人物。接下來想要舉酒泉以外的例子。

從突厥勃興時代追溯約半個世紀以前，柔然可汗豆崙向隸屬於蠕蠕（＝柔然）的土耳其系民族——高車的副伏羅部下令，共同攻打北魏。可是，副伏羅部的首領阿伏至羅反對，上奏表示希望中止攻擊北魏，卻沒被採納。於是，阿伏至羅率領部眾往西遷移，在阿爾泰山脈與東部天山山脈之間獨立建國，史稱為高車國。自立為王的阿伏至羅在建國不久後的四九〇年，派遣「商胡越者」攜帶被視為外交使節證明的二箭（兩支箭）奉貢以及信件到北魏的首都洛陽，為了主張獨立的正當性，阿伏至羅在信上寫道：「蠕蠕為天子之賊，臣諫之不從，遂叛來至此而自豎立（獨立）。當為天子討除蠕蠕。」（《魏書》卷一〇三〈高車傳〉）。和以往的例子比較，這位被選為外交使節的商胡應該是粟特商人，而且根據吉田豐的復原成果，「越者」是粟特語經常使用的人名要素，意思是「奇蹟」，所以更加無庸置疑。

過去的北朝隋唐史學界具有強烈中華主義傾向，經常隨口用「漢化」來一語帶過，可是最後要介紹的，是虞弘墓墓主的經歷，及其對「漢化」說帶來的衝擊。

一九九九年在山西省太原發現虞弘墓，根據出土的墓誌銘，虞弘的祖父是「魚國的領民酋長」，但是他的父親從魚國進入茹茹（＝柔然）國，不只當到莫賀去汾．達官（柔然的官職），還曾經作為使節來到北魏。虞弘本身大概是在柔然國出生，以十三歲年少之姿被任命為柔然的莫賀弗（官職），奉君命出使波斯和吐谷渾國，也從事商隊貿易到過遠方。之後，他在擔任莫緣（官職）一職作為柔然使者被派到北齊時（五五四年左右），因為兩國關係惡化，就這樣被強行留住，以後在北齊、北周、隋當官。他在北周時代，統領山西重要據點的并州、代州、介州的「三州鄉團」並執掌「檢校薩保府」，這可以

陝西史君墓石槨上的拜火教祭司圖像

作為探討粟特人軍事方面的明確證據。至於薩保＝薩寶會在後面敘述，這是和粟特人密切相關的術語。

虞弘的虞姓不包含在所謂的粟特姓氏裡面，父親和本人是魚國出身，要斷定為粟特人可能會有疑慮，可是他的字「莫潘」是粟特語的「Mākhfarn」（月神之榮光），以墓的構造或瑣羅亞斯德教的拜火壇為首的各種紋樣，與二〇〇〇年以後在西安陸續出土的典型粟特人墓——安伽墓、史君墓、康業墓比較的話，根本就毋須對這座粟特人墓有任何懷疑。也就是說，虞弘父子的履歷和安吐根集團非常相似，這絕非偶然，應該是完全反映了當時粟特人的動向。

◎作為國際通用語的粟特語

這樣一來，就不難推定粟特語在這個時間點已成為中央歐亞東部的國際語，在蒙古高原塔米爾河（鄂爾渾河支流）流域的「布古特碑文」（Bugut Inscription）與天山中部草原的「昭蘇縣石人碑文」的存在也可以佐證。兩者都是突厥第一帝國（五五二～六三〇年）的正式紀念碑，不只是國內，也同時有周邊諸國來的使者展示之意，於六世紀末興建而成。然而，此碑文的語言不是漢語也不是土耳其語，而是粟特語。從被統稱為「鄂爾渾碑銘」的突厥碑文可知，唐代七世紀末復興的突厥第二帝國（六八二～七四四年）的公用語是自己固有的突厥語（古土耳其語的一種），相對於此，突厥第一帝國的公用語是外來的粟特語，讀者或許會感到意外。但是，從《周書》〈突厥傳〉裡的一句「其書字類胡」可以看出端倪，近年發現的布古特碑文、昭蘇縣石人銘文更是印證了這一點。

這個事實如實反映出粟特人對遊牧國家的影響甚鉅。根據護雅夫對漢籍、石刻碑文的分析，可知在突厥第一帝國裡甚至形成了被稱為「胡部」的粟特人聚落，他列舉包括史蜀胡悉、安遂伽、安烏喚、康鞘利、康蘇密，這些

昭蘇縣石人碑文

為人所悉的大人物名字，以這些人為首的「群胡」（許多粟特人）在歷代的突厥宮廷當官，他們把奸巧詭詐（當然是漢人方面的看法！）傳授給純樸的突厥人並與中國為仇，反觀之，對突厥而言，他們則是在政治、經濟、外交上擔任對自己有利的顧問。

光憑現存的史料來看，為中央歐亞遊牧民帶來史上最初的文字文化的，不是斯基泰的波斯人或希臘人，也不是在匈奴的漢人，而是突厥的粟特人。但是，在突厥以前，即使是統治蒙古高原的柔然，或是以南方中國為據點的拓跋國家或青海吐谷渾的各鮮卑系王朝在與西域諸國交涉時，粟特人皆受到重用，故此可以斷定粟特語乃是當時的國際語。

河西走廊的粟特人軍團

◎河西第一大都市——涼州

分佈在中央歐亞的絲路網絡裡面，稱得上四通八達的交通要衝，除了西方的索格底亞那和東方的河西走廊地區，別無其他。在河西走廊，以存在粟特人聚落而為人所知的重要都市，有前面提到的酒泉（肅州）與因池田溫的研究而聞名的敦煌（沙州）。在唐代的敦煌，作為行政區劃有被命名為「從化鄉」的聚落，那裡也被稱為「安城」，緊鄰沙州城的東側，戶數約三百戶，居民不只有安姓，康姓、石姓、曹姓、羅姓、何姓、米姓、賀姓、史姓等占了大多數，為獨立的城廓都市。但是，比起這些，更應該注意河西第一大都市，也就是被稱為姑臧或武威的涼州。

河西成為中國的領土是在西漢武帝的時候，很快地在東漢的一開始，姑臧就發展成一大市集，相當繁榮。《後漢書》卷三十一．列傳第二十一〈孔奮傳〉裡，為了避開王莽之亂抵達河西的孔奮，在河西大將軍竇融的推薦下擔任姑臧（＝涼州、武威）的長官時，有下列的描述：

> 時天下擾亂，唯河西獨安，而姑臧稱為富邑，通貨羌胡，市日四合，每居縣（當縣的長官）者，不盈數月輒致豐積。（孔）奮在職四年，財產無所增。

另一方面，於六二七／六二八年通過河西走廊，前往印度求法的玄奘傳記《大唐大慈恩寺三藏法師傳》裡，也記載：「涼州為河西都會，襟帶西蕃、蔥右諸國，商侶往來，無有停絕。」也就是涼州是河西最大的都會，與西域和蔥嶺以西諸國均有密切聯繫，商人往來也絡繹不絕。

不只如此，在唐代上至宮廷皇族、貴族、官僚，下至庶民百姓，舉國熱衷的節慶活動裡面，有正月十五日前後的「元宵觀燈」。宮殿、政府機構、商店或家家戶戶，各自費盡巧思和極盡奢華懸掛無數的燈籠，精心打扮過的男女徹夜歌舞狂歡，享受戀愛冒險的樂趣。燈籠裡面，也有在豎直的長竹竿上綁著許多橫木，上面掛滿燈籠，被稱為燈樹、火樹、山棚（即燈山）等的造型，也有將無數的小燈籠配置成圓錐形的大燈籠等，工程相當浩大，這個傳統之後也傳到日本，像青森或弘前的睡魔祭、秋田的竿燈祭。在隋唐時代的中國，像這樣子上面允許徹夜遊興的情形相當稀罕，所以比起日本的睡魔祭或竿燈祭，還有仙台的七夕或神戶的光之祭典（Luminarie）等，其狂熱程度和熱鬧氣氛更加超乎想像。最盛行元宵觀燈的都市，足以和長安洛陽相媲美的都市，有曾經受隋煬帝青睞、位在南方的江都／揚州（廣陵）和河西的涼州。

像這樣子，在繁榮的涼州，很多粟特人從北朝到隋唐時代聚居於此的事實，不少史料均有記載。先前提到在敦煌發現的粟特語古代書簡，與四世紀前二十五年在涼州的粟特商人有密切關係。四世紀末在涼州，因為「即序胡」的安據盜掘前涼王張駿的墳墓，後涼王呂纂

（第二任國王）於是誅安據一族五十餘戶（《晉書》卷一二二〈呂纂載記〉）。這是布哈拉（安國）出身的一族已經盤據涼州的證明。

然後，在進入五世紀的四二九年，北魏世祖太武帝親自遠征蒙古高原，大勝宿敵柔然的大檀可汗率領的軍隊，獲得數百萬名的俘虜、家畜、車廬，但是缺乏最後的致命一擊，並沒有徹底擊潰逃亡的大檀可汗。然而，之後從通曉柔然內情的「涼州賈胡」口中聽聞，如果不畏伏兵再過兩天乘勝追擊的話，無處遁逃的大檀應該會被完全擊垮，太武帝氣得氣得捶胸頓足（《魏書》卷三十五〈崔浩傳〉等）。這也是以涼州為根據地的粟特商人握有漠北情報網的證據。

不只如此，在四三九年（太延五年），統治河西地區的北涼被北魏征服，首都姑臧（即涼州）淪陷時，當地居民三萬餘戶被帶往北魏的首都平城（今山西省大同市），而在涼州的粟特商人也是全數命運與共。此時，作為北魏滅掉北涼的理由之一，北涼「切稅商胡，以斷行旅」就是列舉的罪狀之一。因為北涼在財政上相當依賴粟特商人的商隊貿易，所以故意妨礙前往北魏的粟特商人的自由往來。對此，代表這些粟特都市國家同盟的粟特王就遣使北魏，致力於買回這些粟特商人，結果經過了十年以上的四五二年左右，北魏皇帝終於下詔令同意。（《魏書》卷四上〈世祖本紀〉、卷九十九〈沮渠牧犍傳〉、卷一〇二〈西域傳〉粟特國之條）。

「買回」的原文是「贖」，不是直接讓他們歸國的意思，應該是從奴隸身分解放成為自由身分吧。粟特商人被扣留超過十年以上，可是本國並沒有見死不救，而是持續努力尋求救濟。其間，他們或是協助參與北魏的絲路國際貿易，或者是作為優秀的軍事集團而隨同去遠征，尚未有定論。《魏書》〈西域傳〉裡面記載，自四五二年以後就沒有來自索格底亞那的朝貢，不過實際上在〈本紀〉裡，四五七至四七九年以粟特名字朝貢的有四次，四六八至五〇九年康國（撒馬爾罕）名字的有一次。從以上的情況足以窺見，粟特人往東方發展絕不是各自獨立的個人層級而已。

◎粟特人聚落的領導者——薩寶

往東方發展的粟特人在漢語世界都是群體居住，於是在北魏到隋代，當時的政府就會對聚落的領導者給予薩寶（或是標記為薩保、薩甫）的官銜，委託自治管理。

這個稱號延續到唐代為止，關於薩寶的語源和意義在國內外議論已久，如今這些問題主要是透過日本的吉田豐、荒川正晴，大致上獲得解決。根據研究顯示：①薩寶的原語是源於巴克特里亞語的粟特語「sartpaw」，原意是「商隊的首領」，也可以衍生為單指「領導者」的意思。②在北魏到隋代，不論是否為祆教徒，薩寶是指居住在漢人世界的粟特人聚落的首領。③到了唐代，之前的自治聚落被編入唐的州縣制裡，粟特人也與漢人一樣登錄戶籍，成為州縣民的「百姓」。④因此，自治範圍僅限於宗教方面，薩寶變成單純指祆教徒集團的指導者。由此可知，薩寶並非一開始就有作為祆教徒統領的宗教意涵，及許多來到中國的瑣羅亞斯德教徒不是波斯人而是粟特人。

原則上，薩寶是每個聚落有一位，但是像涼州這樣有許多粟特人居住的地方，聚落不限一個，例如安氏聚落的薩寶與康氏聚落的薩寶等，同一座都市也有可能出現多位薩寶。不管如何，有被任命為薩寶的地方，可以確定一定存在著粟特人聚落。

隨後會介紹涼州出身的安興貴、安修仁兄弟，他們對唐朝建國有很大的貢獻，從漢籍可知，其曾祖父安難陀在北魏時代從布哈拉移居到涼州，之後代代都成為涼州薩寶。一個世代若以三十年推算的話，安難陀在北魏擔任涼州薩寶時是六世紀前半左右；經過了五世紀中葉發生的涼州粟特人全部被帶往北魏首都平城的大事件之後，被贖回的粟特人重返涼州，或者是迎接新的粟特人移民，聚落又再度恢復成需要設置薩寶的規模。

有證據顯示，在那之後薩寶也持續存在。根據從武威出土的康阿達墓誌，康阿達在唐朝當官，而祖父康拔達竟然被南朝的梁授予「使持節驃騎大將軍、開府儀同三司、涼甘瓜三州諸軍事、涼州薩保」的高階官爵。因為當時正值北魏末期，東西兩大勢力相鬥，北朝沒有勢力可以控制河西。甚至，直到最近剛從西安出土的史君墓，刻有粟特語、漢語的雙語墓誌銘經過吉田豐的解讀後，結果顯示北周時代史姓的粟特人也同樣被任命為「涼州薩保」，甚至對應漢語「涼州薩保」的粟特語，可以辨別出就是「姑臧（Kacan）的 sartpaw」。

不只如此，二〇〇〇年在西安出土的粟特人安伽墓，因含有金箔並使用鮮豔色彩的浮雕而聞名，從這座北周時代的墳墓墓誌解讀到的資訊也相當珍貴。安伽的祖先是布哈拉出身，父親是涼州出身移居關中，安伽在那裡作為粟特人首領之子長大成人，在北周當官時，出任同州（處於長安東部）薩寶一職。同州從西魏的宇文泰時代開始到北周中期就是軍事中樞，從同州與粟特人的關係來看，我從巴黎國立圖書館所藏的伯希和敦煌文獻裡面，調查一卷唐代粟特語佛經（Pelliot sogdien 8）時發現有趣的事。那就是佛經的卷軸軸心是以儀式用的箭柄來代替，上面用漢字標記製造地是在同州，而這件事情絕非偶然！

◎關於粟特人與唐建國的新學說

隋末的六一七年七月，李淵率領大約三萬名軍隊從根據地太原出發，很快地在十一月就進入長安城，隔年六一八年創立唐朝，改元武德。剛好這個時候，從曾祖父那一輩開始就代代繼承涼州薩寶的地位，出生於粟特人首領世家的安興貴、安修仁兄弟，對以河西為據點的李軌政權的興亡造成相當大的影響。

首先，弟弟安修仁在隋朝大業十三年（六一七年），與其他胡人漢人共同在涼州擁立李軌政權。但是，安修仁統領下的粟特人聚落昌隆繁盛，反而讓李軌起疑。另一方面，哥哥安興貴前往長安在新建立的唐王朝當官，見機行事，向高祖李淵上奏，為了讓李軌歸順唐朝的任務而回到涼州，獲得批准。回到涼州的他與弟弟一同拚命地想要說服李軌。

然而，貴為群雄之一的李軌當然拒絕向唐朝投降，因此安興貴、安修仁兄弟便率領以粟特人為首的胡人集團發動叛變，逮捕李軌，武德二年（六一九年）將河西之地獻給唐朝，於是涼州的安氏便成為唐朝立下大功的功臣。

這個涼州的安氏一族，似乎是對利益相當敏銳的粟特商人世家，想必是一開始就把群雄同時放在天秤上衡量，以確保自家獲得安全保障。類似的還有之後收養安祿山為養子的安氏一族，也是將成員分別送入唐朝與突厥，由此可窺見一斑。

直到最近，山下將司徹底查出在天理圖書館所藏的《文館詞林》抄本殘卷是從安修仁墓誌銘抄寫下來的重大事實。而且，他明確地指出安修仁的家從北魏到隋初代代出涼州薩寶，但是安修仁能出任隋朝武官，負責集結統帥居住涼州的粟特人等西方胡人組成的鄉兵集團，還有隋末唐初安修仁能夠與兄長把李軌政權當成傀儡操弄、左右趨勢的背後，就是存在著這批以鄉兵名義組織起來的粟特人軍團。而且，他提出了新學說，指出不只有涼州的安氏一族，還有固原（原州）的史氏一族、太原的虞弘家族等，都是從北朝到唐初出粟特人統帥府兵制軍府的例子，而這些軍府全都是以作為鄉兵組織起來的粟特人軍團為核心。

這個新學說具有重大意義。首先，過去的一般說法認為粟特人主要是在商業活動上相當活躍，可是新學說聚焦在作為武官，協助唐朝建國、發展的粟特人，以及支撐他們的武人集團。而且，在議論隋唐王朝的本質應該視為漢人王朝抑或是拓跋王朝時，成為重要論點的府兵制，原來粟特人也參與其中，這項新事實也為在討論之後發生的安史之亂的特性時，提供了相關材料。學界的一般理解是府兵制是以鮮卑人為核心的「胡漢融合」的制度，可是這個「胡」竟然也包括了「五胡」以外的粟特人，這應該是到目前為止沒有人想像得到的。

安修仁的兄長安興貴對唐高祖李淵表示：「臣於涼州，奕代豪望，凡厥士庶，靡不依附。」（《舊唐書》卷五十五〈李軌傳〉）這應該是因為安氏兄弟手上握有能夠自由指揮且具有相當規模的武裝集團吧。雖說是地方政權，但是能夠組成發動叛變，且足以顛覆支配河西全域的李軌國家的中堅部隊，可見軍隊人數至少有幾百人，有些情形甚至可能超過一千人吧。這個推定數字，與《隋書》百官志裡所記載，在首都以外的地方是以諸胡兩百戶為基準來任命自治聚落的薩保，並不矛盾。

從安興貴的兒子安元壽的墓誌可知，他在十六歲進入李世民的秦王府，不論是「玄武門之變」或在那之後突厥頡利可汗旋即來襲之際，都隨伺在李世民身旁，相當活躍。根據石見清裕、山下將司、福島惠等人的研究，在李世民發動政變當上皇帝的「玄武門之變」時，甚至有明確的證據顯示當時安元壽動員了粟特人的兵力協助，而他也是讓太宗登基的功臣之一。因此，安元壽原本應該可以就這樣邁向飛黃騰達之路，可是儘管如此，他也在父親興貴的期望下，之後辭掉官職回到故鄉涼州，從事家業。關於這項家業，山下將司認為是東西貿易，但我認為不止於此，也包含飼養和買賣既是商品同時也是機動力基礎的馬匹。證據在於《舊唐書》卷一三二〈李抱玉傳〉的開頭寫道：「李抱玉，武德功臣安興貴之裔。代居河西，善養名馬，為時所稱。」可窺知其一族在河西掌握了馬的特產地。這位軍人宰相李抱玉的本名是安重璋，在肅宗、代宗的朝代當官，因為平定安史之亂有功，為了避免與安祿山同姓，所以在七五七年由肅宗賜姓李而改名。

由以上的事實可知，粟特人的足跡不只是在河西走廊到寧夏，也遍及鄂爾多斯（黃河彎曲處）到山西北部的農牧接壤地帶，甚至是天山地區到蒙古高原的草原地帶，因為擁有大量的馬匹，以馬作為商品，依賴馬匹和駱駝的機動力來從事東西貿易，另一方面則兼備了以騎馬為中心的軍事力而成為武裝集團，這樣的演繹推論應該是合理的吧。而且，他們不只護衛自己組織的商隊，也對自己認為有前途的對象，不論是土耳其系遊牧集團抑或是漢人軍閥，積極地提供軍事力，一同發展。

1 阿姆河與錫爾河在不同的歷史文明語言中有各種稱呼，其中 Oxus 和 Jaxartes 為古希臘語，而 Jayhoun 和 Seyhun 則是阿拉伯語的稱呼。

第三章

唐朝的建立與突厥的興亡

唐太宗　開啟貞觀之治，太宗的身上也是流著符合當時北族王者的血統。

多民族國家——唐帝國

◎唐朝不是漢族王朝

位於歐亞大陸東部，以悠久歷史自豪的中國，經常是多語言世界。而且中國史裡面有一半左右，統治者階層並非漢族，而是異民族（中文裡也將這些非漢族稱為「少數民族」）。例如五胡十六國、北魏（鮮卑拓跋氏）、遼（契丹族）、西夏（黨項族）、金（女真族）、元（蒙古族）、清（滿洲女真族）等，任誰都會立刻聯想到這些吧，可是近年發現不只是繼承北魏的東魏、西魏、北周、北齊，甚至隋、唐也是鮮卑系王朝或者是被稱為「拓跋國家」。後者在學術上與中國的陳寅恪所提出「關隴貴族集團」或者「武川軍閥集團」（以下略稱「關隴集團」）的說法，亦即西魏、北周、隋、唐是由關隴集團創建出的一連串國家的學說相近，故此對於中國史研究者來說，並不是令人耳目一新的說法。

關隴集團指的是出身負責北魏國防的菁英部隊——六鎮的人士，特別是武川鎮的出身者（多為鮮卑族），在北魏分裂後移動到關中盆地，與當地豪族聯合起來組成的胡漢融合集團。握有西魏實權且創立北周王朝的宇文氏、建立隋朝的楊氏、建立唐朝的李氏，都是從那裡出身的。但是，一直以來標榜關隴集團的學說，依然是將北朝隋唐的歷史放在秦漢以來那套自我展開的中國史框架內，因此不免帶有濃厚的中華主義色彩。相對於此，我們使用鮮卑系王朝或者「拓跋國家」的用語，是把討論的重心放在北亞－中亞史以及中央歐亞史上。然後，從這個立場，我們可以十分肯定地說，唐朝決不是狹義的漢族國家。

雖然在序章已經提過「漢化」，不過因為這是重要論點，因此我想在這裡再度詳加論述。

在現代中國，除了構成核心部分的漢族之外，其他還有五十多個被官方認可的「少數民族」。可是，在中華人民共和國的領土內，直到唐代為止活躍的匈奴、鮮卑、氐、羌、羯、柔然、高車、突厥、鐵勒、吐谷渾、葛邏祿、奚、契丹等族並沒有列入其中。原因在於這些民族和至秦漢時代為止形成的狹義漢族，透過魏晉南北朝、隋唐時代進行融合，變成了新的漢族。因此，唐朝的漢族、漢文化與秦漢的漢族、漢文化是不同的東西。前者當然稱為唐族、唐文化比較合適，但是誰也不稱唐族，而是沿用漢族。像這種用語的保守性經常掩蓋住真相。

唐朝是中國史的黃金時代，這個命題被解讀為唐朝是漢族史的黃金時代，漢族沒有歧視各種不同的少數民族，而且還給予優厚待遇等的論述本身，正是中華主義的表現，別無其他。唐朝是以異民族為中心，吸收了以漢語為首的中國文化而建立起來的國家，或者至少應該說是擁有異民族血統的新漢族所形成的「唐族」國家，所以不會排斥漢族以外的少數民族，只要有能力的人，一定不加區別地予以公平任用，這是理所當然之事。唐朝的世界主義、國際性、開放性，是因為唐朝的本質原本就是由漢族與異民族的血統及文化在混合後產生出能量所創建的國家，而且一貫維持多民族國家的型態更加促進了上述特點，這與後來的蒙古帝國或現代美國的強盛也是相通的。

在唐朝，既有自東魏、西魏分裂時代開始帶給中國龐大經濟負擔的突厥人，也有作為商人很活躍的粟特人和波斯人，或者是像高仙芝、慧超這樣的朝鮮人以及阿倍仲麻呂、藤原清河、井真成這樣的日本人存在。他們全都熟習了固有語言和漢語，根據情況也會說第三種語言。如果只是把焦點放在他們也會說「漢語」的這一面，就認為他們全部都受到了「漢化」，或者是唐朝接納了這樣的異民族是因為漢族的度量大之類的，這樣的解讀不過是事後諸葛的大中華思想作祟罷了。

◎唐建國的推手——鮮卑

那麼，肩負唐帝國創立核心的異民族（非漢族）究竟是何方神聖呢？最主要的是來自北魏武川鎮的鮮卑系集團，這已成現在的定論。鮮卑原本是活動於人興安嶺方面的遊牧民族，進入中國本土建立北魏後，為了防止北方新興遊牧民族柔然、高車的勢力崛起而設置六個邊境軍鎮，武川鎮即為「六鎮」之一，設於現在內蒙古自治區的首都呼和浩特的北方。當北魏首都還在山西省北部的平城（大同）的時代，六鎮的武將身為肩負國防重擔的菁英集團，被給予了相對應的優渥待遇；但是隨著孝文帝遷都洛陽，推行所謂的「漢化政策」，將國家中心往南方轉移時，形勢有了改變。如同吉岡真揭露的，漢籍透過史料操作，把北魏記述得有如漢人王朝一般，因此不應該過大誇飾漢化政策的成果，但是對六鎮將士的待遇急遽惡化是事實，而他們的不滿終究是爆發了，即從五二三年開始的「六鎮之亂」。

北魏因為這場動亂分裂為東魏和西魏，起初是東魏較為強盛。南下的六鎮將士裡有很多人進入東魏，與山東貴族合作。相對地，進入西魏、出身武川鎮的少數派，則在關中盆地與統率鄉兵集團的當地豪族聯手。如此一來，在西魏內部形成了以宇文泰為首領的胡漢融合集團，也就是關隴集團。北周的宇文氏、隋朝楊氏、唐朝李氏相繼地以此為基盤取得政權。

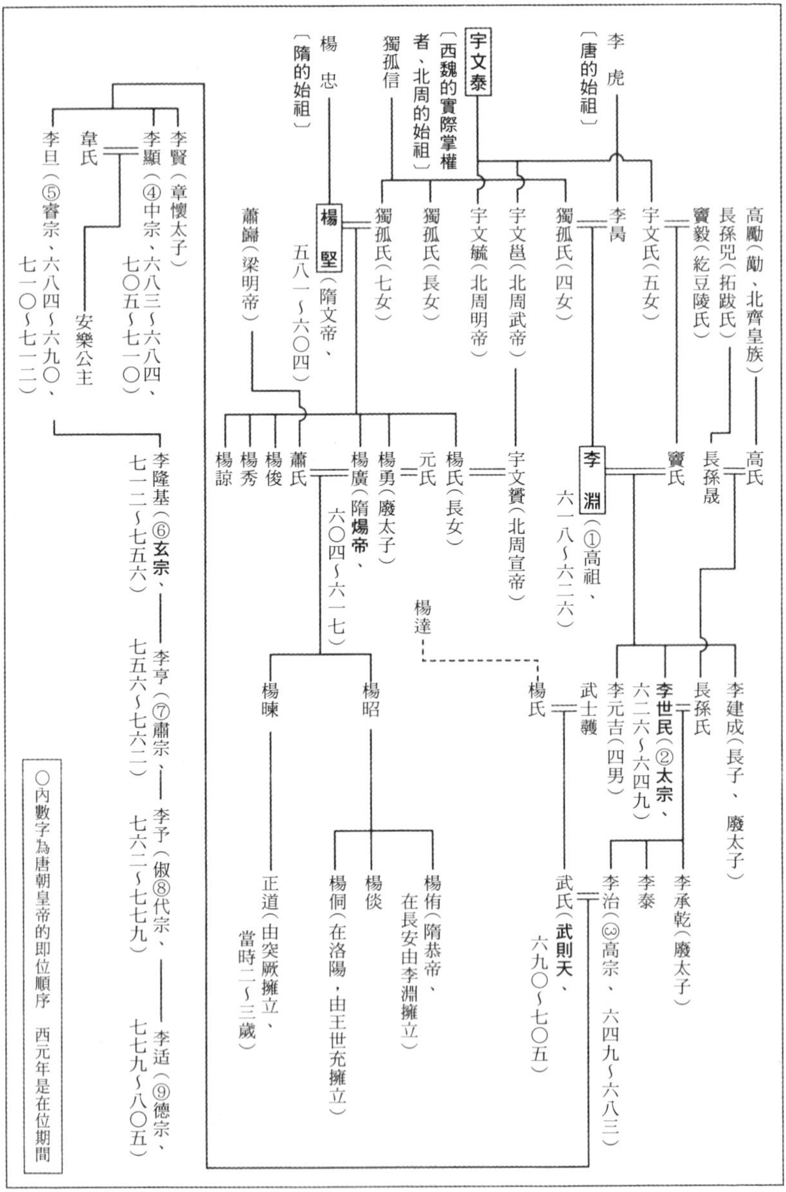

關隴集團與拓跋國家（北周、隋、唐）王族的系譜

唐朝建國的推手是擁有這樣背景的鮮卑系關隴集團，這是確確實實的，可是並不止於此。根據石見清裕的研究顯示，實際上連匈奴也密切參與。當然，過去以來便有說法，認為關隴集團中的獨孤氏是匈奴系，或是隋文帝（楊堅）的父親楊忠身高達兩米，是輪廓分明的美男子，應該混有高加索人種的血統。五胡裡面的匈奴和羯很有可能是混合著高加索人種。不只如此，石見從漢籍中發現，唐的建國者不僅是胡漢融合的關隴集團，也包括了在鄂爾多斯（黃河彎曲處）持續過著遊牧生活、名為費也頭的匈奴集團。

歷經楊堅、楊廣也就是隋文帝、煬帝兩代著手建設新國家的一大事業，因為三度遠征高句麗失敗而受挫，導致全國各地動亂四起。煬帝無心朝政，自六一六年起便避居江都揚州，這是在他先前果決英明的命令下開鑿的大運河要衝，也是深受他強烈嚮往的江南文化薰陶之地，終日飲酒作樂、沉溺女色，荒淫昏亂。之後的唐玄宗也重蹈覆轍；放眼古今中外，只要是權力者、大富豪，與女色就像磁鐵相吸，這是不變的道理。

另一方面，全國的叛亂勢力逐漸集中在大約二十名的群雄身上，其中與楊氏同為關隴集團出身，受煬帝重用任命為太原留守的李淵，六一七年七月在三名能幹的兒子協助下掀起反旗。在這個階段，李淵父子的軍團不過是眾多群雄之一，不過因為他們的根據地在山西省太原（并州、晉陽），占地利之便，所以能夠首先進軍長安。因為重視大運河的關係，煬帝經常待在洛陽或揚州，所以首都大興城（唐朝的長安城）自文帝以來累積的財富和武器等並沒有受到隋末戰亂的波及，能夠完整保存下來。而輕易地拿下首都，成為李淵一派能夠從其他群雄當中脫穎而出的一大要因。

同年十一月李淵軍隊進入長安城，在那裡只有煬帝之孫十三歲的楊侑留守，李淵在形式上擁立他作為隋朝皇帝，自己成為唐王，等候禪讓的時機。於是，六一八年三月，煬帝在江都揚州遭遇屬下的叛亂而被殺害。同年五月，李淵就成為唐朝的初代皇帝（高祖），立長子李建成為皇太子，封次子李世民為秦王，四男李元吉為齊王。唐朝在武德元年建立，雖然各地仍有許多群雄的殘存勢力，之後順利一一平定，最終完成國內統一是在五年後。這段期間，有助平定國內的是武德二年（六一九年）七月把關中分為十二區並設置軍府管理的「關中十二軍」，與李世民發揮過人的軍事才能。

◎鄂爾多斯地區的重要性

眾所皆知，古代中國的中樞地是長安所在的關中盆地與洛陽所在的中原，若以這裡為中心去思考和北方遊牧民族的關係時，最大的要地便是擁有太原、大同的山西北部與擁有靈州、夏州的鄂爾多斯，以及和西域關係密切的河西走廊。山西北部、鄂爾多斯、河西走廊不用說，當然是被涵蓋在農牧接壤地帶的範圍內。故此，相當幸運擁有太原做為根據地的李淵要取代大隋江山，首要之務就是先掌握住鄂爾多斯，接著盡可能地控制河西地區，再兵分為兩路或是三路進軍關中，奪取長安，在戰略上這是最為合理的策略。

石見清裕精彩論證了：①自六鎮之亂以來，盤踞在鄂爾多斯的勢力是仍然過著遊牧生活的匈奴系、稱為費也頭的集團。②從東魏和西魏相互爭奪費也頭一事，可窺知他們的領地具有戰略重要性。③李淵的祖父李虎從還是西魏武將的時候開始，已經與費也頭密切聯繫。④費也頭的首領紇豆陵（紇頭陵）氏與繼承西魏的北周王室宇文氏有姻戚關係，因為李淵之妻太穆皇后竇氏繼承紇豆陵氏與宇文氏的血統，因此紇豆陵氏與李氏對於篡奪宇文氏帝位的隋朝楊氏更加反感。⑤從太原進攻長安的李淵，與跟自己有婚姻關係的鄂爾多斯的費也頭聯手，在戰略上占有優勢，進入長安城，實現了建立唐朝的大業。

不只如此，根據藤善真澄的研究，李淵在太原起兵之際，也在佛教界布局準備，不只是拉攏佛教徒勢力，大概連道教界也一齊期待新政權的來臨吧！可見在平民百姓之間，對於建設大興城、建設新洛陽、開鑿大運河、修建長城、遠征吐谷渾、遠征高句麗等一連串的強制徵召感到疲勞，積怨已深，同時也厭倦了隋末的內亂。

◎拓跋國家與突厥第一帝國

從以上可知唐朝建國的中心是鮮卑系漢人與一部分的匈奴，但是他們為了要確立中華的唐朝帝國，最大的對手是承接在以前的匈奴、鮮卑、柔然之後，統治當時中央歐亞東部地區的遊牧國家——突厥第一帝國（東西兩突厥，五五二～六三〇年）。若沒有打倒這個強大勢力，唐朝就無法建立人類史上燦爛輝煌的世界帝國。但是，要談及唐朝與突厥的國際關係，就必須追溯到唐朝之前的東魏、西魏、北齊、北周、隋等的拓跋國家時代。

六世紀中葉，突厥從蒙古高原西部的阿爾泰一帶崛起，此時剛好是東魏和西魏各自改名為北齊和北周的時候。這兩個王朝的改名，是因為原本擁戴北魏皇族拓跋氏為帝，但各自掌握實權的東魏高氏（高歡之子高洋）與西魏宇文氏（宇文泰之子宇文覺），分別強迫皇帝讓位之故。

儘管如此，在北中國分立的兩個王朝，無法與打倒柔然、稱霸以蒙古高原為中心的草原世界的突厥第一帝國對抗，經常遭受突厥的掣肘。根據《周書》〈突厥傳〉的記載，第三代的木杆可汗「自俟斤以來，其國富強，有凌轢中夏志」。北周武帝（高祖宇文邕）在聯姻之爭贏過北齊，順利迎娶木杆可汗之女，「朝廷既與和親，歲給繒絮、錦彩十萬段。突厥在京師（長安＝西安）者，又待以優禮，衣錦食肉者，常以千數。齊人懼其寇掠，亦傾府藏以給之」。

延續這股氣勢的第四代他缽（佗缽）可汗說過的名句是：「但使我在南兩箇兒（北齊和北周）孝順，何憂無物邪。」《周書》〈突厥傳〉裡的這一段正好象徵了當時的勢力關係。相互競爭的北齊和北周不得不想盡辦法討突厥歡心，透過援助物資或是婚姻關係等手段取得對自己有利的情勢，另一方面，突厥則利用北齊、北周的對立關係，從北到南皆得以掌控。

在文脈上，引用這句話是為了強調突厥對中國處於優勢和傲慢地位，但是並不能理解為突厥是純粹依靠掠奪或得到歲幣

突厥第一帝國的最大疆域　中華方面正處於政權分立，而突厥統治了廣闊領土。

等手段而進行揮霍。對於以遊牧為主、經濟基礎脆弱的國家而言，乾旱、霜雪等天然災害是最大的難題。以突厥第一帝國為首，接著是回鶻帝國（東回鶻），還有後世的大元兀魯思（元朝），天然災害確實成為國家滅亡的一大要因。當因為天然災害或疫病的緣故，使家畜大量死亡而陷入饑饉狀態時，若是在南方握有隨時可以提供援助的國家，沒有比這個更令人安心的事情。

不只如此，我們可以注意到像木杆可汗之女嫁給北周武帝成為阿史那皇后，在這時期是採取親近北周的路線，可是五七二年他鉢可汗即位後，卻改為親近北齊。根據最新的平田陽一郎的研究指出，他鉢可汗即位前被稱為地頭可汗，作為東面小可汗，從很早以前就與北齊保持緊密關係，之所以如此，其背景乃是由於對北齊建國皇帝文宣帝（高洋）之後保護佛教的國策深感共鳴，並受到北齊的沙門慧琳的教化成為佛教徒所至。而且，北周武帝在五七四年斷然下詔滅佛，被稱為「三武一宗法難」的鎮壓佛教事件之一，他在五七七年最終滅掉北齊，此時他鉢可汗迎接高洋之子高紹義作為北齊皇帝，集結了來自北齊的逃亡者成立亡命政權，以復興北齊的名目入侵北周。雖然親征的武帝遭遇厄運不幸猝死，但是五七八年進行的一連串戰鬥，大致上為北周的勝利奠下基礎，擊敗突厥與北齊亡命政權的聯盟。

◎突厥的東西分裂

但是，突厥和中華的這種關係，到了隋朝卻發生逆轉。五八一年，同樣身為關隴集團成員，做為北周王族宇文氏外戚的楊堅奪得政權，一即位為隋文帝，立刻對突厥採用巧妙的內部離間計，五八三年終於成功使突厥分裂為東西兩部。實際上，突厥第一帝國的前半期擁有東從大興安嶺、西至帕米爾高原的廣大領土，其政體是在大可汗之外也有多位小可汗分立的封建制，從一開始就是蒙古高原的東突厥與天山地區的西突厥並行發展起來的。應為突厥第二帝國時代所作的歷史文獻鄂爾渾碑銘，碑文裡面記載東突厥的始祖為土門（Bumïn），西突厥的始祖則是室點蜜，通算第六代的東突厥沙鉢略可汗在五八五年上表隋朝稱「臣」，所以東突厥臣屬於隋朝。曾經北方的突厥巧妙操弄南方分裂的中華，這次南方的隋朝再次統一北中國，並且倒過來操弄北方分立的突厥。

東西分裂後，突厥的混亂程度愈來愈深，不只是東西兩部，甚至趨向細分化。另一方面，隋朝在五八九年打倒南朝的陳，再度統一中國全土，國勢愈來愈強大。甚至，六〇四年取代文帝繼位的煬帝，首先興建了為往後的中國經濟帶來難以估計之恩惠的大運河，在內政外交上也採取積極政策，也維持了隋朝的優越局勢。尤其是東突厥的突利可汗娶隋朝許配的

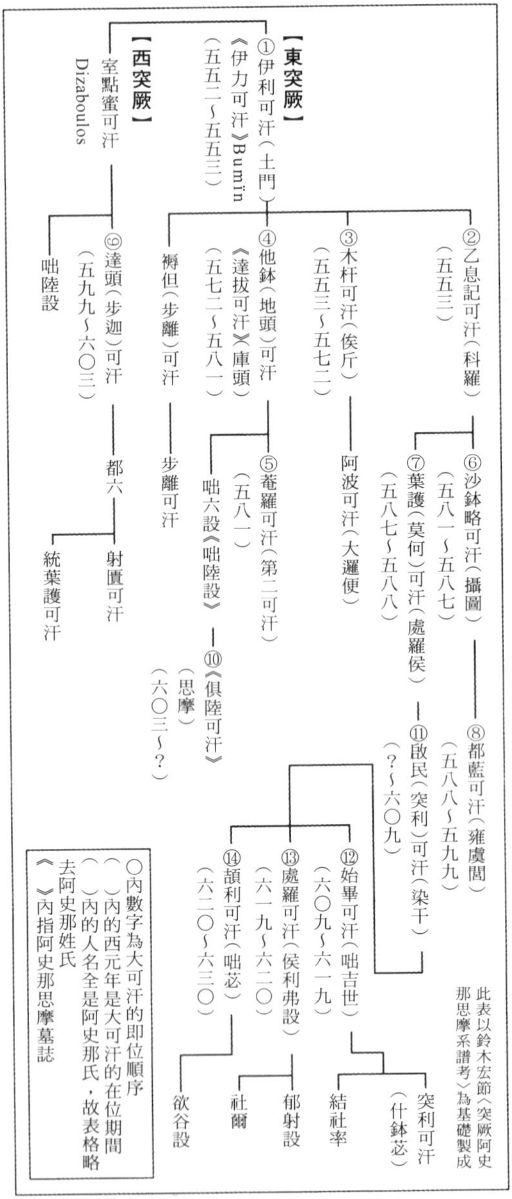
【東突厥】
①伊利可汗（土門）《伊力可汗》Bumïn（五五二～五五三）
②乙息記可汗（科羅）（五五三）
③木杆可汗（俟斤）（五五三～五七二）
④他鉢（地頭）可汗《達拔可汗》（庫頭）（五七二～五八一）
褥但（步離）可汗
步離可汗
阿波可汗（大邏便）
⑤菴羅可汗（第二可汗）（五八一）
咄六設《咄陸設》
⑩《俱陸可汗》（思摩）（六〇三～？）
⑥沙鉢略可汗（攝圖）（五八一～五八七）
⑦葉護（莫何）可汗（處羅侯）（五八七～五八八）
⑧都藍可汗（雍虞閭）（五八八～五九九）
⑪啟民（突利）可汗（染干）（？～六〇九）
⑫始畢可汗（咄吉世）（六〇九～六一九）
⑬處羅可汗（俟利弗設）（六一九～六二〇）
⑭頡利可汗（咄苾）（六二〇～六三〇）
突利可汗（什鉢苾）
結社率
郁射設
社爾
欲谷設
【西突厥】
室點蜜可汗 Dizaboulos
⑨達頭（步迦）可汗（五九九～六〇三）
咄陸設
都六
射匱可汗
統葉護可汗
此表以鈴木宏節〈突厥阿史那思摩系譜考〉為基礎製成
○內數字為大可汗的即位順序
（ ）內的西元年是大可汗的在位期間
（ ）內的人名全是阿史那氏，故表格略去阿史那姓氏
《 》內指阿史那思摩墓誌

突厥第一帝國的王族系譜

安義公主，順應懷柔政策，遷到漠南自立，隨後受到漠北的都藍可汗和達頭可汗的攻擊而逃到隋朝本土內，從山西北部的朔州大利城附近前往鄂爾多斯北部的五原，之後又遷往鄂爾多斯南部的夏州至勝州之間，淪落在遊牧地區輾轉流離的地步，可是最後在隋朝的協助下，成功重返東突厥可汗的大位。這段期間的五九九年，進入隋朝的突利可汗受到文帝冊封，改為啟民可汗，繼已經過世的安義公主之後，重新許配義城公主（義成公主是誤傳）給他。另一方面，從煬帝在即位三年後的六〇七年修復萬里長城之舉來看，可知東突厥並沒有完全被壓制住，相反地讓他感受到潛在的威脅。結果，煬帝過於執著的高句麗遠征（六一二～六一四年）成為隋朝的致命傷，其實也是因為高句麗領有的從朝鮮半島北部到滿洲的根據地，與蒙古高原的東突厥是直接連結的。

六一五年，煬帝到山西省太原南邊的汾陽宮去避暑，八月，啟民可汗之子——始畢可汗率領軍隊南下進攻大同盆地西部，於是煬帝率軍北上，在位於太原北部相當於大同盆地出入口的要衝雁門附近對峙，煬帝一方被突厥軍包圍動彈不得。始畢的入寇，大概是為了要報復前年由他寵愛的粟特人史蜀胡悉所率領的一行人中了圈套，被引誘到馬邑，全數被殺的事件。這是編寫《西域圖記》，也是主導隋朝北方、西方政策的名臣裴矩的計謀；從雁門往北越過山脈就是大同盆地，在其西南端的馬邑（朔州）設有互市（臨時的貿易中心）。隋朝方面緊急命令附近的各郡出兵前往救援，當時才十八歲的年輕武將李世民等驅兵前往，結果是突厥軍隊解除包圍並撤退。

成為突厥第一帝國第十二代可汗的始畢，是受到隋朝恩顧的啟民可汗之子，承繼父親，他一開始是向隋朝行使臣下之禮，但是從這個時候開始，情勢再度逆轉。甚至連漢文史料記載他的治世：「東自契丹，西盡吐谷渾、高昌諸國，皆臣之。控弦（騎射之士）百萬，戎狄之盛，近代未之有也。」（《通典》卷一九七），對於超越以往的復興盛況給予極大評價。

相反地，因為遠征高句麗失敗導致疲弊的中華，叛亂相繼而起，陷入嚴重的分裂狀況，更甚於後漢末期。在隋末的中國，薛舉、竇建德、王世充、劉武周、梁師都、李軌、高開道等多位群雄接連僭稱尊號，而且皆向突厥「北面稱臣，受其可汗之號」。可見在突厥國內的小可汗已經整頓完成，始畢成為唯一最高的可汗即大可汗，這次授予中國國內群雄小可汗稱號，允許他們各自統治中國的一部分。在這裡，捲土重來的突厥勢力再度完全凌駕於中華之上，北方大可汗的始畢任命南方的小可汗，此舉也許是著眼不久的將來而佈局的。

還有，隋末的這個時期，由射匱可汗率領的西突厥也脫離隋朝的影響，再度恢復勢力，以東土耳其斯坦為中心開始壓制中亞。然後，與六一八年唐朝建國的同個時期左右，射匱之弟統葉護可汗即位，這個時代的西突厥達到前所未有的發展。也就是說，唐朝處於草創期的十多年，東西突厥的勢力都遠勝於唐朝，西突厥與中國本土之間還隔著中亞，自立生存。對此，主要和唐朝有所關連，甚至左右了之後中國史動向的是東突厥。

◎唐草創期的突厥優勢

煬帝及其一族在隋末的叛亂遭到殺害，煬帝的遺孀蕭皇后與文帝、煬帝的兒孫中唯一存活的楊正道（楊政道）落入竇建德的手中。然而，竇建德之妻善妒，讓煬帝的後宮妃嬪、美人等側室全員出家，安置在丈夫無法接近的地方。

另一方面，在東突厥方面，曾經嫁給啟民可汗的義城公主遵從突厥的「夫兄弟

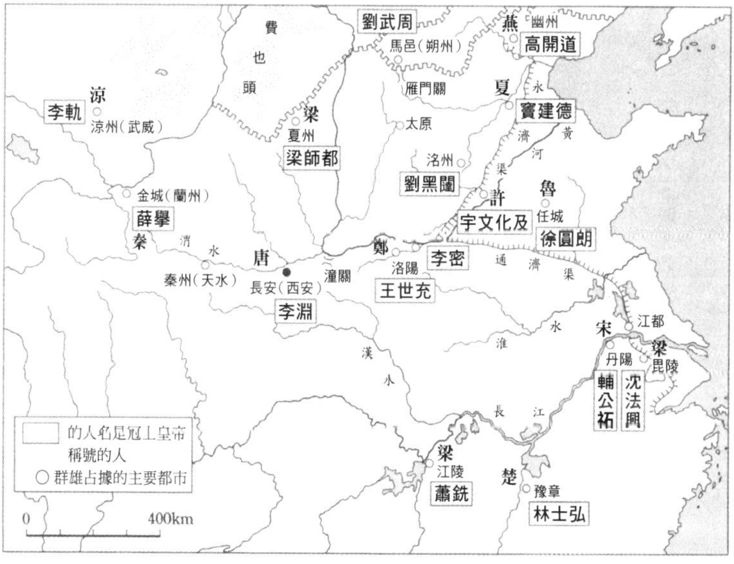

隋末與唐初的群雄割據圖　因為遠征高句麗失敗等因素，各地群雄紛起，爭霸天下。

婚」這種遊牧民間相互扶助的習俗，先後嫁給啟民的三個兒子始畢可汗、處羅可汗、頡利可汗，她有隋朝王室的血統，當然極力想要援助煬帝的皇后和其孫，因此動用丈夫處羅可汗、頡利可汗的關係，終於在六一九到六二〇年的某個時期，讓蕭皇后與楊正道在突厥宮廷裡有個棲身之地。

六〇七年，當煬帝到漠南拜訪啟民可汗的牙帳（營帳群的首都）時，命令稀世奇才的傑出建築師——西域系的宇文愷建造可移動式的陸上宮殿「觀風行殿」，或是可容納數千人的超大型帳篷等，讓突厥人大開眼界，這是在煬帝的顛峰期發生的一段插曲。而義城公主和蕭皇后是自那次會面以來的舊識，雙方同樣都站在希望隋朝王室能夠復興的立場。因此，以突厥而言，藉由楊正道進入突厥宮廷的契機，立他為隋王，召集了在那之前就進入自己領土內的隋朝舊臣、百姓約一萬人，成立隋朝亡命政權。

在始畢可汗的鼎盛期，也許突厥的牙帳已經返回漠北，但即使如此，與六世紀後半相比，漠南的重要性已經大幅增加。迎接蕭皇后與楊正道，設立亡命政權的地方，也是過去啟民可汗牙帳所在的漠南定襄。在漠南，定襄不僅是屈指可數的優良放牧地，也有可以農耕的場所，北魏時代被稱為盛樂，相當於現在的內蒙古自治區首都呼和浩特與其南方的和林格爾之間。以定襄和其西方的雲中為中心的內蒙古中西部一帶，在其中央有東西走向的陰山山脈，南北則有廣闊牧地，尤其是與南側的黃河大彎曲部北岸之間有東西綿延的帶狀低地，像白道川（這裡的川不是指河川，而是沿河的草原）這樣適合農耕的茂密綠地也包含在內。

李淵、李世民父子在六一七年從太原舉兵計畫奪取長安之前，和其他許多隋末的群雄一樣，也先與突厥交好，獲得其承認和後援。這個時候，突厥提供給李淵方面一千頭馬和兩千人的騎兵（有一說是五百人的騎兵和兩千頭的馬），這批援軍也肩負監視的任務。根據現存的漢籍，那些屈居突厥大可汗的下風且為天下所知、被授予小可汗稱號的群雄只有前述的薛舉、竇建德、王世充、劉武周、梁師都、李軌、高開道等人，李淵並不包含在內。但是，若分析當時情勢的話，那根本不可能。眾所皆知，

陰山山脈　位於黃河以北的陰山山脈，是突厥等遊牧民族的重要據點。

唐朝第二代皇帝——太宗李世民在位時，曾經舉國進行改寫歷史的作業，對於唐朝或是李世民不利的文章全數刪除，因此李淵被授予小可汗稱號的事實，恐怕也是在這個時候被暗中處理掉了。儘管如此，單就唐朝這個時期臣服突厥的事實來說，正如「欲蓋彌彰」這句戲謔的成語所示，在漢籍史料裡面隨處隱約可見。

接下來，這裡也會提及擅長見機行事的粟特人。六一七年四月薛舉政權在隴西一帶成立，同年十一月李淵占據長安時，原州（固原）的粟特人由史索巖、史訶耽率領的史氏集團決定投奔李淵，對長安與固原中間的薛舉軍隊形成夾擊態勢而立下大功，因此史氏在固原的功績，與上一章看到的安興貴一族相同，對唐朝建國有莫大貢獻，同時也保證了日後的榮華富貴。固原與東南方的長安、西方的涼州（河西一帶）、北方的靈州直接連結，甚至隔著鄂爾多斯與東方的山西北部和內蒙古銜接，可說是交通要衝。可惜的是，我們並沒有發現這個史氏一族與突厥維持關係的證據，但是若從固原和突厥根據地的地理位置關係來看，認為史氏和突厥沒有任何交集的看法是不甚合理的。

六一八年李淵在長安即位為皇帝的時候，要說唐朝是東突厥的臣屬國一點也不為過，唐朝不過是企圖接續隋朝皇位的群雄之一，而且有很多敵人。不管是唐朝勝出也好，或是其他僭稱皇帝的群雄勝出也好，對於最終成為中國霸主的人而言，如果不能完全消滅突厥帶來的威脅，就無法得到真正的獨立和安寧。

就在這樣的雙重、三重的相互對立當中，六一九年唐朝陷入危機。就在太原北方大同盆地西部的馬邑，群雄之一的劉武周嶄露頭角，即將攻陷李淵的創業地太原，直到隔年為止，唐朝不得不陷入激烈的戰鬥之中。六一七年唐朝揭竿起義時，得到了突厥的援助，可是六一九年突厥卻站在自己授予小可汗稱號的定楊可汗劉武周那邊，與唐朝敵對。事情原委雖不明朗，可是突厥與劉武周的結盟卻讓唐朝面臨建國後的最大危機。

不過，處羅可汗在這時似乎是出於想要幫助此時迎入宮廷的隋煬帝之嫡孫楊正道與其一派統治中國，也或許是因為父親過去是在隋朝幫助下重返榮耀，有報恩這樣堂堂正正的理由，所以改變方針轉為討伐隋朝的叛亂分子劉武周，此舉背後一定是成為突厥人妻子的義城公主刻意操作的吧。而且，處羅可汗認為以楊正道為首的隋朝亡命政權應該在中國本土內成立，於是派遣胞弟步利設在二千名騎兵的陪同下，協助唐朝。唐朝作為實現勝利時的獎賞以及謝禮，允許突厥在太原市內掠奪婦女及孩童，結果是唐、突厥聯合軍獲得勝利。落荒而逃的劉武周在從太原返回馬邑的途中，被突厥殺害（六二〇年四月）。

就這樣子，處羅可汗獲得糧食、馬糧調度與侵略中國的要地——馬邑地區之後，這次又與唐朝分道揚鑣，計畫從好幾個路線來攻擊長安，可是處羅可汗即位後僅一年多就驟死，這個與唐的全面開戰的計畫也無疾而終。

太宗擊敗突厥

◎玄武門之變與太宗即位

唐朝剛建立不久，與之對抗的群雄裡面勢力比較強大的有隴西的薛舉、山西北部的劉武周、河北的竇建德、洛陽的王世充等人，一一擊敗這些人的不是被初代皇帝（高祖）李淵立為皇太子的長子李建成，而是從年輕時就以驍勇善戰出名的次子——秦王李世民。因為李世民的鋒芒太過耀眼，以及伴隨而來的在宮廷內的評價以及民間聲望大增，為此感到焦躁不安的皇太子與自認資質遠遠不及兄長的么弟——齊王李元吉聯手對抗李世民，也是不無道理的。於是，李建成、李元吉對李世民的敵對關係就基本底定了。

武德九年（六二六年）六月四日一大早，李世民在長安城北門的玄武門，與皇太子李建成和么弟李元吉發生爭鬥，將兩個人一併殺害，這就是歷史上稱之為「玄武門之變」的武裝政變。就這樣，從父親高祖李淵的手上奪取實權的李世民，首先是被改立為太子，接著很快地在兩個月後就即位為皇帝（太宗），成為名副其實的最高權力者。留傳至今的史書裡面關於玄武門之變的記載，像是太宗李世民對人品惡劣的李建成、李元吉發動的正當防衛，然而這似乎與事實不符，應該是太宗即位後，動員同時代的歷史家進行捏造而產生的東西。

玄武門之變無疑是兄弟間的帝位繼承之爭，可是背景並不單純，另有一些其他原因。在武德六年（六二三年）的階段，隋末唐初的群雄大多遭到鎮壓，剩下的大敵只有北方的突厥以及憑藉突厥之威生存的夏州（鄂爾多斯南部）梁師都和朔州（大同盆地西部的馬邑）苑君璋的勢力。根據石見清裕的研究，唐朝在武德年間後半遇到的問題，就是從國內問題移轉到以突厥為對手的國際問題。而且，在宮廷內針對突厥政策出現意見分歧，高祖、李建成．李元吉、李世民三者之間各有各的見解，因此在路線上似乎產生了對立。

依照山下將司的說法，隨著國內戰爭的結束，在武德六年廢除的關中十二軍，於武德八年（六二五年）四月再度設置，準備與突厥全面對決。可是，身為首領的十二位將領皆是聽命於高祖李淵（第二章提到的粟特人武將安修仁也包含在內），而在鎮壓群雄時戰功輝煌的李世民派（稱為山東集團）完全被排除在外。

李世民在武德七年（六二四年）秋天，面對突厥方面的頡利、突利可汗的兩可汗的侵略成功出擊，並且和突利成為拜把兄弟，這也是為日後的離間計進行布局。但是，武德八年李世民卻一次也沒有接到出擊命令，另一方面高祖派遣的唐軍卻慘敗給突厥。

關於突厥政策，李世民既反對遷都論的消極路線，也反對全面對決的強硬政策，認為如果不按照自己策劃的讓突厥內部分裂的作法，國內會再度陷入隋末那樣的混亂狀態。他抱著這樣的危機感，認為應該打破被高祖和皇太子疏遠的現狀，終於下定決心發動政變。不管是在國內或是國際上，緊張狀態在六二六這一年達到頂點。他會作出政變的決斷，當然也是因為他身邊以房玄齡為首的山東集團的強力支持。獲勝的李世民解散關中十二軍，之後作為唐朝建國的「元從」功臣的榮耀，並不是跟隨李淵從太原起兵的人，而移轉到在玄武門之變支持李世民的人。

◎唐的優勢與東突厥的歸順

突厥的頡利可汗察覺到玄武門之變讓唐朝產生動搖，見機不可失，立即與突利可汗共同率領突厥全軍、號稱百萬大軍的人馬深入中國，入侵到接近長安的北方。根據漢籍裡面的記載，匆忙即位的太宗並非派遣武將，而是身先士卒親自迎擊，雙方隔著渭水橋互相對峙，但是頡利被太宗單槍匹馬進入敵方陣營的魄力壓倒，主動求和，撤退大軍。

這也是太宗為了美化自己而改寫歷史、經過一番粉飾的地方，只有突厥撤軍是確有其事。總之，這是太宗即位後的第一件工作，由此可看出情勢開始轉為對唐朝有利。六二八年，在鄂爾多斯南部至陝西北部建立梁國，與突厥、契丹等結盟的群雄之一梁師都終於被消滅，至此除了突厥以外，唐朝已經平定了國內所有群雄。

在這之前，武德末年至貞觀初年（六二六～六二七年），在漠北的蒙古高原受東突厥統治、同為土耳其系的迴紇、拔也古、同羅、僕骨等的九姓鐵勒（＝Toquz-Oγuz）發動叛亂。這裡也有部分是同屬於鐵勒的薛延陀部的人；該部的主力原本在以前已經往準噶爾方面移動，受到西突厥的統治。可是，這些主力在這個時候又回到蒙古高原，於是合體的薛延陀部與九姓鐵勒聯手形成的反突厥勢力愈來愈強大，而薛延陀部的乙失夷男也被推為可汗。

因此，太宗派時任游擊將軍的喬師望，為了不讓突厥發現而走捷徑，送抵冊封乙失夷男為真珠毗伽可汗的文書，以及鼓和大旗。如此一來，唐朝和由薛延陀所統整漠北的鐵勒諸部，對當時以漠南為根據地的突厥頡利可汗形成南北夾擊的態勢，時為六二九年。剛好這個時候突厥因為連年大雪而遭遇飢荒，再加上頡利可汗對粟特人的優遇以及橫徵暴斂引起國內的憤慨，相互作用之下，使得東突厥的命運宛如風中之燭。

太宗治世的貞觀之初，頡利可汗的牙帳顯然是設在定襄，義城公主的牙帳似乎也在東鄰定襄的漢代雲中城。六二九年十二月，太宗迄今為止不斷採用的突厥離間計終於奏效，突利可汗（突厥東面的小可汗、並以東蒙古高原為根據地）與郁射設（也是突厥方面的小可汗，頡利可汗的侄子，以鄂爾多斯為據點），率領九名「俟斤」（Irkin，部落首領）歸降唐朝；隔年正月，唐朝名將李靖的軍隊便旋即擊破定襄的突厥－隋朝亡命政權聯合軍，俘虜蕭皇后和楊正道，並護送他們到長安。另一方面，李靖又持續追擊和頡利可汗一同逃往陰山方面的義城公主，終於成功殺死了義城公主。不只是蕭皇后和楊政道，甚至連頡利可汗，唐朝都原諒他們的罪行並且給予優遇，唯獨義城公主一人並沒有被護送到長安，而是直接在當地立刻殺害。這也意味著她被認定為對唐朝展開一連串敵對行動的元凶，為了完全根除她復興隋朝的野心，所以除之而後快。

◎如何處理突厥遺民？

就這樣子，唐朝在建國經過十年以後的六三〇年（貞觀四年），終於全部打倒了國內群雄以及隋朝亡命政權，甚至是最大外患的北方東突厥。滅亡的東突厥遺民有相當數量被漠北的薛延陀、九姓鐵勒吸收，或是投奔天山地區的西突厥，但是向唐朝投降的人是最多的。因此，唐朝面臨了必須接納大概將近一百萬人的龐大舊東突厥人口到國內農牧接壤地帶的局面。直到突厥遺民復興建立突厥第二帝國為止，大約半世紀的期間，突厥問題成了國內問題。

關於投降唐朝的突厥人數目，有明確記載的《新唐書》〈突厥傳〉裡只有「十餘萬」，可是《舊唐書》〈太宗本紀〉裡對於貞觀三年（六二九年）的記載中，有戶部的奏言：「中國人自塞外來歸及突厥前後內附，開四夷為州縣者，男女一百二十餘萬口。」我們應該重視這段內容。出於自身意願移居突厥的人，以及因為掠奪而被擄走的人，合計起來有大量漢人成為突厥國民，可是即使把漢人考慮進去，一百二十多萬的數字是相當驚人的，因此推定裡面應該包括了龐大數目的突厥遺民。之前的六二六年，頡利、突利兩位可汗率領了誇稱百萬之眾的突厥全軍逼近長安，還有之後六七九年突厥降戶為了再度獨立、發生叛亂時的數目有「眾數十萬」，也都該列入考量的要素。

還有，這個時候來到長安的異族首領階層獲得官品進入唐朝宮廷，其中有超過一百人躋身五品以上的高官行列，實在非比尋常。但是，如果聯想到這原本就是遊牧民族在中央歐亞建立拓跋國家時的普遍傳統，那也不用大驚小怪了。相對於自己民族或部族集團裡的一般民眾，北方遊牧民對於雖是異民族或部族，但是出身高貴的王族和貴族，原本就會更加禮遇。在留著濃厚北俗色彩的唐朝政策裡，這樣的傾向更為明顯。也許我們可說，這正是唐朝被評為開放或是國際性的本質所在吧！

那麼，這些歸屬於唐朝的突厥人又該如何處置呢？朝廷的討論大致上可區分為三種策略：①分散到本土內地的純農業地區，讓他們成為農耕民。②讓他們維持遊牧民的狀態，集居在鄂爾多斯長城地帶的農牧接壤地帶，作為防止北方新興遊牧民勢力的屏障。或者是③回到故鄉的內蒙古草原地帶，一如既往過著遊牧生活。唐朝對於陸續往內遷徙的突厥遺民，首先作為臨時處置是在鄂爾多斯到陝西北部設立順州、北開州、北寧州、北撫州、北安州這樣的羈縻州（後面將會詳述），各自安排了突利可汗、阿史那思摩、阿史那蘇尼失、史善應、康蘇密擔任都督一職。都督指的是軍政長官，但是在這裡也身兼民政長官。

之後，上述的討論有了定案，太宗正式採用②的策略。因此，再加上在實施臨時處置以後內徙的增加人數，進行重新編制，結果設立順州、祐州、化州、長州等四州，而費也頭對唐朝建國有功，因此任命匈奴系費也頭首領之子的竇靜為寧朔大使，總攬這些州郡。根據石見清裕的見解，歷經始畢、處羅、頡利三代奠定的東突厥根據地，現在成為唐朝新領土的內蒙古大草原地帶，應該還有不少突厥人留在那裡，所以才設立定襄、雲中兩都督府作為自治機關。

史善應、康蘇密是粟特人的首領，隨同突厥內徙一起降唐，分別擔任了北撫州、北安州的都督。五州裡面有兩州的領導者就是粟特人，則歸附者中一定足有相當多數的粟特人，或者是其中混雜著粟特系土耳其人。（作者補註：關於這個部分有敘述錯誤之處，請參照本書的〈學術文庫版後記〉）

因為在這裡首次使用「粟特系土耳其人」一詞，所以要定義一下。關於這個用語的定義，是指高車、突厥、鐵勒、回鶻等的土耳其人與粟特人的混血，或者是雙親都是粟特人，但是在高車、突厥、鐵勒、回鶻等的遊牧國家或是地區成長，在文化上土耳其化的粟特人。但是，有時候也包含了擁有粟特姓的土耳其人等其他情況，是模糊的概念。其代表就是在下一章會提到的六州胡與康待賓之亂、以及安史之亂的核心分子——粟特系突厥人。在上一章已經討論了粟特人原本就具有商人和武人的兩面性，但是粟特系土耳其人是受到土耳其系遊牧文化的薰陶，當然在飼養馬匹或是作為騎馬武士的技術上更加精進。

在我看來，唐朝真正的建國並不是在六一八年，而是打倒突厥的六三〇年。唐朝滅掉了與其說是宿敵，更像是主子般存在的突厥帝國，當整頓其遺民告一段落之後，太宗也才第一次真正能夠高枕無憂吧！

◎冊封前王族——阿史那思摩

但是，六三九年突厥降民逐漸恢復勢力，結果突利可汗之弟阿史那結社率擁立突利之子發動叛亂。太宗認為自己先前的政策判斷有誤，立刻決定切換至③的策略。具體上，就是對唐朝效忠的突厥王族阿史那思摩被賜姓李，並接受冊封為新可汗，六三九年間率領「眾十余萬、勝兵四萬、馬九萬匹」渡過黃河向北前進，以內蒙古的定襄作為根據地。此時，因為頒布詔令「突厥及胡在諸州安置者，並令渡河北，還其舊部」。所以在鄂爾多斯到陝西北部的突厥遺民，也包含粟特人及粟特系土耳其人在內，紛紛向北方的舊部落（故鄉）移動。

按照石見的見解，因為「他們的舊部落」已經設立定襄、雲中兩都督府，所以新可汗率領的突厥遺民與東突厥滅亡後依然留在原地的突厥遺民結合起來，以相當強盛的遊牧勢力捲土重來也不足為奇，也可以說是漠南的突厥復興。然而，唐朝這樣子的做法，對於六三〇年代取代東突厥，在漠北的蒙古高原壯大勢力，也得到唐朝認可君臨鐵勒諸部的薛延陀而言，是無法原諒的事情。冊封阿史那思摩為新可汗的背景，也是因為唐朝開始對薛延陀感到威脅，意圖要滅掉薛延陀。

對此，薛延陀的首領乙失夷男在六四一年讓嫡子率領鐵勒諸部，攻擊漠南的新突厥集團，此時唐軍出動助陣，以兩敗俱傷收場。然而，阿史那思摩的統治能力似乎不如唐朝的預期，既不堪承受來自薛延陀的攻擊，也無法統領手下龐大的新突厥集團，六四三年內部一發生叛亂，就放棄自己被賦予的使命，逃回鄂爾多斯。於是，他與跟隨自己的直屬部眾，以及四年前從鄂爾多斯遷來的集團的一部分，一同寄居在勝州、夏州之間。之後，他率領部眾隨從太宗遠征高句麗，在戰場上負傷，回到長安後死去，被追贈為夏州都督。還有，根據出土的墓誌銘顯示，他的妻子是在夏州過世的，可知支持他的突厥集團直到最後是在夏州一帶。唐朝的夏州，在五胡十六國時代曾是赫連勃勃建立統萬城之地，位於過去以廣闊大草原著稱的鄂爾多斯南邊，面對盤踞在以長安為中心的關中盆地的勢力，是與之對抗的絕佳位置。

唐朝的極盛期

◎天可汗的稱號

過去有很多的概論書裡面，是這麼說明的：六三〇年東突厥的滅亡驚動草原遊牧地帶各民族的君長，對太宗奉上「天可汗」的稱號，根據這項事實，可以直接認定太宗除了是農耕中國的天子即「皇帝」之外，同時也是北到西北方草原世界的天子即「大可汗」，唐朝就此成為真正的「世界帝國」。可是，像這樣單方面的過度評價是歷史的禁忌。

透過突厥第二帝國的鄂爾渾碑銘或是回鶻帝國的「希乃烏蘇碑銘」（Sine-Usu Inscription）等各種古代土耳其語史料，顯示中央歐亞東部的土耳其系的各民族稱呼唐朝或唐帝國為「Tabγač」。這個「Tabγač」不是源自「唐家子」（桑原隲藏說），而是如白鳥庫吉和伯希和所主張的，本來是「拓跋＝Taγbač」這個名稱的訛音。正確地說是拓（第一音節）的語尾「-γ」和跋（第二音節）的語頭「b-」的子音交換，在語言學上稱為音位轉換（metathesis）的現象。這樣看來，就連同時代最強盛的鄰居即北方的土耳其系各民族，在認知上也把唐朝視為拓跋。故此，唐朝不是漢人王朝而是拓跋王朝，這種中央歐亞史的觀點，從上述的事實更加提升了其正當性。

北魏以來至隋唐的拓跋國家的天子，若從北方草原的土耳其—蒙古系遊牧民世界來看的話，始終是北方出身的「Tabγač可汗」即「拓跋（國家的）可汗」。太宗的身上也是流著符合當時北族王者的血統，由拓跋可汗率領的唐帝國透過軍事力壓制了包含突厥、鐵勒的土耳其世界，成為立足於草原上存在的多個小可汗之上的大可汗，甚或是唯一最高的可汗，故草原世界的各族君長奉上「天可汗」的尊稱，是再自然不過的事了。

◎從昭陵看北族的影響

二〇〇五年九月六日，我在日本文部科學省科學研究費的資助下，作為絲路調查團的團長，踏上太宗與長孫皇后的合葬墓所在的昭陵。昭陵位於西安的西北方約六十公里，車程兩小時左右的地方。因為是利用九嵕山本身的自然形勢依山而建，所以其巨大程度，人工夯土而成的秦始皇陵或是其父唐高祖李淵的獻陵等，根本無法相比。昭陵是太宗為了先行離世的長孫皇后而下令開始建造，之後太宗自身也葬在這裡。

中國的天子日常坐在龍椅或是舉行儀禮之時是朝南，因此死後入葬的陵墓也朝南並不奇怪。確實，在昭陵之後建造的祭拜高宗和武則天的乾陵也是朝南。在昭陵的南側有大門和獻殿，諸王和臣子的陪葬墓也全都在山陵的南側，但是做為重要設施的北司馬門卻位於北斜面山坡處，那裡也有太宗下令設置、為紀念他在唐朝建國的軍事活動裡一起南征北討所騎的六匹愛馬而雕刻的六塊青石浮雕石刻「昭陵六駿」。而且，六四九年太宗駕崩後，繼位的高宗立刻將太宗時代歸順唐朝的十四位蕃君長的石刻，左右（東西）兩側各半並列設置。《資治

唐昭陵　依山而建，是天可汗唐太宗的陵墓。

昭陵六駿　唐太宗將自己心愛的六匹戰馬刻成浮雕，安置在昭陵的前方。

通鑑》裡寫道，這些蕃君長裡面特別具有強烈忠誠心的突厥王族阿史那社爾原本想要殉死，所以高宗為了制止，才下旨命令製作石刻來代替。

那麼「昭陵六駿」現在是否也被安置在原地呢？答案是否定的。其中的兩塊以非法手段早已被運到美國，其他四塊被遷移到西安市內的碑林博物館保管，現場看到的是複製品。唯妙唯肖的六駿浮雕石刻是出自閻立德、閻立本兩兄弟之手，是現在依然能夠感受到躍動感的著名作品。雖說太宗親自作四言詩來讚美六駿，並且命知名書法家歐陽詢用隸書抄錄下來，至今卻沒留下任何痕跡。

另一方面，外國君長的石刻也遭到嚴重的破壞，只有一部分被保管在山麓的昭陵博物館內，留在原地的只剩下刻有銘文的七個基座。但是根據漢籍史料，這十四人的名字和出身國都有明確記載。從被盜挖的主墳位於山頂附近這點，可知是太宗坐南朝北，接受十四名蕃君長謁見的形式。這從中華的立場來看是非比尋常的，但是若關注到太宗作為「天可汗」的一面，就知道這絕不是異常的安排。

十四人裡面，位在東側的是曾經居於唐朝上風的突厥最強盛的頡利可汗（阿史那咄苾，東突厥最後的大可汗，六三四年歿）、突利可汗（阿史那什鉢苾，六三一年歿）、阿史那思摩（六四七年歿）、阿史那社爾四人，以及新羅女王金真德、越南的林邑王范頭黎、印度王阿那順，合起來共七人。西側是薛延陀的真珠毗伽可汗（夷男，六四五年歿）、吐谷渾的烏地也拔勒豆可汗（慕容諾曷鉢）、西藏帝國（吐蕃）的初代贊府（很多是寫成贊普，藏語「王」的意思）並娶唐朝文成公主為妻的松贊干布、高昌王麴智勇（漢籍裡也稱麴智盛）、焉耆王龍突騎支、龜茲王訶黎布失畢、于闐王伏闍信等七人。

十四人裡面，有多達七位是在中國的北方及西方活躍的遊牧國家或者是半農半牧國家的首領，四人是西域綠洲都市國家的王。新羅被視為在東北作為半農半牧國家擁有強盛國力的高句麗的接班者，因此也可包含在西北集團裡面。除此之外，剩下的就只有南方的林邑和印度而已。對中國而言，遊牧民族和西域都市國家所在的西北方的絲路地帶占有多大的存在意義，由此可以充分窺見。因為稱霸這些國家的太宗獲得天可汗的尊稱，面北朝向並列在北司馬門的蕃國君長是當然的。昭陵同時象徵著面南的中華皇帝（天子）和面北的天可汗，這樣的推測絕非毫無根據。

此外，昭陵還瀰漫著濃厚的突厥氛圍。中國的葛承雍表示：中華帝國的陵墓制度「依山為陵」是從昭陵開始的，這是受到突厥聖山信仰的影響，包括表彰六駿，以及鄂爾渾碑銘裡詳細言及振興突厥第二帝國的英雄的愛馬奔騰馳騁的模樣，兩者是相通的。確實，北司馬門的六駿裡面有幾匹馬的名字是源於突厥語或者是粟特語，清楚顯示出這些足以和現代戰鬥機匹敵的前近代的優秀戰馬，通常是來自西北草原世界的遊牧民族之手的事實。

如前面所述，太宗雖然下令改寫史料企圖湮滅證據，但是群雄時代的李淵理應曾經從突厥大可汗始畢那裡被授予小可汗的稱號。也就是說，以突厥和唐之間的君臣關係而言，地位原本屈居臣下立場的李淵，到了繼位的李世民終於逆轉了。滅掉突厥第一帝國的太宗被草原的君長尊稱為天可汗的真正意義，實際上也是如此而已。到目前為止，對「天可汗」的過度誇大解釋，若不是因為作為基礎的漢籍經過太宗下令捏造史料，不然就是中華主義作祟下的「後見之明」吧。

順帶一提，為皇帝追加尊號的傳統是從唐代的高宗開始的，北京大學的羅新推測，這應該也是受到突厥的影響。這樣一來，繼太宗之後，將擁有「皇帝天可汗」稱號的璽書送抵北方或西域各君長的高宗，之所以將尊號改稱為「天皇」，其理由便可進一步解讀成是有意讓其妻武后作為「天皇」的伴侶而成為「天后」，以便之後得以取皇帝而代之。本來的儒教世界裡不可能出現女性皇帝，可是武后為了實現皇帝夢，不只是利用外來的佛教，極有可能也積極活用了北方遊牧民的風俗。

◎漠北漠南的羈縻州與都護府

天可汗太宗在六四六年（貞觀二十年）軟硬兼施，使用各種手段終於打倒薛延陀，成功讓鐵勒諸部歸順。當時，鐵勒諸部裡面，也有累積相當實力並僅次於薛延陀，由吐迷度所率領的回鶻。這個回鶻事先給了薛延陀狠狠一擊，此舉似乎幫了唐朝大忙，因此太宗對回鶻的入朝使節相當款待。隔年六四七年，太宗接受吐迷度的請求，「迴（回）鶻已南置郵遞，通管北方。」（《舊唐書》卷一九五），設置六個羈縻府和七個羈縻州。

「羈縻」在制度上是屬於中國王朝的地方官制，但是由異民族社會維持原狀自行統治。這個作法比起直轄化（內地化）是非常寬鬆的，但是又比賜予異民族、國家君長官爵，將其納入中國王朝的官制內，同時承認其完全的獨立地位，純粹是課以朝貢義務的臣屬關係——亦即所謂「冊封」——要來得嚴格，且有相當實質的規範。例如回鶻設瀚海府、拔野古（拔也古）設幽陵府、同羅設龜林府、僕骨設金微府，而規模較小的集團就設州，渾設皐蘭州、阿跌設雞田州、契苾設榆林溪州，以後就陸續設置羈縻府州。而且，府置都督，州置刺史，府州皆置長史、司馬以下的官吏，由他們統治。這時，都督和刺史是任命各自遊牧部族的君長擔任，長史、司馬以下的官吏也由當地遊牧民的有力人士來充當。

作為統轄這些羈縻府州的機關，六四七年唐朝在鄂爾多斯西北邊的豐州（黃河以北、陰山以南的五原一帶）設置燕然都護府，任用唐人為最高長官，稱為都護。那個時候，由戈壁沙漠入口的鸊鵜泉以北的六十八個郵遞驛站形成了「參天可汗道」（參照一九四至一九五頁的地圖），即為了參見天可汗而開闢的道路，在各驛站都備有馬匹和糧食，以確保使者的往來交通順暢。於是，燕然都護府肩負的任務就是監督帶著每年北方各族被分配到的、以貂皮為首的重要貢品的朝貢使等人，或是監督各種郵件物品的順利運送。

由上可知，漠北的鐵勒諸部首先是設置六府七州，以燕然都護府作為統轄機關。這種羈縻府州體制實施後不久，六四九年（貞觀二十三年）也對漠南的突厥遺民（降戶）實施定襄、雲中兩都督府的改制。也就是說，舊東突厥十二部裡面的舍利吐利部、阿史那部、綽部、賀魯部、葛邏

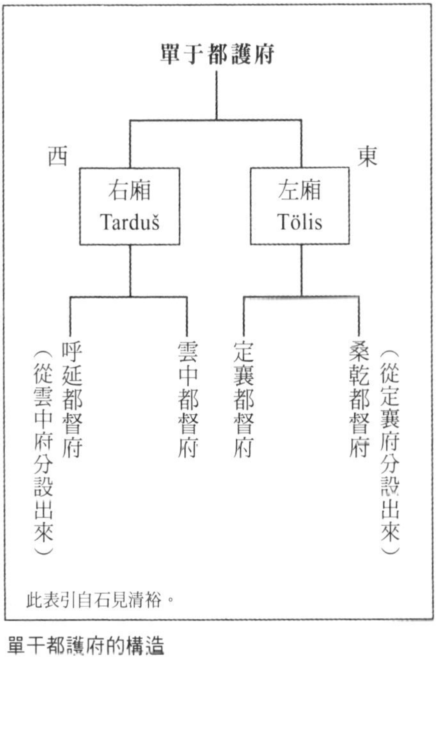

單干都護府的構造

祿部、悒怛部分別設置舍利州、阿史那州、綽州、賀魯州、葛邏祿州，由雲中都督府管理；蘇農部、阿史德部、執失部、卑失部、郁射部、多地藝失部則分別設置蘇農州、阿史德州、執失州、卑失州、郁射州、藝失州，由定襄都督府管理（這裡詳細記述是因為與第八章有關）。然後，由各自的族長出任各州刺史，其上則是任命阿史德氏、舍利氏的族長分別擔任定襄都督、雲中都督。原本的可汗家阿史那氏沒有出任都督，背後一定是經過唐朝周詳的考量。當然這些都督府也是羈縻府，雖然沒有明確證據，但是這兩都督府也是隸屬於燕然都護府之下，幾乎已是定論了。

在羈縻支配下的鐵勒諸部（主要是九姓鐵勒）爾後效命於唐朝且頻繁參與遠征活動（例如征討西突厥的阿史那賀魯或是遠征高句麗），但是六六〇年，一直以來的不滿情緒高漲，對唐朝舉旗反叛。經過幾次零星的戰事之後，六六二年由唐朝的鄭仁泰所率領、號稱一萬四千騎兵組成的軍隊遠渡戈壁，歷經一番苦戰，有賴於成為鐵勒安撫大使的蕃將契苾何力的驍勇善戰，終於在這場戰爭（唐朝的認定是鐵勒叛亂）獲勝。唐朝的軍威遠及蒙古高原的鐵勒諸部，這應該是第一次也是最後一次吧。接著，六六三年燕然都護府改名為瀚海都護府，移往回鶻的根據地即漠北的鄂爾渾地區，在漠南的雲中故城新設雲中都護府，從之前的定襄、雲中都督府又各自分設桑乾、呼延都督府，共四個都督府。這樣一來，就由瀚海都護府治理漠北的鐵勒諸部，雲中都護府治理漠南的突厥降戶。

雲中都護府在六六四年改名為單于都護府，瀚海都護府在六六九年再度改名為安北都護府。在漠北設置都護府才僅僅二十年，六八五年就撤離，而暫時把治所設置到位於河西額濟納地區（Ejin）的大同城。六八五年雖然發生同羅、僕固等部的叛亂，不過在那之前因為漠北遭遇大乾旱，九姓鐵勒全體都陷入困境，有許多難民在六八六年反而從鐵勒方面越過戈壁流入河西地區，於是大同城的安北都護府就成為收容機構。

另一方面，六七九年（調露元年）漠南的突厥再度發動獨立運動，導致單于都護府在六八三年淪陷，六八六年被廢止。復興突厥（第二帝國）的阿史那骨咄祿登上可汗大位是在六八二年（永淳元年），攻陷豐州是六八四年，所以整體而言，突厥、鐵勒諸部是從六四七年起的近四十年間，只能屈居在唐朝的都護府體制底下雌伏。然而，從突厥的碑文可窺知（參照二九〇頁），突厥本身對這段受屈辱期間的認知是從六三〇年開始算起的五十年間。突厥語、回鶻語裡對高官的稱號 totoq、čigši、čangši，在音韻上顯然是對應到漢語的都督、刺史、長史的中古漢語，因此這些外來語也是在這個時代固定下來的，幾乎是毋庸置疑。甚至在語言上，都清楚地留下在律令體制上受到異民族統治的痕跡。

與以下要敘述的唐朝踏足西域合起來，扣掉初唐時代的草創期，太宗、高宗兩朝的治世確實是唐朝堪稱世界帝國的巔峰時期。這個時代也與唐代實施良賤制度將百姓區分為「良」和「賤」兩種身分，國家用這樣的身分制維持一個自立的小農階層，並以直接統治他們的體制作為基礎，進一步實施均田制、租庸調制、府兵制等，從而完成中央集權律令體制的時期相重疊。

◎隋唐的踏足西域

到目前為止，主要是探討唐朝與北方勢力的關係，接下來讓我們把焦點轉向西方——在河西的正南方有吐谷渾汗國，以西的東土耳其斯坦則有多個綠洲國家，及後位處天山的山脈谷地中至天山北路草原的西突厥，還有在西藏高原以旭日高升之勢崛起的吐蕃（西藏）——探討這些西方國家的情勢。

從隋代到唐朝踏足西域的前夕，在東土耳其斯坦有高昌國、焉耆國、龜茲國（庫車）、疏勒國（喀什噶爾）、于闐國（和田）等西域主要的綠洲都市國家，各自擁有獨立的國王，作為絲路的要衝而發展起來。除此之外，粟特人和鄯善（舊樓蘭）人也在西域北道最東端的哈密（伊吾、伊州）地區形成殖民都市。這些國家除了漢人系的麴氏高昌國，其他幾乎都是以印歐語系的居民為主，土耳其系居民是極為少數的。儘管如此，這些國家雖然有程度上的差別，但仍全部受到遊牧土耳其族（高車、突厥、鐵勒、西突厥）的間接支配。

六三〇年，曾是唐朝建國的功臣，之後卻成為宿敵的東突厥終為唐朝所滅，西域情勢一下子轉為對唐有利。首先，六三〇年伊吾地區的粟特人首領石萬年率領七城一齊歸附唐朝。

時代往前追溯到五世紀以降，東部天山地區的間接統治者從柔然變成高車，接著又轉移到突厥、西突厥，但是七世紀初的六〇五年，迄今為止原本隸屬於西突厥的鐵勒部，出現了契苾歌楞蔛露頭角，他自稱易勿真莫賀可汗，稱霸東部天山地區後，便在伊吾設置監督官「吐屯」一職，派遣重臣到吐魯番盆地的高昌國，向往來的商胡（多為粟特商人）課稅。但是，之後在此地展開激烈的霸權之爭，六一〇年隋朝占據哈密，可是因為隋末的混亂再度回到土耳其族（然而不是鐵勒，而是突厥）的手中。就這樣子，到了六三〇年，哈密地區的粟特人首領們終究是放棄土耳其族，選擇向唐朝投降。於是，唐朝在哈密設置西伊州，六三二年改為伊州。

另一方面，過去是以印歐語系居民為主體的鄯善、且末為中心，位於塔里木盆地東南邊的羅布泊地區，從五世紀中葉或是六世紀初開始，就成為蒙古系的吐谷渾所支配的地區。在隋代，這塊地區曾經短暫地從吐谷渾汗國移到隋朝的手中，而到了唐初又再度回到吐谷渾的支配底下。

唐朝正式投入經營西域的開端，與其說是把哈密地區納入版圖的六三〇年，不如說是從六三四到六三五年，以奪取鄯善、且末地區為目的而發動的征討吐谷渾開始。吐谷渾汗國最終是在六六三年滅亡，雖然是因為吐蕃帝國的侵略，不過在六三五年李靖大將軍征服吐谷渾後，它就已經變為唐朝的傀儡政權。而且，在那之後，光是在太宗一代，唐朝在西域的勢力就已急速擴張。

六四〇年，唐朝滅掉高昌國，將此地改名為西州，在這裡設置安西都護府，接著六四四年和六四七年再度平定焉耆，六四八年平定龜茲，同年或是隔年六四九年派遣軍隊入駐焉耆、龜茲、疏勒和于闐，設置安西四鎮。也就是唐初在西域占有優勢的土耳其勢力，至此已被唐朝所取代。

◎西突厥的一時強盛

但是，只要西突厥在天山以北還健在的話，唐帝國的西域支配體制基礎就無法穩固。原本唐朝在建國之際受到東突厥的援助，所以背負來自北方的威脅和壓力，因此唐朝作為對抗策略，很早開始就試圖接近西突厥。六一一年即位的射匱可汗帶領西突厥再次強盛起來，取代鐵勒。六一七年左右其弟統葉護可汗繼位後，西突厥進入全盛時期。《舊唐書》卷一九四〈突厥傳下〉裡對西突厥有以下的敘述：

統葉護可汗，勇而有謀，善攻戰。遂北並鐵勒，西拒波斯，南接罽賓，悉歸之，控弦（騎射兵）數十萬，霸有西域，據舊烏孫之地。又移庭（宮廷）於石國北（實際為東北）之千泉。其西域諸國王悉授頡利發（給予間接支配下的國家以及民族首長的稱號），並遣吐屯一人監統之，督其征賦。西戎之盛，未之有也。

玄奘赴印度的途中，帶著高昌國王麴文泰的介紹信，在西部天山北麓的碎葉謁見（六二八年）並給予他旅行中安全保障的，就是統葉護可汗這號人物。《大唐大慈恩寺三藏法師傳》可以說是玄奘的遊記兼傳記，根據其中卷二的記載，可汗身穿綠綾袍，以一丈許的帛裹住辮髮往後垂，圍繞左右被稱為達官（達干）的高官兩百餘人皆穿錦袍，編辮髮。可汗所在的巨大帳篷，是用金線繡出花紋裝飾，絢爛奪目，可汗坐在舖上豪華厚墊的位子上，前面有諸達官在長毯上兩行侍坐，背後則有儀仗衛兵站立。

車次克
貝加爾湖
色楞格河
翰海
安北①
蒙古高原
烏蘭巴托
土拉河
參天可汗道
渾河
沙
漠
壁
大
興
安
嶺
黑
龍
江
哈爾濱
吉林
平盧節度使
海參崴
安北②
陰山山脈
范陽節度使
營州
遼陽
燕然
呼和浩特
單于
幽州
（北京）
安東②
平壤
安東①
河西節度使
大同
涼州
（武威）
靈州（靈武）
并州
（太原）
黃
河
朔方節度使
河東節度使
濟南
鄯州
蘭州
慶州
隴右節度使
開封
長安（西安）
鄭州
劍南節度使
揚州
南京
長
江
益州（成都）
武漢
杭州
長沙
福州
泉州
昆明
嶺南五府經略使
廣州
交州
（河內）
安南
珠
江
唐朝曾經擁有的最大領土
唐朝統治羈縻的最大領域
內是都護府名
○數字是移轉次數

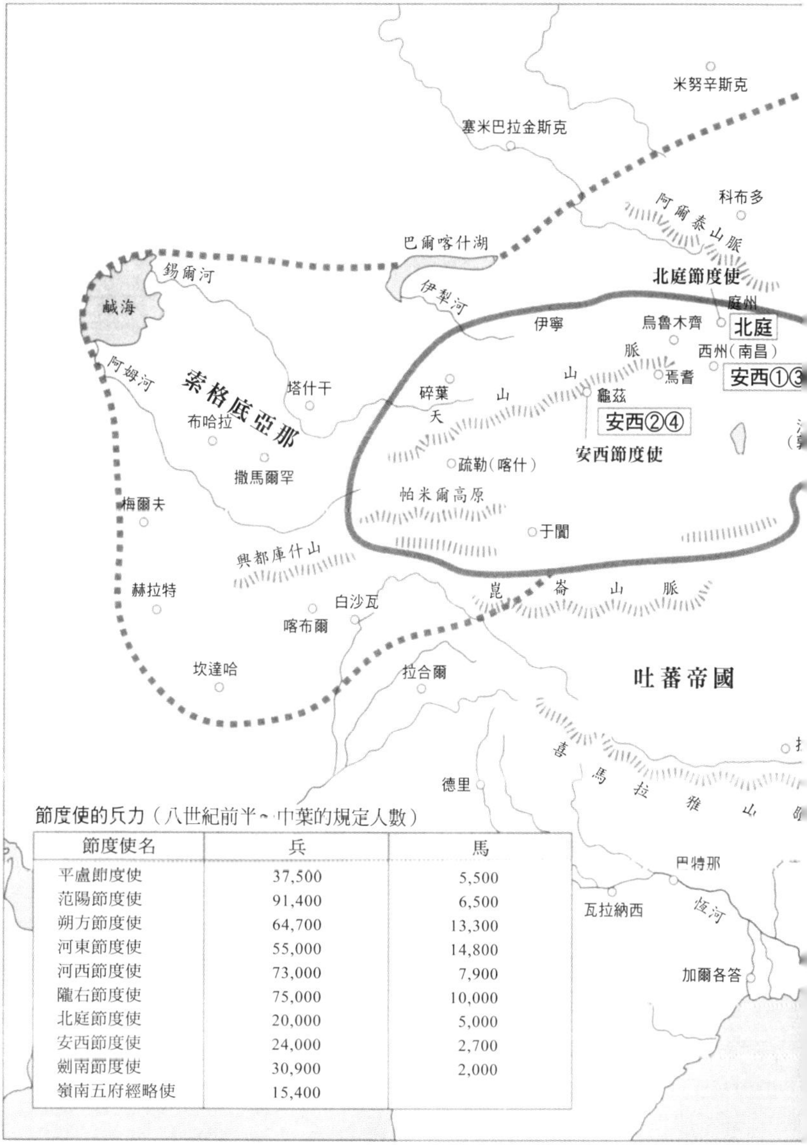

節度使的兵力（八世紀前半～中葉的規定人數）

節度使名	兵	馬
平盧節度使	37,500	5,500
范陽節度使	91,400	6,500
朔方節度使	64,700	13,300
河東節度使	55,000	14,800
河西節度使	73,000	7,900
隴右節度使	75,000	10,000
北庭節度使	20,000	5,000
安西節度使	24,000	2,700
劍南節度使	30,900	2,000
嶺南五府經略使	15,400	

唐朝的最大勢力圈與都護府、節度使的分布圖　七世紀的太宗、高宗時代是唐帝國的鼎盛時期，在八世紀勢力圈與領土逐漸縮小。

提到遊牧民的營帳等，一般容易被誤會為很簡陋，其實不然。例如可容納兩百人以上的大型帳篷的地板，一平方公尺的面積大約就會鋪上時價約一百萬圓、鑲有金絲的華麗絹毯，毛氈製成的牆壁，裡外都用豪華的絲錦等裝飾，時價少說也要花費數億圓。

時代往前追溯數十年，可以說是西突厥始祖的室點蜜可汗派遣手下的粟特商人摩尼亞赫（Maniakh），在突厥與東羅馬（拜占庭）帝國之間成功開拓絲綢的直接貿易，此時東羅馬派遣使節紮瑪爾克（Zemarchos）到訪位於天山山中草原的可汗宮廷。根據紮瑪爾克用希臘語寫下的報告，室點蜜可汗坐在牙帳中純金打造的可仰臥的椅子上，帳篷內部是用各種繽紛色彩巧妙編織成的絲絹來裝飾，還有別的帳篷也全都是覆蓋著絲絹並做裝飾，難怪連玄奘也會驚嘆道：「觀之，雖穹廬之君亦為尊美矣。」不是只有石造建築才能夠金碧輝煌。

相對於東突厥的勢力遠及天山東端的哈密地區，西突厥的實力則是維持在可汗浮圖城（之後的北庭）與之對峙。唐高祖為了牽制東突厥，與統葉護可汗聯手。根據桑山正進的研究，玄奘之所以會接受西突厥的庇護前往印度，是因為從統葉護的宮廷出發，剛到唐朝不久的印度僧波羅頗迦羅蜜多羅（Prabhākaramitra；六二七到六三三年在中國）的建議。可是，統葉護在與玄奘會面的同年六二八年被暗殺。之後，因為西突厥內部陷入權力鬥爭，以及西突厥和東突厥的勢力關係生變，使得西突厥和唐朝的關係變得相當複雜（參考舊版的《岩波講座世界歷史6》所收的嶋崎論文等）。在這裡簡單敘述的話，六四八年西突厥的阿史那賀魯一度在庭州（之後的北庭）歸附，承認唐朝的霸權，可是太宗歿（六四九年）後的六五一年，他又統合西突厥十姓（十部族）以及葛邏祿、處月等土耳其系各部族起兵叛唐，唐朝的西域支配體制瞬間瓦解。也就是在太宗手上推進的西域支配大業，也因為他的死去而遭受嚴重挫敗。

◎唐鼎盛期的西域支配

然而，唐朝為了打開這樣的局面，立即轉為積極的攻勢。前後三次出兵征討的軍隊人數總計超過數十萬人，唐朝耗費長達六年的時間，終於在六五七年擊敗西突厥取得勝利。突厥第一帝國的踏足西域和之後西突厥的西域支配，也因為阿史那賀魯的敗北而暫時告一段落。相反地，在這場戰役有功的西突厥王族阿史那步真和阿史那彌射，唐朝分別冊封為繼往絕可汗和興昔亡可汗，透過安撫西突厥的遺民，建構了比太宗時代更加穩定的西域支配體制。

從那之前開始，西突厥十姓（十部族）的領域是以伊犁河至伊塞克湖為界，分為東邊的五咄陸部和西邊的五弩失畢部，唐朝也沿襲這樣的區分，東西各設崑陵、濛池兩都護府，任命舊突厥王族的興昔亡可汗為崑陵都護，繼往絕可汗為濛池都護。安西都護府也在六五八年從西州移到龜茲，甚至在索格底亞那設置康居都護府，於是唐朝的勢力至此已經遍及西域全土。

可惜的是，興昔亡、繼往絕兩可汗似乎欠缺統帥部眾的能力，六五九年五弩失畢部之一的思結部的闕俟斤都曼率領疏勒和塔什庫爾干的士兵，攻擊于闐。一時間，唐朝的西域支配再次面臨挫敗的威脅，幸虧有猛將蘇定方的勇猛作戰才得以落幕。不僅如此，這次的叛亂被平定後，唐朝的影響力甚至擴大到西方，繼六五八年設置康居都護府之後，六六一年帕米爾以西的吐火羅、嚈噠、罽賓、波斯等十六國分別設置都督府，全部都歸在安西都護府的監督底下。

因為羈縻政策誕生出的都護府體制，是在律令下實施的異民族支配體制，在安西都護府治理下的西域，存在著按府兵制在內地徵召送往西域的士兵和在當地徵召的士兵而組成的多個軍團。而支撐軍團的費用需要相當龐大的庸調絹布（即政府徵調的勞役和絹布），每年都從內地運往西域。根據荒川正晴的研究，負責運送這些庸調絹布的商隊，在七世紀後半是由被徵召為徭役的人夫和馬丁組成，但是在八世紀前半，為了因應急速增加的運送量，委託包括粟特人在內的民間商人成為主流，因此在唐朝支配下的西域受惠於絲路貿易也愈來愈繁榮。

話雖如此，舊西突厥的遺民在七世紀後半以後也叛服無常，再加上終於北上的吐蕃帝國的勢力，讓西域情勢變得更加複雜。總之，就是唐、吐蕃和土耳其各族形成三方拉鋸的狀態相互競爭，詳細情形已經在拙著〈吐番的中亞進出〉以及〈中亞史裡的西藏〉討論過，在此省略。以下是相當簡略的說明。

六七〇年，吐蕃入侵于闐，迫使唐朝的安西都護府從龜茲退到西州，但是六九二年唐朝和舊西突厥系的突騎施聯合起來擊敗吐蕃，安西都護府又再度遷回龜茲，之後直到玄宗治世的前半為止，唐朝都保持著優勢。但是，在武則天設置北庭都護府的七〇二年前後，突騎施在天山以北崛起，雖然七一〇年一時屈服於從東方來的突厥第二帝國的遠征軍，不過隨後立刻復興，甚至更加強盛。

另一方面，吐蕃在七世紀後半從帕米爾地區進出西域，但是八世紀前半卻被迫雌伏。進入八世紀後半，唐朝在西域的勢力因為安史之亂而衰退，吐蕃從西方的帕米爾地區和東邊的河西、羅布泊地區兩方進入塔里木盆地南端，另外來自北方的回鶻也逐漸擴張勢力。於是，從八世紀末到九世紀中葉，東土耳其斯坦分別是由回鶻支配北半部，而吐蕃支配南半部。

（參照本書終章）

◎隋唐是「征服王朝」？

自古代帝國——漢朝滅亡以來，歷經了數百年的大混亂和民族遷徙期，在隋唐時代中國再度迎接統一。對隋唐帝國而言，足以對天下造成威脅的強力對手是高句麗、奚、契丹、突厥、突騎施、鐵勒、回鶻、吐谷渾、吐蕃，因為這些民族以及國家擁有大量依中央歐亞東部草原地帶維生的遊牧騎馬民集團。隋唐本身也是以自北魏以來的鮮卑系集團為其核心，與比起上述諸民族更早移動到中國本土、被稱為五胡（匈奴、鮮卑、氐、羌、羯）的遊牧民整體，以及在人口上壓倒性占多數的漢人農耕民結合起來建設的帝國，因此統治層可以說來自同一根源。但是，他們的統治理念卻逐漸「漢化」。

也就是說，政治理念是基於儒教思想的律令制，宗教則是中國傳統的泛靈信仰受到經由絲路傳來的佛教刺激而形成體系的道教，或者是東傳後經過數百年幾乎成為固有宗教的中國佛教。不管是哪一個都必須具備「漢文」的素養，因此又被稱為「漢化」，這也是中華主義者經常過度評價、誇大化的現象。

然而，當然除了佛教原本就被視為胡族的宗教以外，也不要忘記律令制的具體特徵如均田制、府兵制、租庸調制裡面，不只是府兵制，連均田制也帶有北族的要素。所謂的「漢化」是程度之差而已，我認為不能夠因為「漢語」是宮廷語言、統治語言，就將隋唐與遼、西夏、金、元、清這樣層級的「征服王朝」（中央歐亞型國家）等同並論。

雖然褒貶毀譽如此極端，不過可以說是天才型戰略家和政治家的隋煬帝和唐太宗李世民，統治名實相符的世界第一大領土與人口，靠著大運河建立起世界第一的經濟力，為何不專注於充實內政而是執著於外政呢？在這裡，我認為隋朝和初期的唐帝國雖然將重心完全移到農耕地帶，在文化上與漢文化融合，可是並未失去身為遊牧國家即武力國家的本質。因此雖然是一時的，可是戈壁沙漠這樣的天然國界，在這個時代卻消失了。要注意，這是在之後的蒙古帝國／元朝和清朝也可以看到的現象。

煬帝在某個程度上成功地壓制了吐谷渾和突厥，但是遠征高句麗失敗而自掘墳墓，太宗也成功地滅掉吐谷渾和東突厥，可是在遠征高句麗（六四五、六四七、六四八年三次）上卻是生涯唯一嚐到敗仗的苦果。在那以後，唐朝仍然與再度興起的突厥（第二帝國）或是鐵勒、奚、契丹、突騎施、回鶻、吐蕃這樣的遊牧民集團以及國家之間，重覆著戰爭和和親，不管是何者都投入了大量的精力、金錢和財物。如果是從唐朝方面來看，此舉無疑是浪費，可是這些流入邊境的金錢財物也直接促進絲路貿易的活絡。

唐朝皇帝是名副其實的天可汗，並且成為真正的世界帝國，不是到八世紀中葉發生安史之亂為止，而是到幾乎是繼承父親太宗遺產的高宗時代為止，亦即透過以府兵制為基礎的都護府、都督府、鎮戍防人制[1]的羈縻統治得以維持住實質成效的，僅限於七世紀而已。七世紀末的武則天時代，即使是突厥復興出現強大的突厥第二帝國，唐朝在東土耳其斯坦的經營上也還是一帆順遂，在文化上也迎接了最輝煌燦爛的時代，可是在被稱為盛唐的玄宗治世（開元、天寶年間），帝國衰亡的徵兆已經開始萌芽了。

1 即邊境上的警衛制度，由二百五十四個鎮、三百三十二個戍的鎮將和戍主，率領「防人」而組成。

第四章 唐代文化的西域嗜好

唐代戴帽騎馬仕女俑　泥塑彩繪，通高 0.39 米，新疆吐魯番阿斯塔那一八七號墓出土。

酒店裡的胡姬

◎石田幹之助的名著《長安之春》

暫且不論近現代，提到近代以前的人類史，成為歷史學史料的文獻當中，留下關於風俗文化或日常生活的資訊其實相當稀少。如果聯想到報紙或是日記，就可以清楚地了解到，記錄這個東西並不是寫下每天重複的事情或是日常生活的雜事，也就是對同時代人來說看似理所當然的事情，反倒是偏重於不同於日常的稀奇事件或是傳達重要情報等。而文化或者風俗，並非以一個禮拜或是一個月為單位發生變化的東西。

中國史上，唐代被認為是最具有國際色彩的世界帝國，石田幹之助對於那裡究竟是過著什麼樣的生活，又是何種外國文化流入的研究投入心血，並寫下《長安之春》（一九四一年刊），他把焦點放在作為歷史史料不過是第二手史料的文學作品，尤其是唐詩，嘗試突破上述的瓶頸。這本書之後經過平凡社作為東洋文庫系列的一冊被復刻時，加入了我的恩師榎一雄的解說，若引用他的話，那就是：「收錄在《長安之春》的各篇能夠吸引讀者，是因為那裡瀰漫著溢於言表的餘韻，而那股餘韻可以讓讀者發揮無限的想像空間。餘韻的瀰漫，正是博士作為材料旁徵博引的文學作品所帶來的效果之一。」

話雖如此，以唐詩為首的文學作品始終是出自同時代人之手，身為歷史學家的石田博士並不會恣意添加無中生有的想像來彌補空白。能夠被譽為罕見的名著，這就是關鍵所在。近年，坊間充斥著小說家所寫的所謂歷史作品，要說是熱心也好，抑或是多事也行，本來真正的歷史家應該留下的餘韻部分，他們卻完全憑著想像，過度「創造」那些根本不可能存在的故事。針對這樣的現況，恩師榎一雄批評是「打著歷史名號編造的故事四處橫行」。對閱讀能力有自信的讀者，請務必挑戰《長安之春》這本書。

◎胡俗的大流行

唐代是胡風、胡俗相當盛行的時代，因此被稱為具有「國際性」。不只是胡服、胡帽等服裝，甚至是胡食、胡樂、胡妝也受到朝野人士的歡迎。《舊唐書》卷四十五〈輿服志〉記載「太常樂尚胡曲，貴人御饌，盡供胡食，士女皆竟衣胡服」。這個《舊唐書》的內容應該是敘述唐代普遍的風潮，但是《安祿山事蹟》卷下，記載「天寶（七四二～七五六年）初，貴游士庶好衣胡服，為豹皮帽，婦人則簪步搖（隨著步行而搖動的明亮頭飾），衩衣之制度，衿袖窄小。識者竊怪之，知其（戎）兆矣」，顯然是在指盛唐玄宗時代的現象。甚至，作為熱血政治家活躍於九世紀前半的詩人元稹，他在題名為《法曲》的樂府詩裡，歌詠「女為胡婦學胡粧，伎進胡音務胡樂」。或是「胡音胡騎與胡妝，五十年來競紛泊」。紛泊是表現出「健步如飛之意」，指的是流行迅速散播開來的樣子，所以可見即使到了安史之亂後的中唐，胡風依舊沒有衰頹的跡象。

漢語的「胡」是個依據文脈指涉會有所不同、使用上自由無礙的詞，但是按照時代和地區則有一定程度的規則性。直到前漢為止，古代的胡是指匈奴，五胡十六國時代的五胡則是由匈奴、鮮卑、氐、羌、羯代表的北方至西北方的遊牧民，但是從過渡期的東漢開始，胡也已經可以用來指以粟特人為首的西域人。而且，在魏晉南北朝時代依然是遊牧民的意思占優勢，可是隋唐時代愈來愈多的情況是指西域綠洲都市國家的人。然而，令人棘手的是古代用法也依然延續下來，所以有些時候突厥、回鶻等也被稱為胡。總之，「胡」是帶給中國強烈衝擊的「外國人、異國人」之意。

◎詞語裡的「胡」

眾所皆知，詞語裡有「胡」字的胡桃、胡瓜、胡麻（芝麻）都是西域的綠洲農業地區的產物，在北方草原無法生長，所以這些作物是前漢張騫帶來的傳說完全是虛構的，很輕易就被拆穿。前漢所說的「胡」指的是北方草原民族，因此照這道理，「胡麻」也應該是「匈奴傳來的麻」才對，可是這樣一來就牛頭不對馬嘴了。事實上胡麻是由張騫「從匈奴帶入中國」的傳說，是從宋朝才開始出現的。如果是在唐朝之後的時代，那麼胡麻是指「從西方綠洲農業地帶傳入的芝麻」，就任何人都能夠理解了。

雖然無法判斷胡坐（盤腿坐）是來自北方抑或西方，但是胡牀（椅子）、胡瓶（水壺）、胡粉（脂粉）、胡椒應該還是從西方傳來的東西吧。胡椒是東南亞和印度的特產，可是在中國印度產的胡椒最初是經由西域傳入的。

另一方面，胡食指的是沒有透過酵母菌發酵的餅以及炸餅、蒸餅之類的（胡餅、燒餅、油餅、爐餅、煎餅、胡麻餅），不管是哪一個都是從西亞或中亞傳入的吃法以及食物。說到底，在三世紀左右以前的東亞本來就沒有「粉食」文化，而是將穀物直接用顆粒狀進行蒸煮食用的「粒食」文化，所以才會從西方傳入把麥類磨粉後製餅或製麵食用的粉食文化。原本漢語的「麵」指的不是拉麵、烏龍麵、蕎麥麵之類的麵食，而是「麥粉」的意思。「餅」就是烘烤麥粉製成的食品，也就是麵包類的食物，而不是用糯米製成的「麻糬」（日語稱為「御餅」）。爐餅是「用爐灶火烤的餅」，煎餅是「用油煎的餅」。粉食是沿著西亞到中亞的綠洲農業地帶傳播而來的，所以胡食的胡指的是西域，這是無庸置疑的。還有，後面會敘述到，所謂「胡樂」幾乎都是指西域音樂，而且很多是來自東土耳其斯坦的音樂。

◎胡服的由來

若是現代日本人，不管是誰都身穿貼身的褲子，開襟且兩袖細長（所謂的筒袖）和下襬較短的上衣，也就是穿著洋服，意思是明治時代從西洋傳入的服裝，而不是指東洋的服裝。但是，實際上這個服裝可回溯到距今約三千年前，出現在中央歐亞大草原的騎馬遊牧民族，為了方便騎馬射箭而改良的。之後，就如大家所見的，這種服飾普及到全世界。洋服會配戴皮帶和靴子，也是來自騎馬遊牧民族的穿著。

司馬遷的《史記》裡面描述，戰國時代趙國的武靈王（在位期間為西元前三二五～前二九九年）是如何從和北方強力遊牧騎馬民族集團的對戰當中，在趙國採用「胡服騎射」習俗的過程。這個時代的胡指的是北方的遊牧民族——匈奴。直接騎馬射箭的騎兵，比起馬匹牽引的兩輪以及四輪的戰車還要具有機動力，因此當中國仿效這樣的戰法時，連同服裝也一併採納。而且，從之後的漢代到魏晉南北朝，經歷了漫長的時期，過去的「胡服」也被編入中國文武百官的朝服或是便服，這樣的由來卻不知不覺地被淡忘了。

因此，在唐代突然再度受到矚目的「胡服」，照理說應該不是指過去從遊牧民族那裡引進的服裝，而是新式的「西方傳來的服裝」或「西域風趣的服裝」。依照繪畫資料來推測的話，看樣子是袖子細長的筒袖，還有較寬的領口反摺，很多都是前面鈕扣式的。玄奘的《大唐西域記》卷第一有關粟特整體的序文裡，提到他們的服裝是「裳服褊急」，也就是「褲子和上衣的幅度較狹窄，剛好貼合身形」。

◎胡姬來自何方？

石田幹之助的描述是「唐代異國興趣的主要潮流可以說盡是伊朗系文物」，可是從現代來看，這樣的結論需要做一些修正。石田認為離中國最近的西域即塔里木盆地地區，也就是天山南路的西域北道與西域南道整體是伊朗文化圈。西域南道的于闐確實是說伊朗系的于闐語，可是西域北道的龜茲或焉耆則是使用不同系統的龜茲語（＝乙種吐火羅語）或阿耆尼語（＝甲種吐火羅語），而且不管是哪種語言的文字都是屬於印度起源的婆羅米文或是佉盧文，同樣是印度文化圈或佛教文化圈。因此，應該是「唐代異國興趣的主要潮流是包含伊朗系、印度系、吐火羅系的西域文化與文物」更貼近真實的情況。

至於體現這種西域文化的，就是接下來要介紹的胡姬，以及胡旋舞、胡騰舞的舞者即胡女、胡兒。姑且可以想像他們的臉部輪廓是充滿異國風情的「外國人」，尤其是年輕女性或少年。

《少年行》　李白

五陵年少金市東，
銀鞍白馬度春風。
落花踏盡遊何處，
笑入胡姬酒肆中。

（白話譯文）

住在郊外高級住宅區的少年們，走在長安西市的東邊熱鬧街道上，
騎乘著佩戴著銀鞍的白馬，如沐春風瀟灑而過。
踏著散落一地的落花，要到哪裡享樂呢？
在笑語喧嘩中走進美艷胡姬所在的酒肆裡。

《白鼻騧》　李白

銀鞍白鼻騧，（騧＝一種奇特的黃馬）
綠地障泥錦。
細雨春風花落時，
揮鞭直就胡姬飲。

（白話譯文）
白鼻的黃馬佩戴著銀飾馬鞍
裝飾著綠底刺繡的擋泥用錦緞。
下著綿綿細雨，春風吹拂的落花時分，

兩首詩都是春天花朵盛開的時期，以騎馬少年和酒場胡姬為主題，詩裡運用的色彩對比美得像幅畫。第一首確定是描寫長安的情景，詩裡的「少年」也不是小孩子，而是名門富家子弟或是無賴遊俠之徒，不管是何者，都是出身於極盡豪奢之階級的年輕人。

雖然第二首詩並沒有被斷定是歌詠長安的風景，可是這樣解讀也不為過。在夏天酷熱而冬天嚴寒的長安，春天是一年當中最舒適的季節，立春的節氣之後是雨水，淺紅色的杏花如雲朵般簇擁盛開，接著是李花開始含苞綻放，如果聽到驚蟄的聲音，就表示桃花齊開，過了春分就是春意正濃的時節，薔薇、海棠、木蘭、桐花、藤花等陸續綻開爭奇鬥艷，風兒一吹就散落一地。兩首詩裡白馬踏過的落花是哪一種類的呢？再怎麼說，要稱得上是長安的春花之王，莫過於農曆三月的牡丹，可是牡丹在市場上是作為把玩欣賞或比賽用，是相當昂貴的，因此並非路邊種植的花種。另一方面，當時薔薇雖然遠遠不及欣賞用的牡丹，但是把花瓣搗碎後做成的香水——薔薇水相當受到珍視，甚至還為此而特地從波斯千里迢迢地運來高級品。

八到九世紀擁有世界最多人口的花都長安，在文化上也呈現出百花齊放的絢爛景況。在序章描述過，長安甚至有書店而且相當興盛，在熱鬧市集裡充滿貴族、官僚、文人墨客或是軍官和遊俠之士，北方的突厥或回鶻等遊牧國家的使節或客人，西域的商人、工匠、藝人或宗教相關人員，東亞各國來的留學生或留學僧等，可謂紛沓而來。偶爾也有透過海上路線從南方上來的東南亞或印度海岸地區的人士，甚至也有來自更遠的波斯、阿拉伯的人混雜其中。

在擁擠的人群中，身穿流行胡服的年輕人騎馬疾馳而過。胡服是筒袖上衣和褲子的組合，當然需要皮帶和靴子，有時候甚至會搭配帽子。另一方面，佩掛華麗馬具裝飾的馬匹，若是以現代而言就是高級跑車。新式的胡服配上高級跑車，再加上被稱為胡姬的高級俱樂部外國女侍或是舞者，沒有比這樣的組合更加引人注目的了。

像這樣子，以唐代長安為首的大都市酒樓、餐館或旅館內的酒場與歌廳裡，胡姬盛裝打扮，或是為了誇示年輕而略施淡妝，或是濃妝豔抹，薰染著異國的名香接待客人。當然，很多都會選擇姿色特別出眾的年輕女子作為酒場的台柱，不過這些胡姬不單是酒宴中的陪侍，大多數應該都還兼具了歌舞能力吧。

那麼，可以如此讓唐代詩人為之瘋狂的胡姬，究竟是什麼樣的女性呢？先撇開論證只講結論的話，胡姬是擁有綠色或藍色眼瞳，眼眸深邃，留著亞麻色、栗色或深褐色的捲髮，還有高挺的鼻子和白皙膚色的高加索人種的女性。對黃色人種（蒙古人種）黑眼、黑髮、直毛的東亞人士而言，不難想像這樣充滿異國情調的美貌是如此令人目眩神迷。雖然白色人種

（高加索人種）廣泛分布在中亞至歐洲，不過來到中國的胡姬是裡面的索格底亞那、花剌子模、吐火羅（舊巴克特里亞、現今阿富汗北半部）、波斯等，出身自使用伊朗系語言（分別為粟特語、古花剌子模語、巴克特里亞語、中世波斯語）地方的女性們。

在過去的歷史類作品、唐詩解說書籍、各種辭典類裡面，這些「胡姬、胡兒」雖說是伊朗系，卻幾乎都被視為是西亞的波斯人，不過根據最近歷史考古學的成果，認為她們反而應該是指中亞的粟特人。尤其是透過成果斐然的墓地考古挖掘，以胡旋舞或胡騰舞為主題，刻有浮雕的石製葬具，有不少都是從在中國北部的陝西、山西、寧夏發現的粟特人墓出土的。另外也可以作為參考的是，曾經被稱為波斯薩珊銀器的物品，其實有很多是粟特銀器。

當然也有例外，所以在論述時需要很慎重。因為石田幹之助把胡姬定義為「伊朗系的婦女」，儘管他本身認為伊朗系的胡姬是以粟特女性居多數，但是之後的文學家單純地把伊朗替換為波斯來解讀，導致誤解蔓延開來。居住在從波斯灣到裏海的伊朗本土的波斯人，與出身阿姆河至錫爾河間各綠洲都市的粟特人，雖然有很多類似之處，不過還是必須嚴正辨別。例如即使在近現代，感覺就像區分法國人和義大利人、德國人和荷蘭人，也是很普通的吧。若將粟特人和波斯人並列論之，不管過多久都無法修正錯誤的印象，因此我在此為個人的言論負責，敢斷言胡姬就是「粟特人的年輕女性」。

胡旋舞與胡騰舞

◎魅惑的胡旋舞

西域的歌舞、樂曲、雜技從久遠的漢代開始流入中國，在南北朝時代非常流行，可是最盛行的時期是隋唐時代。音樂部分要說起來，來自東土耳其斯坦各國的影響較占優勢，但是舞蹈部分則是西土耳其斯坦的粟特諸國比較突出。其中，到了唐代首見於紀錄的是胡旋舞。

《新樂府》之《胡旋女》　白居易（白樂天）

胡旋女，胡旋女。
心應弦，手應鼓。
弦鼓一聲雙袖舉，回雪飄搖轉蓬舞。
左旋右轉不知疲，千匝萬周無已時。
人間物類無可比，奔車輪緩旋風遲。
曲終再拜謝天子，天子為之微啟齒。

胡旋女，出康居，徒勞東來萬里余。

…………

（白話譯文）

跳著胡旋舞的女子。

其心配合弦樂器的演奏，雙手隨著大鼓的聲音擺動。

弦樂和大鼓一合奏，即舉起雙袖跳舞，

就像隨風飄舞的雪花，

或是被風吹散四處紛飛的蓬草，旋轉著，舞動著。

以為是向左旋轉，剎那間變成往右旋轉，不知疲倦，

幾千次幾萬次，似乎永無止盡。

跳舞的速度在這世上無可比擬，

甚至看似疾駛的車輪或是旋風，速度也太緩慢。

一曲結束後，向天子深深鞠躬致謝，

天子也不自覺地報之微笑和問候，

跳著胡旋舞的女性是粟特人出身，
千辛萬苦地越過一萬多里的路程來到東方……

胡旋舞的特徵，就在於高速旋轉，可是必須在被稱為「舞筵」的小塊圓形絨毯上面跳舞，不能夠離開絨毯一步。過去，石田幹之助或是同樣對唐代文化知之甚詳的美國漢學家薛愛華（Edward H. Schafer）都表示，所謂胡旋舞是站在鞠球上像雜技般的舞蹈，可是這應該是盲從前人的錯誤說法，把原來史料上的「毯」（絨毯）與相似的另一個字「毬」（＝鞠）混淆而傳播開來的一場誤會吧。再怎麼說，胡旋舞不是馬戲團，所以站在鞠球上高速旋轉跳舞是很奇怪的。敦煌千佛洞莫高窟的唐代壁畫裡，留下許多胡旋舞的繪畫，每一幅都是站在飾有穗帶的圓形舞筵上跳舞的姿態。

不只如此，一九八五年在寧夏回族自治區的鹽池

胡旋舞　舞者站立在圓形的小絨毯上，以高速迴轉的方式起舞。

縣，有六座屈霜你迦（何國）出身的粟特人家族墓出土，第六號墓的入口處有兩扇一組的石製門扉上面，分別刻有跳著胡旋舞的男性浮雕像，腳下是踏著舞筵，所以我確信在鞠球上跳舞的說法沒有復活的機會。實際上，這種舞筵經常是由粟特方面進獻給唐代的，往往都是編織著連珠紋等的毛織物。連珠紋是從波斯或索格底亞那傳到東土耳其斯坦、北中國和日本的紋飾，廣為人知。日本奈良法隆寺內聞名的「四騎獅子狩文錦」上面也看得到。

胡旋舞最大的看頭就是為了顯示出精湛的高速旋轉，舞者雙手會拿著彩帶揮舞。敦煌莫高窟的唐代壁畫中出現的胡旋女，以及推定為七世紀末左右、從鹽池縣出土的粟特人墓石製浮雕的胡旋男子，也都是手拿著彩帶旋轉的姿勢。那裡描繪出彩帶的躍動感，讓人聯想到正如白居易說的「回雪飄搖轉蓬舞」。

男性也會跳這種動作激烈的舞蹈，不只是包括武則天的內侄且在突厥第二帝國度過俘虜生活的武延秀，或是從紀錄可知安祿山也對胡旋舞相當擅長，透過鹽池縣粟特人墓出土的石製門扉的浮雕就更加清楚，可是從詩或壁畫裡面看到的幾乎都是女性。敦煌壁畫的女性是光著腳且半裸的身體裹著絲絹製成的薄裳，配戴著首飾和手環，可以說像是韻律體操裡的彩帶舞競賽。雖然在現代，韻律體操的女性也會充分展露出肢體的美感，但是在那個平常要看到女性的肌膚豈止很稀罕，就連壁畫、繪畫或銀器的紋飾裡也不會描繪裸女像的時代（石渡美江），胡旋女是多麼令人目眩神迷啊！東亞並沒有裸身示人的文化，因此也有看法認為敦煌畫不過是誇張表現而已，可是如同詩文裡描述的，如果僅穿著若隱若現的薄裳「羅」（質地輕軟的絲織品）跳舞的話，就足以讓世上的男性們著迷不已。

◎跳躍的胡騰舞

另一種很容易與胡旋舞混淆的是胡騰舞。這種舞蹈不像胡旋舞是以高速旋轉為主，而是運用全身騰躍、環行且充滿動感，以為要蹲下的瞬間卻急蹴往上躍，伸展肢體往後弓就像弦月般，總之是變化豐富的激烈舞蹈，因此與胡旋舞共同被分類在健舞的項目裡。雖然在相當耗費體力這一

唐朝胡騰舞銅像　出土於蘭州地區，動作躍然如生，是唯一僅見的珍品。

點是相同的，可是胡旋舞即使是男性跳起來也是屬於較為優雅的舞蹈，相較之下，胡騰舞就比較像特技體操般，在動作上以勇猛剛健見長。

《胡騰兒》　李端（中唐詩人）

胡騰身是涼州兒，
肌膚如玉鼻如錐。
桐布輕衫前後卷，
葡萄長帶一邊垂。
帳前跪作本音語，
拾襟攪袖為君舞。
……………

李端的詩光是往下讀就能夠感受到氛圍，因此這裡省略白話譯文。舞者是胡人出身，從「肌膚如玉般光滑白嫩，鼻子高挺如錐」的形容可知應該是高加索人種的特徵，可是若考慮到他是出身於粟特人聚集地的涼州（武威），大概可以斷定舞者為粟特人。甚至，從下面的詩中，可以看到舞者乃是石國即塔什干出身的胡兒，更可以確定是粟特人。

《王中丞（王武俊）宅夜觀舞胡騰》 劉言史（中唐詩人）

石國胡兒人見少，
蹲舞尊前急如鳥。
織成蕃帽虛頂尖，
細氎胡衫雙袖小。
手中抛下蒲萄盞，
西顧忽思鄉路遠。
跳身轉轂寶帶鳴，
弄腳繽紛錦靴軟。
四座無言皆瞪目，
…………

（白話譯文）

中國之人少見（索格底亞那的）塔什干出身的胡兒，
蹲在酒桶前跳舞時如鳥兒般敏捷，
用色絲或金絲編織的蕃錦（異國錦）帽子是中空而頂尖，
高級棉織品的異國風衣裳兩袖窄細。
舞動的手拋下喝完的葡萄酒杯，
往西望時，腦裡忽然掠過故鄉的遙遠路途。
身體躍跳舞動，像車軸般的旋轉，裝飾（鈴鐺等）的皮帶發出聲響，
俐落的舞步更凸顯出繽紛柔軟的皮靴。
滿堂的賓客不發一語，大家都瞪大了眼睛欣賞著，
…………

過去，胡騰舞多被認為是女子舞蹈，但是我認為這是男子舞蹈。胡兒、胡騰兒的「兒」並不是男女兒童的意思，應該是指男性，而胡兒是與胡姬呈現對比的詞語吧。胡騰舞是激烈跳躍的舞蹈，舞者是頭戴用華麗花樣或珍珠裝飾的粟特傳統三角帽，身穿的輕衫或胡衫是由高級棉布或絹製成、像彩色襯衫般的薄裳，腰間繫有葡萄唐草紋的皮帶，為了方便行動而腳

穿柔軟的靴子。還有，舞者會隨興在中途停止跳舞，拿杯葡萄酒一飲而盡，再帥氣地丟掉酒杯等的橋段。

動作激烈的健舞，除了胡旋舞、胡騰舞以外，為人所知的還有劍器、稜大、柘枝等，相反地動作緩慢柔和的軟舞有涼州、甘州、蘇合香、綠腰、屈柘等，但是這些舞蹈的具體內容幾乎尚未明朗。在酒場陪侍且擅長歌舞樂曲的胡姬，應該是比較適合輕柔的曲調和優雅的舞蹈。但是，在高級酒場或酒樓應該會出現能夠跳如此充滿魅惑的胡旋舞的胡旋女，所以胡姬當中也必定存在著胡旋舞的高手吧。

◎胡旋舞、胡騰舞的故鄉和新贊助者

將胡旋舞的舞者胡旋女作為貢品獻給唐朝的有康國（撒馬爾罕）、米國（弭秣賀）、史國（羯霜那）等，都是索格底亞那的國家。在白居易的《新樂府》裡，胡旋女是康居出身，然而把綠洲都市國家的康國與遊牧民族的康居混淆在一起是當時的通病，毫無疑問地這裡一定是指康國出身。儘管如此，康國也經常成為索格底亞那的代名詞，從各種史料可窺見位於索格底亞的有以撒馬爾罕為中心的都市國家聯盟與以布哈拉為中心的都市國家聯盟，分成兩派勢力。因此，白居易說的是康居並非康國，說不定意思指的是以撒馬爾罕為中心的都市國家聯盟。

關於胡姬的「胡」容易造成文學研究者或一般讀者的誤解，因此石田幹之助在論述上相當謹慎，他也明確指出胡旋舞、胡旋女的「胡」簡潔了當就是指粟特的「胡」。因此，這些胡旋女當然也被歸屬於胡姬的類別。在敦煌壁畫當中，跳著胡旋舞的女性是作為佛教壁畫的一部分而描繪的，因此容貌上像菩薩般較為中性，難以掌握其人種特徵，但是比起蒙古人種，應該可以判定為高加索人種。

可以看到胡旋舞、胡騰舞的場所，除了宮殿或貴族的宅邸、熱鬧市街以外，地方都市的藩鎮（節度使、觀察使等）宅邸也可看到。節度使是盛唐以後設置的地方軍政長官，觀察使是地方民政長官，前者身兼後者掌握全權的情形也不在少數。詩人劉言史是在王中丞的宅邸內舉辦的豪華宴會上看到胡騰舞的，而王中丞就是指王武俊。王武俊雖然有漢名，實際上是契丹族出身，最初是跟隨史思明的武將李寶臣（本名為張忠志）而發跡的人物。安史之亂後，在所謂的「河朔三鎮」有勢力的武將們受封領地，其中之一的李寶臣成為初代的成德軍節度使，建中二年（七八一年）李寶臣歿後，由王武俊繼承職位，也被任命為御史大夫。但是，這首詩裡的王武俊被稱為中丞即御史中丞，應該是成為節度使之前的事情。這樣的話，王武俊的宅邸是位於成德軍節度使的根據地恆州（之後的鎮州、現今河北省正定縣）內，而這首詩應該是七六〇年代後半至七七〇年代的作品，歌詠在宅邸內看到的景象。

原本就是拓跋系政權的唐王朝本身，帶有濃厚的異民族色彩，但是與之對抗的安史勢力的這種異族性傾向甚至更加強烈，不只是安祿山、史思明這樣的粟特系突厥（突厥人和粟特人的混血，或是突厥化的粟特人等），包括粟特人、突厥人、契丹人等也都集結起來。故此，安史勢力殘存下來的河朔三鎮的武將們，會成為胡旋舞、胡騰舞的新贊助者，絲毫不令人驚訝。

最近，根據森部豐對唐代恆州的開元寺三門樓石柱銘文的探討，七世紀末有粟特人或者是他們的後裔集團居住在恆州附近。若是如此，在王武俊身邊備受禮遇的文人劉言史的詩裡，塔什干出身的粟特人舞者「西顧忽思鄉路遠」，也許是在本國被伊斯蘭勢力占領以前來到唐代的粟特人，在感嘆已經回不去的故鄉吧。

七五一年的怛羅斯戰役之後，索格底亞那本國已經完全落入阿拉伯的阿拔斯王朝支配下，逐漸伊斯蘭化。根據《冊府元龜》卷九七二的記載，寶應元年（七六二年）十二月黑衣大食（阿拔斯王朝）與石國，《舊唐書》卷十一的記載則是在大曆七年（七七二年），索格底亞那的康國、石國與大食或回鶻並列，向唐代進貢。由此可窺見，為了讓粟特各國持續進行朝貢貿易，阿拉伯方面還是讓他們保留住獨立國家般的體面。因此，無法認定說粟特人的商業活動伴隨本國的伊斯蘭化而凋零。正因為如此，由第二章引用的伊斯蘭史料《世界境域志》的摘錄可知，索格底亞那即使到九到十世紀，依舊是作為遠距商業的中心地而蓬勃發展。

音樂、舞蹈及主角們

◎西域音樂的盛行

在現代，作為娛樂產業的代表可以舉出音樂和舞蹈，但是這些本來是用於宗教儀式，之後則是用在以國家為首的共同體儀式上。在中國，尤其是儒學重視禮樂，因此音樂乃是理想政治的必要條件。從春秋戰國時代起到儒教成為國教的漢代為止的中國音樂，並沒有太多娛樂性質，但是到漢代為止包括樂器的種類，也已經相當發達。

然而，到了魏晉南北朝時代，外來音樂傳入後，娛樂性質就以猛烈之勢急速增加。稱得上古代音樂的淵藪只有西亞、印度、中國這三者，但是西亞尤其是伊朗的音樂與印度的佛教音樂，伴隨著新樂器通過中亞傳入中國，這樣的傳播在唐代達到最高潮。與前面的朝代相比，唐代的樂器種類多達三百種，相當豐富。若沒有外來音樂的傳入與樂器的發展，就不可能造就唐代的音樂或音樂詩的繁榮。

西域音樂的流入也與粟特人有密切關係，下列引用的詩可以作為明證。

《聽安萬善吹觱篥歌》　李頎（盛唐進士）

南山截竹為觱篥，
此樂本自龜茲出。
流傳漢地曲轉奇，
涼州胡人為我吹。
旁鄰聞者多嘆息，
遠客思鄉皆淚垂。
……

（白話譯文）

在（長安南郊的）終南山截來竹子做成篳篥，

用這種樂器演奏的音樂，原本是起源於龜茲。

它傳入中國後的曲調更為優美動人。

涼州胡人（安萬善）為我們吹奏，

在一旁的聽者感慨嘆息，

從遠方（西域）來的客人們想起故鄉，個個垂淚。

甘肅的涼州（武威）有大型粟特人集團在此居住，而且涼州以安姓的粟特人居多，他們的故鄉是布哈拉，在這裡形成了粟特人聚落，這先前已經詳述過。安萬善應該也是其中一員。只有這首詩把觱篥（＝篳篥）解釋為龜茲起源，可是實際上觱篥是包括安國樂、龜茲樂在內的西域音樂廣泛使用的樂器。根據岸邊成雄的研究，龜茲曾經是西域音樂的最大中心地，因此這首詩在知識上稍微有些混淆。

自古以來作為絲路要衝、位於河西走廊的涼州，從南北朝末期開始就成為粟特人的集居地，到了唐代，這裡是劍舞、跳擲、獅子舞、胡騰舞等舞蹈相當盛行的「百戲競撩亂」（元積，《西涼伎》）之地。

岸邊成雄把一生都奉獻在東洋音樂史的研究上，其中他對唐代音樂的造詣尤其深，因此以下引用的總結具有相當重要的意義。唐代是「合奏的樂器編成比起當今日本雅樂的管弦（八種）還要更加豐富。而且，除了笙以外，我認為還有其他彈奏和音的樂器，所以和音的大管弦樂可以說是唐代音樂的主體。如果想到同時代（七到九世紀）的歐洲是單旋律的教會聲樂占優勢，就不難想像唐代音樂的先進程度了。」（岸邊成雄，〈唐代樂器的國際性〉）

◎唐代音樂的種類

即使娛樂性質提高，或是供為民間的遊興之用，但是唐代音樂的最大贊助者還是皇族、貴族和高級官僚。在初唐，太樂署所管的十部樂（十部伎）具有權威，在國家、宮廷的正式活動或宮殿、貴族宅邸、大寺院的公私宴會上進行演奏。唐代的太常寺（相當於近代的教育部）有掌管雅樂、俗樂、胡樂、散樂的太樂署和掌管軍樂的鼓吹署。

「雅樂」是基於儒教的禮樂思想，作為祭祀儀禮用的音樂舞蹈。但是，十部樂當中只有讌樂繼承下來而已。「俗樂」並非指民間的通俗音樂，而是不被包含在雅樂裡的，自漢代以來的傳統藝術音樂，其代表有十部樂的清樂（清商樂）。

相對於此，指一般外來音樂的「胡樂」，主要是以龜茲樂、疏勒樂、康國樂、安國樂等的西域音樂為中心。隋代制定的七部樂（七部伎）、九部樂（九部伎），到了唐太宗的時候發展為十部樂，可是胡樂就占了大部分。換言之，在唐朝宮廷具有最高權威的十部樂，其實可以說是往東流入唐朝的古代絲路音樂的集大成。順帶一提，進入日本的雅樂是中國的胡俗樂。以下列舉出十部樂：

①讌樂伎（唐太宗在位的六四〇年，融合雅樂、胡樂、俗樂的作曲）
②清樂伎（漢代以來的傳統俗樂）
③西涼伎（龜茲伎和清樂的融合）
④龜茲伎（龜茲樂，十部伎的中樞）
⑤天竺伎（印度音樂）
⑥疏勒伎（喀什音樂）
⑦康國伎（撒馬爾罕音樂）
⑧安國伎（布哈拉音樂）
⑨高麗伎（高句麗的音樂）

⑩高昌伎（吐魯番音樂）

若觀察在十部樂使用的樂器，不只是管樂器、弦樂器、打擊樂器都齊全了，各自的多樣性也令人瞠目結舌。在唐朝，演奏的是當時世界第一的音樂，樂器的數量和種類若和現代的交響樂團相比，也絲毫不遜色。當然沒有近代西歐發明的鋼琴，可是在現代的交響樂團裡沒有鋼琴演奏，也是很普遍的。

雖然同樣是由太樂署掌管，但是與正統音樂的雅樂、俗樂、胡樂有所區別的散樂，指的是雜耍、幻術、魔術、戲劇等的藝能配合音樂伴奏進行，也被稱為百戲、雜伎；如同字面意思，這些都是屬於雜耍或者馬戲團之類的演出。宋代以後，戲曲（宋代雜劇、元代元曲、明代崑曲、清代京劇）成為中國音樂的主流，可是到唐代為止並非如此，是以管絃樂和舞蹈為中心。甚至，唐代的散樂裡面，也有被稱為歌舞伎的舞樂。

在太常寺管轄下的太樂署或鼓吹署裡，從事宮廷或國家樂舞的人，除了官史和教官以外，其他都被稱為樂工或是太常音聲人，是國有的從屬民。在技能上，雅樂工勝過軍樂工，而胡、俗樂工又勝過雅樂工。有別於這些，屬於宮城內的內教坊宮女則是從事胡、俗樂。

然而，雅樂、俗樂、胡樂的鼎立只有到初唐為止，在盛唐俗樂吸收了胡樂，發展出新俗樂。玄宗喜愛的「法曲」就是這種新俗樂。

◎玄宗時代與白居易的排外主義

玄宗皇帝是音樂的愛好者，所以成為最大的資助者。除了原有的太常寺太樂署（以現代來講就是日本文部省音樂局）與內教坊，另外設置兩個音樂教育機構，即外教坊和梨園。

設置在鄰近宮城的兩個坊當中的外教坊，裡面指導大約三千位的樂人（絕大部分是妓女）學習胡、俗樂。玄宗特別酷愛「法曲」，在宮城西北的梨園一隅設置教育機構，一開始是挑選太常寺的樂工三百人，之後再加入從教坊的妓女裡選出數百位優秀人才成為皇帝梨園弟子，由玄宗本身擔任教官親自栽培，這就是所謂梨園的起源。玄宗喜愛的法曲又被稱為「道調法曲」，如同名稱所示是從道教的曲子而來，看似非常純中國的風格，可是實際上這是自南北朝以來從西域傳入的胡樂，與繼承中國古來的俗樂傳統的清樂融合的音樂。

玄宗登基後，在外教坊、梨園誕生的新俗樂——法曲開始盛行，與從西域通過河西新傳入的「胡部新聲」共同成為之後唐代音樂界的兩大潮流。即使在玄宗時代，還能夠正確辨認出外來音樂是正在流行的外來事物，有記載指出：「而天寶樂曲，皆以邊地名，若《涼州》、《伊州》、《甘州》之類。」（出自《新唐書》禮樂志十二）。東自涼州（武威）、西至敦煌（沙州）呈走廊狀的河西地區，成為從西域流入新音樂時的接收端，同時也與原有的音樂融合，產生出新音樂。其代表就是自北魏開始到唐初的西涼樂，以及自盛唐到唐末的「河西胡部新聲」。

天寶十三年（七五四年）由太常寺太樂署編的樂曲目錄（刊刻於石）有兩百多首曲子，裡面大約有五十首胡名的曲子在當時被變更為中國名。河西節度使獻給玄宗的河西胡部新聲「婆羅門」，被改編為中國風格並改名為「霓裳羽衣」，就是其中一例。這首曲子因為深受楊貴妃喜愛而出名，在這裡也確實證明了長久以來進行胡、俗樂的融合是被公認的。

話雖如此，這樣的氛圍在中途夾著安史之亂的半世紀後，似乎產生了改變。儘管民間依舊流行胡風，可是與之並行的是知識階層表現出極度的排外主義、中華主義風潮史為顯著。例如，也是政治家的白居易就著有由五十首構成的諷喻詩《新樂府》，其中的一首《法曲》就強力主張揚棄外國音樂。

《新樂府》之《法曲》　白居易（白樂天）

……

中宗肅宗復鴻業，

唐祚中興萬萬葉。

法曲法曲合夷歌，
夷聲邪亂華聲和。
以亂干和天寶末，
明年胡塵犯宮闕。
乃知法曲本華風，
苟能審音與政通。
一從胡曲相參錯，
不辨興衰與哀樂。
願求牙曠正華音，
不令夷夏相交侵。

（白話譯文）

……………

（武則天之後的）中宗與（安史之亂後的）肅宗恢復國家統治大業，
唐朝皇帝致力中興，讓國家氣運延續萬世。

但是在這個朝廷演奏的法曲裡面，混在著夷狄的樂曲，
夷狄樂曲邪亂，中華樂曲調和。
因此天寶十三年，在音樂上夷華一發生混淆，
隔年便發生安史之亂，大批兵馬侵犯宮城。
於是了解到法曲原本就該是中華風格，
要精進音樂之路，也必須通曉政治。
一旦夷狄的樂曲與中華相混淆，
國家的榮枯盛衰和人們的喜怒哀樂就無法辨別。
但願從國內找尋像過去的伯牙或師曠這樣的大音樂家，恢復中華正統音樂，
讓夷狄和中國不要互相侵犯。

讀者作何感想呢？或者該說這是不論古今中外，外來文化輸入的大流行之後，普遍會出現的反動現象，但是我個人認為這是在中國史上反覆可見到的典型保守中華主義。和開放的唐代相比，宋代變得相當封閉，此時成立的宋學被認為是具有強烈國家主義傾向的新儒教，然而在這首《法曲》裡，與宋學不相上下的強烈國家主義實在令人不知所措。宋學是受到佛

教教理刺激而發達的佛教儒學，可是一旦成立後，卻又發生猛烈排擊佛教的事態，這和源自胡部新聲的法曲，兩者何其相似。

實際上，先前在胡旋舞的項目介紹的「胡旋女」也和這首「法曲」相同，同樣收錄在《新樂府》裡面，諷諭當時的風潮。在前面引用了前半部，而接續部分如下。

《新樂府》之《胡旋女》（後半部）　白居易（白樂天）

……

胡旋女，
出康居，
徒勞東來萬里餘。
中原自有胡旋者，
鬥妙爭能爾不如。

……

祿山胡旋迷君眼，
兵過黃河疑未反。

貴妃胡旋惑君心，
死棄馬嵬念更深。
從茲地軸天維轉，
五十年來製不禁。
胡旋女，
莫空舞，
數唱此歌悟明主。

（白話譯文）

……

跳著胡旋舞的女性來自粟特，
辛苦地越過一萬多公里來到東方。
但是中國裡面已經有會跳胡旋的舞者，
用技巧和技能來勝負的話，你們怎麼也比不上。

……

安祿山表演胡旋舞，讓主君（玄宗）目眩神迷，
即使安祿山的兵馬越過黃河，尚未被懷疑是在謀反。
楊貴妃也是跳胡旋舞來魅惑主君（玄宗），
終究在馬嵬驛被殺害棄屍，
卻更加深玄宗的思念。
在那之後風雲變色，
即使五十年來想要抑制胡旋舞，卻無法完全禁止。
所以，跳著胡旋舞的女性啊，今後不要光是跳舞而已，
要經常詠唱我做的這首詩，
讓天子覺悟不要過於沾染胡風。

至少到初唐、盛唐為止，唐朝對於自身是異民族出身仍有自覺，不會大肆喧嚷著華夷有別。因為唐帝國的出現，把這樣的華夷融合被視為理所當然，所以在世界第一大都會的長安，有來自世界各地形形色色的人穿梭其中，當時在歐亞世界流行的東西幾乎都可以在長安見到。

然而，到了發生安史之亂的中唐，唐朝迅速轉為封閉，陷入中華主義。先前引用的《舊唐書》〈輿服志〉裡，記載「太常樂尚胡曲，貴人御饌，盡供胡食，士女皆競衣胡服」的一文後面，實際上卻又補充道「故有范陽羯胡之亂」這種中華主義式的結尾，指責安史之亂的原因是沾染「胡風」。

◎樂工、歌妓的供給來源

實際肩負起唐代音樂第一線的，是以太常寺的樂工和內外教坊妓女與梨園的皇帝梨園弟子們為中心。但是，不可遺漏掉的是在民間還有妓館的妓女或名門富豪的家妓們。在長安，不只是宮廷，包括慈恩寺、青龍寺、薦福寺、永壽尼寺等也是有名的遊樂場所，市內則有民間的大型風月場所。次於長安的大都市洛陽、太原、涼州（武威）裡面，當然也存在具有相當規模的風月場所，不過我認為這些以外的其他大中型都市，至少在可以確認有粟特人聚落存在的都市裡（參照一二〇至一二一頁的地圖），全部都有相對應的鬧區。那麼，這些公家或私人的音樂、舞蹈相關人員是如何被供給的呢？

待在屬於國家、宮廷組織的太常寺、教坊、梨園裡面的，除了最高階的被視為良民的太常音聲人，其他皆為官賤民也就是國有的從屬民，在民間的幾乎都是私賤民（大部分是奴隸）。

據說太常寺的樂工新供給源，在初唐有一萬以上，在中唐有兩到三萬，主要是因為犯罪而從良民淪落為奴隸的人，但是一旦成為官賤民，其身分就是世襲，所以樂工的子弟之後還是成為樂工的情形很多。這些樂工只有在服勤的期間會上京進入太常寺，服勤時間以外就在故鄉的州縣生活。賤民之間也可以結婚生子。

另一方面，關於歌妓（歌姬、舞妓、藝妓）則區分為宮中或官署、軍營所屬的「公妓」，以及上流家庭或私營妓館的「私妓」。

公妓，是犯了叛亂罪或殺人等重罪的官吏與一般良民的妻子或女兒，或者是因為債務而被父親或丈夫賣掉的女性成為供給源。甚至，也有國外的王公貴族或國內的大臣富豪進獻的女性。另一方面，作為樂伎服侍的私妓是民間的賤民和奴隸，其供給源有因為債務而被賣掉的人、自願賣身的女性、遭到人蛇集團等非法綁架或賣掉的良家子女、從窮人或乞丐那裡領養的小孩、以及有時候是透過合法的贈與而獲得的人等等。

這些歌妓即使是身穿錦繡衣裳或毛皮，帶著閃閃發亮的寶石飾品，頂著青黛、花鈿的妝容，在外表上精心打扮，可是大部分終究是奴隸身分。換言之，對主人來講不過是一個可以任意贈與或買賣的財產或物品。即使是公妓裡面也有在宮中服侍的宮妓，她們的主人是唐朝皇帝，而私妓的主人多是王公貴族個人或富豪等，雖然有這樣的差異，可是兩者都沒有移動或外出的自由，還不時會成為被贈與的禮物，這一點是完全相同的。

然而，教坊、梨園的宮妓是隨侍在皇帝身邊，受到與宮女相同的待遇，其中也有很多人因為容貌出眾且精通樂技而受到寵愛，不能與私妓等同並論。而且，宮妓的出身背景平均也比私妓高，裡面甚至混雜著出自貴族、達官顯貴、大將軍等級的家世背景的女性。即使是這樣的大人物，一旦犯了叛亂罪等的重罪，還是難逃整個家族被國家沒收、成為奴隸的命運，這是古代與近代社會的差異。接下來要介紹的土耳其系九姓鐵勒的首領阿布思之妻的情況，即為一例。

◎阿布思和其妻的情況

阿布思是在天寶元年即七四二年，從即將滅亡的突厥第二帝國帶領著王族主要的女性和王子們投奔唐朝的遊牧民集團的重要人物。突厥第二帝國是被九姓鐵勒之一的回鶻與其他土耳其系的拔悉蜜、葛邏祿部三者聯手所滅；這三者在那之前是被包含在突厥帝國以內，卻對王族阿史那氏舉旗造反。可是，同屬於九姓鐵勒的其他部落，即使到了最後仍有集團依然效忠於突厥，這一點也不奇怪。

阿布思投降時，擁有突厥的西部葉護或者是希利發（部族長）的高級稱號。降唐之後，被賜漢名為李獻忠，授予奉信王的爵位，最後甚至被任命為朔方節度副使，也就是說他身為蕃將相當受到禮遇。不只如此，天寶八年（七四九年），隴右節度使哥舒翰率領隴右、河西以及朔方、河東的士兵，大約六萬人，西征長年的強敵吐蕃，攻取石堡城（今青海西寧市西南）時，阿布思的騎兵軍團也參與其中。但是，他像這樣子作為支撐唐帝國的蕃將屢屢建功，可是不知為何，阿布思就是與同樣身為蕃將且爬升到最高位子的粟特系突厥人安祿山不和。

安祿山當時身為北京方面的節度使擁有巨大勢力，假借名目，表示想要與阿布思軍團一起征討在東北邊界作亂的奚、契丹，向玄宗請求同意阿布思軍隊往北京方面移動。可是，阿布思懷疑如果真的到了安祿山那裡，自己肯定會遭到謀殺，所以他率領部眾叛唐逃往蒙古高原。時為天寶十一年（七五二年），安史之亂爆發的三年前。

然而，當時的蒙古高原已經是回鶻汗國（東回鶻）的領土，先前與拔悉蜜、葛邏祿聯手顛覆突厥的回鶻，也依序滅了拔悉蜜和葛邏祿，掌握完全的支配權。當然，突厥也好，回鶻也好，遊牧國家是由多數遊牧民集團依附而成，所以聚散離合是很自由的，因此蒙古高原應該有阿布思率領的部族集團的容身之地。然而，回鶻恐怕是顧及阿布思部的過往經歷，所以拒絕收留，所以阿布思不得已往西投靠阿爾泰地區的葛邏祿。

在這期間，唐朝方面依然窮追不捨，對葛邏祿展現強硬態度要求引渡阿布思，結果天寶十二年（七五三年）九月，阿布思與其妻淪為階下囚，經由北庭都護程千里之手，從葛邏祿被護送到長安。天寶十三年（七五四年）在朱雀街執行了丈夫的公開處決，而妻子方面則成為隸屬於唐朝宮廷的賤民。

成為寡婦的阿布思之妻，之後僅有一次出現在史料裡，那是在平定安史之亂之後的肅宗宮廷內。記載一些瑣事的《因話錄》裡，她一開始是被分配到掖庭即後宮，因為擅長歌舞音樂而隸屬於樂工，意思就是成為教坊的妓女。於是，在某次宴會的席間，肅宗半開玩笑地讓她披上綠色衣裳，以現在來說就是要讓她像演員一樣模仿的時候，肅宗之女——政和公主向父親提出了以下的諫言：

> 宮中侍女無數，為什麼要指名這個人呢？如果阿布思真的是叛亂分子，那麼其妻也同罪，就不應該接近父皇身邊；假如阿布思是無罪的，那麼高的身分，為何其妻要像倡優

般，不得不忍受和其他賤民一樣成為笑柄呢？或許我愚蠢至極，但是我由衷認為這是不對的。[1]

於是，皇帝也憐憫起阿布思之妻，解放她賤民的身分。為了慎重起見，我再補充一下，這是演員還被視為卑賤者從事的職業時所發生的故事。

1 原文出自《因話錄》卷一〈官部〉：「禁中侍女不少，何必須得此人？使阿布思真逆人也，其妻亦同刑人，不合近至尊之座。若果寃橫，又豈忍使其妻與羣優雜處為笑謔之具哉？妾雖至愚，深以為不可。」

第五章

解讀奴隸買賣文書

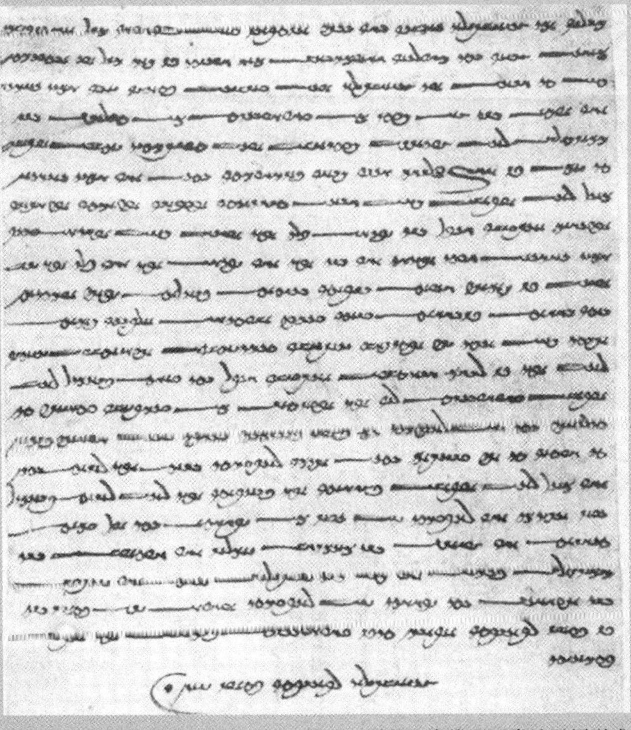

粟特女奴隸買賣文書　出土於高昌附近，這份文書證明了當地已經形成高度的契約社會。

粟特文的「女奴隸買賣契約文書」

◎在學界首度登場

一九六九年，在吐魯番盆地位於高昌故城西北的阿斯塔那（Astana）古墓第一三五號墓，出土了一件胡語文書。雖然在胡漢共存的吐魯番盆地的古墓群，已經出土了三世紀到八世紀末的大約四萬件漢文文書斷片（接合的結果，至少復原了兩千件以上的文書），可是因為阿斯塔那以及哈拉和卓（Karakhoja）古墓群是漢人專用墓地，所以幾乎沒有發現到任何的胡語文書。因此，這是相當獨特且珍貴的文書。不知何故它的存在長久以來不為學界所知。

一九八七年夏天，我在三菱財團人文科學研究補助金的資助下，作為中國學術調查行程的一環，第一次拜訪新疆時，這份文書是陳放在烏魯木齊市新疆維吾爾自治區博物館的一隅悄悄地沉睡。文字是粟特文字，但是氛圍感覺明顯與在那之前公開發表的照片或圖片上所看到的，在吐魯番出土的以粟特語寫成的摩尼教、佛教、基督教經典不同。這張紙的外觀很完整乾淨，可是在結尾處卻有很大的空白，而且有稍微留下折角的痕跡，我直覺認為這是世俗文書，會成為非常重要的史料。

我的專業之一是中亞的古代中世史，能夠閱讀回鶻語卻不懂粟特語，但是回鶻文是粟特文的直接後裔，所以光是文字的話是可以判讀的。而且，剛好這個時候安排的調查旅行，在日程上與我畏敬的友人吉田豐（當時是四天王寺國際佛教大學專任講師，之後歷經神戶市外國語大學教授，現在為京都大學教授）的婚宴重疊而無法出席，感到相當抱歉。不管是當時或現在，他依舊是亞洲唯一一位可以從原文解讀出粟特語的學者，因此我如果親筆抄寫當作禮物的話，應該是最棒的結婚祝賀，並且肯定會有益於學界。

於是經過博物館的許可後，我就依照目視來謄寫複本，可是館方無法把資料拿出玻璃櫥櫃外，所以我只能邊看邊抄寫在筆記本上，當我的視線再度回到原文時，往往無法立刻辨認出自己抄寫到哪裡了，真是煞費苦心，有時候抄到想發脾氣時，甚至有股衝動想要打破櫥櫃。但是，辛苦是有代價的，回國後，吉田立刻就看出這至少是某種契約文書，而完整解讀需要耗費一番不小的功夫。因此，在隔年春天我們兩個人一起前往烏魯木齊，透過交涉，日本方面答應購買當地欠缺的歐美關於粟特語研究相關的書籍並寄贈。

一九八八年五月一日，在新疆維吾爾自治區博物館，吉田首次與這份需要解讀的粟特語文書面對面，並且成功地進行正式解讀。五月四日，我們使用中文和英文向博物館研究員報告解讀結果時，他們面露驚嘆的表情至今仍印象深刻。接著我們說服了新疆維吾爾自治區文物局的負責人，認為應該作為中日共同研究著手出版，花了好幾天協商之後，終於簽署正式協議書。包括準備階段在內，這份文書在歷史學方面的研究上，我也有不小的貢獻。

以上的成果，就發表在吉田豐、森安孝夫、新疆維吾爾自治區博物館的「麴氏高昌國時代粟特文女奴婢買賣文書」裡，實際的出版是在隔年一九八九年，文書的照片也是門外漢的我用自己的相機戰戰兢兢拍攝的。之後，這份粟特文書因為其重要性而聞名世界，成為在研究者之間經常被引用的大明星。二〇〇二年，由日本NHK電視台主辦的日中邦交正常化三十週年紀念特別展在東京和大阪展開，睽違已久再度和這份文書見面時的心情，如同看到自己的孩子茁壯成長的欣慰，既感到非常驕傲也很懷念。只是，在東京國立博物館和NHK所編著、題為《絲路：絲綢與黃金之路》的正式圖錄裡，找不到吉田和森安的名字，所以兩個人有機會碰面小酌時，就會抱怨說至少稍微尊敬一下有養育之恩的人也不為過吧。

那麼，玩笑話暫時擱一邊，這裡發表的是經過吉田校閱的最新日譯版本。自一九八八年譯為日文以後，整體內容沒有太大的變動，因為有發現到幾個細微的錯誤，在此修正。

◎女奴隸買賣契約文書的最新日譯版本[1]

〔正面〕

歲在神聖的希利發高昌王延壽十六年。在漢語說是豬年的五月二十七日，粟特語稱為十二月。

在高昌市場眾人面前，張姓 'wt'（烏塔）的兒子沙門 y'nsy'n（乘軍）用波斯鑄純度很高的一百二十文銀錢，向 tws'kk（突德迦）的兒子 wxwswβyrt（六獲）買了 cwy'kk（喬亞克）姓的女人在土耳其斯坦生的康國女奴隸，名字叫 'wp'ch（優婆遮）。

沙門 y'nsy'n 買回這個女奴隸沒有欠債，不再是原主的財產，不能追尋，不得非難，作為永久財產包括她的子孫後代被買下了。因此沙門 y'nsy'n 以及子孫後代，根據喜好、打她、虐待、綑綁、出賣、作人質、作禮物贈送，想怎麼樣做都可以。止像對世代相傳的家生奴、旁生的、在自己的家生的女奴隸，以及用銀錢買回的永久財產一樣，有關這個女奴隸，賣主不過問，脫離一切舊有關係，不再具有約束力。這件女奴隸文書對於所有過往和定居的人、國王、大臣，都有效，有信服力。攜有保持這件女奴隸文書，可以收領、帶走、持有這個女奴隸。寫在女奴隸文書上的條件，就是這樣。

在場的有見證人cwn'kk（秋茲迦）的兒子米國的tyšr'ʼt（狄施特利亞），xwtʼwc（和卓）的兒子康國的n'mδr（名持），krz（迦爾沙）的兒子笯赤建國的pysʼk（皮沙迦），nnykwc（神喙）的兒子何國的nyzʼt（家生）。

這件女奴隸文書，是經書記長pt'wr（帕圖爾）許可，在賣主命令、女奴隸同意的情況下，由書記長的兒子ʼwxwʼn（烏滸安）書寫的。

高昌書記長ptʼwr之印

〔反面〕

女奴隸文書　　沙門yʼnsyʼn

◎玄奘與同時代的高昌國

以西元年來講，本契約文書是立於西元六三九年，地點是在麴氏高昌國的首都高昌，也就是位於現在吐魯番市東約四十公里的高昌故城。我們之所以可以如此斷定的依據如下所述。

從文書開頭記載的年月日，逐字分析關於年的前半部為「歲在神聖的希利發，高昌王延壽十六年，在中國是豬年的五月二十七日……」。從文脈來看，這個紀元年的延壽猜測應該是指年號吧，高昌原文是「cyn’nckǹò（秦城）」，如果直譯的話就是「中國城」，這是西方的粟特人和波斯人為了指高昌城而使用的稱呼。還有，希利發一詞是古代土耳其語的稱號，是突厥或是回鶻帝國正式授予居住於其領域內的其他草原部族的君長，或是間接統治下的東西土耳其斯坦的綠洲都市國家的首領。高昌有希利發稱號的時期只有麴氏高昌國時代，直到六四〇年被唐朝合併為止，統治著吐魯番盆地整體長達一個世紀半，相當繁榮興盛。古今中外，用首都名來稱呼整個國家是很常見的，中亞也不例外。因此，從幸運流傳下來的麴氏高昌國年號尋找相對應的詞，就鎖定了「延昌」和「延壽」。

延昌是第七代王麴乾固的年號，其元年是西元五六一年，所以契約文書裡的十六年就是五七六年。但是，這一年的六十干支是「丙申」，也就是「猴年」，於是排除在外。另一方面，延壽是第九代王麴文泰的年號，其元年是西元六二四年，繼位十六年就是西元六三九年，以唐朝年號來講是貞觀十三年。貞觀十三年的六十干支是「己亥」，剛好就是「豬年」，因此這裡就可以確定紀元年完全符合。與這件粟特語文書一起出土的漢文文書裡出現「延壽五年」的紀年，從這項事實來看，這個結論可以說是鐵證如山。

當時，在西亞或是歐洲都是還沒有出現紙的時代。本文書是使用長四十六點五公分、寬二十八點三公分的完整紙張，明亮的米色，細緻的紙紋，柔滑堅韌的薄紙。我實際看過分散在世界上各研究機關或是圖書館的中亞出土文書，以我的基準來說，這張紙的品質屬於中上，不過因為可列為高級紙張的幾乎都是用於崇高的佛教、道教、摩尼教的經典類文書，所以就世俗文書來說，中上品質的紙可以說是最高級的。

不只如此，提到六三九年的話，玄奘在前往印度求法取經的途中行經高昌國，作為國賓備受款待，並且在以高昌王為首的許多聽眾面前講經，停留了數個月加深交流，也才過了僅僅十年而已。這麼說來，本文書出現的人物裡，一定有幾個人曾經直接和玄奘見過面吧。

◎女奴隸優婆遮的買賣條件

大致上，買賣契約文書的必要條件有：賣主和買主的名字、作為買賣對象的物件、價格和日期。即使是在擁有穩固的地緣和血緣關係、人口進出少、可以相互信任的社會裡，至少也需要具備上述條件。而在人口和物品的流動性增加、彼此的信賴度降低，以至於就連細節都要規定的一清二楚才能夠安心的社會裡的話，換言之就是伴隨著原始社會發展到文明社會的階段，則甚至需要見證人和書記官的名字、公權力認可（畫押蓋印）、指定買賣物件、買賣理由、買賣後的條件、破壞契約時的罰則規定（違約擔保）、第三者的權利瑕疵擔保（又稱追奪擔保）、以及保證人等更多的要求。

這件粟特語文書並非債權契約，所以本來就不需要保證人，然而其他項目幾乎全部符合上述條件。透過本文書如實地反映出在西元六三九年這個階段，中亞的綠洲都市已經進展到相當先進的契約社會。在文字文化普及，而且是在紙張豐富的歐亞大陸東部，雖然只發現到這一件文書，可是足以推測其背後應該存在著更多相同的契約文書。

再度分析本文書日期以外的內容。賣主是撒馬爾罕出身的粟特人六獲，買主是漢人的佛教僧侶（沙門）張姓的乘軍。吉田在最近將買主張乘軍視為與同時代吐魯番出土漢文文書裡的張延相為同一人。買賣物件是土耳其斯坦出生的名為優婆遮的女奴隸，價格是高純度薩珊王朝的德拉克馬銀幣一百二十枚。見證人為同樣是從索格底亞那各都市來到高昌的粟特人四位，並且附上管理高昌粟特人聚落的書佐帕圖爾的畫押，書記則由書佐帕圖爾的兒子烏滸安擔任。可知這些粟特人無疑都是商人吧。

「女奴隸買賣契約文書」的背景

◎與漢文契約文書做比較

在漢代以後的中國，私奴婢的正式買賣會訂立買賣契約書（市券、券）後交給官府，支付一定的稅，官府會蓋上官印證明。從奴隸身分獲得解放時，也要同樣的手續。六三九年還是麴氏高昌國時代，唐朝尚未征服吐魯番，在高昌國是由漢人統治當地原住民吐火羅人與外來的土耳其人和粟特人，而在那之前超過數百年以上，就已經出現了用漢文訂立的原始買賣契約。就拿一百三十年前的實際例子來做比較吧。

哈拉和卓M99出土《北涼承平八年（四五〇年）翟紹遠買婢券》：75TKM99:6（a）（《吐魯番出土文書》第一冊，文物出版社，頁一八七）

（原文）[2]

承平八年歲次己丑九月二十二日，翟紹遠從石阿奴買婢壹人，字紹女，年廿五，交與丘慈錦三張半，賈（價）則畢，人即付。若後有何（呵）盜仞佲（認）名，仰本主了。不了，部（倍）還本賈（價）。二主先和後券，券成之後，各不得返悔，悔者罰丘慈錦七張，入不悔者。民有私要，要行二主，各自署名為信。券唯一支，在紹遠邊。倩書道護。

（白話譯文）

承平八年（西元五〇九年），歲次己丑，九月二十二日，翟紹遠從石阿奴買婢一人。名為紹女，（年齡）二十五歲。（作為奴婢價，買主）交與丘慈錦（龜茲特產的高級錦緞）三張半後，（賣主）即交付奴婢。

如果今後（對這個物件即女婢，遭到第三者）偷走而發生訴訟的話，由賣主解決。若無法解決，（物件被拿走）就要賠償兩倍的價格。雙方（賣主和買主）先同意再訂立契約書。若契約成立後，誰都不能夠反悔。若是先反悔的人，作為罰金要支付丘慈錦七張（也就是價格的兩倍）付給沒反悔的人。

在民間有訂立私人契約的慣習，今後執行此契約的雙方要各自簽名作為憑信，契約書只有一份，由翟紹遠保管。（受委託寫下這份契約書的）書記為道護。

賣主石阿奴，從名字判斷應該是出身塔什干的粟特人吧。吐魯番出土的漢文契約文書裡，比麴氏高昌國更久遠的有泰始九年（二七三年）的木簡和升平十一年（三六七年）的紙文書，作為借貸契約文書的則有建初十四年（四一八年，建初為西涼的年號）的史料。甚至，麴氏高昌國成立後，這裡介紹的翟紹遠，也被發現同時期有另外兩件出借丘慈錦和西向白地錦的借貸契約。這些錦緞應該是有貨幣的作用，而翟紹遠肯定是商人無誤。從敦煌出土的〈沙州、伊州地志殘卷〉（倫敦大英圖書館所藏，S367）可知，位於伊州的祆廟（瑣羅亞斯德寺院），其祆主名字為翟槃陁。而且，近年在鄂爾多斯的統萬城附近出土了翟曹明的墓誌和墓門，目前保存在陝西靖邊，可知他於五七九年過世，且幾乎可以確定就是粟特人。那麼，翟姓粟特人的存在應該是無庸置疑的，因此翟紹遠也很有可能是粟特商人。

不只如此，接下來要介紹的唐代漢文契約文書，是一份具備更加完善的格式，且得以復原的文書。

《唐開元十九年（七三一年）唐榮買婢市券》：

73TAM509:8／12-1a&2a（《吐魯番出土文書》第九冊，文物出版社，頁二十六～二十八）

（原文）3

開元十九年貳月〔 〕日，得興胡米祿山辭：今將婢失滿兒，年拾壹，於西州市出賣與

京兆府金城縣人唐榮，得練肆拾疋。其婢及練，即日分付了。請給買人市券者。

准狀勘責，問口承賤不虛。又責得保人石曹主等伍人款，保不是寒良〔 〕誘等色者。

勘責扶同，依給買人市券。

用『西州都督府』印。

練主

婢主興胡米祿山，

婢失滿兒年拾貳，

保人高昌縣石曹主年卌六，

保人同縣曹娑堪年卌八，

保人同縣康薄鼻年五十五，

保人寄住康薩登年五十九，

保人高昌縣羅易沒年五十九。

史

丞上柱國玄亮　券

史竹無冬

（白話譯文）

開元十九年（西元七三一年）二月〔　〕日，（西州都督府）收到興胡米祿山之辭（平民提交給官府的文書）：「今將婢女失滿兒，年十一（歲），於西州市售出，賣給京兆府金城縣人唐榮，得練四十疋（奴婢價）。其婢以及練，即日分付（支付）完了。申請發給買人（買主）市券（官府正式發行的買賣契約同意書）」。

（高昌縣官府拿到西州都督府轉來的）依據書狀進行調查，（直接找米祿山本人到本官府做確認）詢問之下，口頭承認，賤人身分並無不實。還有，取得了保人（保證人）石曹主等五人的款（具結書）：「（買賣物件的奴婢）保證並非貧窮的良民或者是誘拐來的之類」。

經調查（本人的申請和保證人的具結書兩方）確定內容相同。

依照（我方的判斷）可以發給買人（＝買主）市券。

練主（買主）

用『西州都督府』印。

婢主（賣主）興胡米祿山，
婢（買賣物件）失滿兒年十二（註：正文中是十一），
保人 高昌縣 石曹主，年四十六，
保人 同縣 曹娑堪，年四十八，
保人 同縣 康薄鼻，年五十五，
保人 寄住 康薩登，年五十九，
保人 高昌縣 羅易沒，年五十九。
史（書記）
（由）丞 上柱國 玄亮（發給）市券
史（書記）竹無冬

本案件的主角是興胡——米祿山。根據荒川正晴的定義，「興胡」是指在中國國內的外來粟特商人，與已經在中國定居且登記百姓（一般良民）戶籍的粟特人不同。除此之外，興胡在臨時寄居的州縣受到掌控，且繳納稅金，可以比較自由地取得旅行許可。

無例外地，姓米的人應該是本人或者是祖先來自米國即索格底亞那的弭秣賀，而且祿山這個名字和安祿山相同，是粟特語 Rokhshan 的音譯，有「光明」之意。本文書是外來粟特商人要將粟特人女婢失滿兒，賣給中國本土的京兆府金城縣出身的漢人唐榮，雙方要訂立契約時，要在官府保存的文件。所以，賣主米祿山為了得到官府的許可，提出被稱為「辭」的文書，再由管轄吐魯番地區的西州都督府（在此駐外機關下，有透過市令管轄的西州市場）以及下級的高昌縣官府進行審查後，決定是否許可。因此，這並非買賣當事人之間私底下訂立的真正契約文書，然而，這裡記載了作為買賣物件的粟特人女婢的名字、年齡、價格，也有賣主、買主、保證人等，買賣契約文書裡大致需要的資料都很齊全，所以也可以容易類推到真正的契約文書內容。

先前介紹的粟特文契約文書裡的見證人，幾乎都是從索格底亞那來到麴氏高昌國的粟特人。對此，大約一個世紀後的這份漢文契約文書裡，保證人也還是粟特姓氏的集團，真是令人非常驚訝。

◎契約文書裡的文化交流

漢代以後，許多漢人作為殖民者移居到吐魯番，所以有漢文契約文書的傳統，而粟特文女奴隸買賣契約文書當然會受到其影響。但是，如果仔細檢討裡面的字句，會發現好幾個不屬於漢文契約文書的格式或固定用語。典型例子，也是最感到衝擊的「根據喜好打她、虐待、綑綁、出賣、作人質、作禮物贈送，想怎麼樣做都可以」的這段記述。

實際上，包括了我們將本文書的研究公諸於世的時間點，以及直到五年前為止在中亞發現的多語言契約文書裡面，有看到與這個極為相似的固定用語，只有在西域南道（塔里木盆地南邊）挖掘到三至四世紀的佉盧文（Kharoṣṭhī）文字犍陀羅語（Gāndhārī）文書而已。犍陀羅語是印度語的方言，在西域南道一帶使用，是因為貴霜王朝的統治勢力擴及到這裡的緣故。固定用語會出現雷同，絕非偶然。在索格底亞那本土發現、年代屬於八世紀前二十五年的穆格文書內，其中的四件契約文書的格式與這件文書是相通的，可是並沒有發現上述的衝擊字句。因此，本文書與佉盧文文書以及印度文化圈是否具有直接的關聯性，抑或是透過索格底亞那本土的媒介，在五到六年前為止還尚未揭曉。

然而，前蘇聯侵略阿富汗之後發現了巴克特里亞語文書，根據英國東洋學者尼古拉斯・西姆斯－威廉斯（Nicholas Sims-Williams）的解讀結果，西元六七八年訂立的契約文書裡面，存在著和上面的固定用語極為類似的句子。巴克特里亞語是貴霜王朝的公用語之一，與粟特語同樣屬於東方伊朗語系的語言，而且根據吉田豐的說法，在文化上比粟特語優越，並對粟特語的影響甚鉅。若是如此，那句衝擊的固定用語應該是繼承了貴霜王朝契約文書的傳統格式，但是並非來自在時代上有差距的犍陀羅語，而是由同樣為伊朗語並且在時代上比較接近的巴克特里亞語傳入粟特語的，這樣的看法應該是正確無誤的吧。

還有，我們的粟特文書是受到賣主六獲的委託製作的，而且是放在買主沙門乘軍那邊保管，可以知道契約文書是按照賣主指示製作，由買主保管，這在佉盧文文書裡面也有實際例子。但是，如果就由買主保管契約這一點來看，前述的漢文契約中的翟紹遠也是相同情形。

像這樣子，若要追尋做為民族大熔爐的中亞裡面的文化交流軌跡，透過比較契約或者書信等擁有固定格式的文書，是有不少助益的。

世界史上的奴隸與唐朝的良賤制

◎作為高價商品的「奴隸」

儘管所謂奴隸隨著時代和地區有著千差萬別，無法一概而論，可是大致上就跟家畜一樣，是主人的所有物與財產，不被當作「人類」看待，而是被視為「物品」的人。因此，主人可以自由地買賣、贈與、交換、繼承、性行為、綑綁、毆打等，至於是否擁有生殺予奪的權利，則是根據時代、地區、情況而有所不同。還有，奴隸本身是否有財產權，是否擁有恢復自由之身的手段，是否被允許結婚等問題，也都是形形色色。不管如何，不只是前近代，即使是到了近代，一直到電腦發達為止，奴隸是世界上最棒的精密機械，與作為前近代軍事力根基的馬（有些地區是駱駝）並列，堪稱是最具有價值的高額商品之雙璧。

奴隸的供給源大概分為兩種。一種是因為戰爭或購買，從異鄉帶入的外國人奴隸；另一種則是因為犯罪或債務等，在國內產生的本國人奴隸（但是，帝國的話會出現不同的民族）。不管是何者，一般而言奴隸生出來的孩子也是奴隸，代代相傳。

奴隸從古代到近代在世界各地廣泛地存在，過去有觀點認為可分為生產勞動奴隸和家內勞動奴隸兩大類，但是家內勞動奴隸也從事生產，所以這個區分法並不恰當。另外也有分類為勞動奴隸和家父長制類型奴隸的方法，不過在這裡暫且分類為農牧礦工業生產奴隸、家內勞動奴隸、軍事奴隸三種。然而，一位奴隸擁有兩種以上的作用，是很稀鬆平常的。

提到奴隸或者奴隸制會有灰暗的印象，也許會覺得不太符合如此光輝耀眼的唐帝國形象，可是在被近代西歐視為是自己輝煌祖先的古代羅馬，也是由奴隸肩負起農業生產主力的典型奴隸制社會，即使是現在高聲呼喊是自由和民主主義盟主的美國，也不要忘記在十九世紀時有大量的黑人奴隸。

奴隸，奴隸制，還有奴隸制社會，這三者必須嚴格辨別。如果把奴隸占人口的百分之二十以上定義為奴隸制社會的話，由市民進行「民主型」政治的古代希臘便是世界史上最初的例子，而古代羅馬和近代美國南部，甚至是殖民地時代的加勒比海諸島或巴西等都是奴隸制社會。相對於此，唐帝國雖然有奴隸制，但並非奴隸制社會。中國的奴隸一般被稱為「奴婢」，但唐代人口的奴婢比例，根據敦煌吐魯番文書留下的戶籍類等的分析，以及與漢籍比較，即使是私奴婢、官奴婢合起來，也不認為會到總人口的百分之二十。

◎有能力的奴隸勝過不成材的兒子

現代日本人聽到奴隸，容易立刻聯想到美國南部或加勒比海諸島的黑人奴隸，認為他們被剝奪人權，被迫過著慘無人道的地獄般生活。但是，雖說是奴隸，不見得所有人都處於悲慘的境遇。男性的家內勞動奴隸或軍事奴隸，其中也有主人從小就精心栽培、從而成為占有重要地位的部下或代理人，有時就像中世伊斯蘭世界的馬木路克（Mamluk），甚至取代主君成為權力者。即使在宋代以前的中國，奴隸在解放後爬升到高階官位的例子也不在少數。

女性的家內勞動奴隸在忙於家事或料理之間，還被迫成為主人的性行為對象，確實可以說悲慘，但是在後宮（伊斯蘭社會稱為harem，指女性閨房）或貴族富豪的宅邸裡能歌善舞或是美貌出眾的高貴奴隸，有很多人過著比起一般自由民或農民還高級的生活，甚至有為主人生下孩子後從奴隸身分解脫，享受榮華富貴。還有，在古代希臘因為擔任乳母的工作，在家庭內占有重要地位的也不少。

即使是關於近代美國，甚至也有說法指出奴隸主人和黑人奴隸之間的關係並非單方面壓抑和榨取的關係，而是根基於家父長主義的一種互惠關係，可是這種看法是否意圖混淆美國的「自虐史觀」，我不知道確切答案。只是，至少從美國的奴隸解放宣言到黑人的鮑威爾國務卿（Colin Luther Powell）或萊斯國務卿（Condoleezza Rice）的誕生，需要花上一個世紀半的時間。所以，這和在中世伊斯蘭世界的西亞或印度，被稱為馬木路克或是古拉姆（Ghilman，指奴隸士兵）的軍事、家內勞動奴隸出身的人，突然變成權力者而創造出所謂的「奴隸王朝」，在根本上完全不同。後者的奴隸很多是被主人買下後，從小時候或青年時期開始，就接受軍事訓練以及文武兩道的教育。

在唐代民間流傳的教諭書《太公家教》裡，教導一般人和他人的奴隸不可親近交談，但是卻又生動地寫下當時的風潮是身為家長的父親比起自己不成材的兒子，反而比較喜歡有能力的奴隸。

◎奴隸的作用與「歷史的真實」

根據《大唐大慈恩寺三藏法師傳》裡記載，初唐時玄奘法師決定違反國家禁令冒險偷偷出國之際，他在河西地區最大的都市——涼州（武威）受到眾人請求進行佛法講道，散會當日從絲路商人那裡得到金錢、銀錢、奴隸、馬等大量的布施物品。當時的河西地區尚未被涵括在唐朝的銅錢經濟圈裡，金錢主要是東羅馬（拜占庭）帝國的金幣，銀錢則是波斯薩珊王朝的銀幣以及粟特的仿製銀幣。奴隸和馬匹作為與這些金銀幣並列的最高價值商品，那些聽完玄奘講道深受感動的大商人們卻毫不吝嗇地捐贈出去。

把時間再往回追溯一百年左右的五三一年，一位北魏王族成為涼州刺史，他原本就貪暴無極，惡名昭彰，處心積慮從當地的富豪、胡商身上搾取財物，說要加賞他們而召集起來，卻攻其不備大肆屠殺，將他們的資財和奴隸全數沒收（《魏書》卷十九）。如第二章所述，絲路網絡的要衝——涼州的胡商無疑就是粟特人，他們極有可能持有作為商品的奴隸。

甚至，把時代往前回溯，《後漢書》李恂傳裡面，李恂作為西域副校尉上任時，「西域殷富，多珍寶，諸國侍子及督使賈胡數遺恂奴婢、宛馬、金銀、香罽之屬，一無所受。」（卷五十一），稱讚他為官清廉，不收受任何賄賂，可是反而由此可窺見奴隸是與金銀幣或歷史馳名的大宛產的汗血馬並列為最珍貴的商品。若省略掉馬（或者是駱駝）的機動力就無法談論歐亞世界史，同樣地，在歷史上刻意避談奴隸發揮的作用，也就無法看清歷史的真實。

如本書第四章所述，唐代的風俗文化裡呈現出的西域嗜好，尤其是從事音樂和舞蹈的人，有非常多是被剝奪自由的隸屬身分。關於隸屬民，將留在本書後面再討論。可以聯想起在前一個時代，京都祇園的藝妓或是馬戲團的明星們經歷過一般人無法忍耐的嚴格訓練，就能夠了解為了讓技藝傳承下去，那些無處可逃的隸屬民是最佳人選，這一點無法否認。宮廷的胡姬裡面應該有從國外獻上，被視為官方的隸屬民來對待的才對；但是，我個人的見解是認為，包含貴族、高級官僚、富豪的私人宅邸，在民間表演胡旋舞、胡騰舞等的胡姬或胡兒們，幾乎都是從遠方千里迢迢運來的私人奴隸。

◎良賤制和禁止人口買賣規定

唐代的人民身分區分為「良」和「賤」兩大類，這就是所謂的良賤制。良民全部持有獨立的戶籍，可是賤民沒有獨立戶籍。也就是說，兩者簡直就是處於極端的兩側，可是實際上賤民也有分上層和下層，上層賤民是被稱為太常音聲人、樂戶、工戶、雜戶、官戶、部曲、客女、樂事、隨身等的人，相對而言，下層賤民就是相當於奴隸的奴婢，甚至還可細分為官奴婢和私奴婢。

賤民裡面，國家所屬的官賤民在上層是「太常音聲人、樂戶、工戶、雜戶、官戶」，下層則是官奴婢。民間所屬的私賤民在上層是男性的「部曲」和女性的「客女」，下層則是私奴婢。

奴婢就是和家畜一樣被視為物品的奴隸，男性稱為奴，女性稱為婢。雖說主人握有私奴婢的生殺予奪大權，可是在法令上禁止主人任意殺害。根據唐朝的律令，賤民能夠「自贖免賤」，所以私奴婢上升一個等級就成為部曲、客女，但即便如此，部曲、客女還是屬於「賤」民，並非完全自由的良民。儘管如此，「免賤」指的是從下層奴婢的身分解放，也就是官賤民的情況是升為雜戶、官戶，私賤民則是升為部曲、客女，實際上這樣的升級一定是具有相當重要的意義。

與私賤民不同，官賤民的特徵是地位會逐漸被提升，最終可以獲得解放成為良民，這是因為官賤民是帶有對犯罪者或戰爭俘虜的處罰或限制自由的強烈意涵，與隸屬於主人的私賤民在本質上是截然不同的存在。官賤民是負擔國家的公事，私賤民是隸屬於私人，二者對稅金、兵役等國家的一切負擔皆無須承擔。

官賤民的來源是叛亂、放火、偽造貨幣等的犯罪者以及其家屬，王朝交替期的內亂或與國外發生戰爭時產生的俘虜（包含婦女兒童）等。私賤民的供給源是背負債務的窮途潦倒之人及其妻子而自願賣身者，雖是違法行為但被劫掠而來遭到拐賣的人，透過奴隸買賣、贈與、交換、繼承而獲得的人，被下賜的官奴婢，甚至還有與官賤民相同是世襲，代代相傳下來的人。

私奴婢與部曲、客女的差異在於是否可以自由買賣，前者是物品，所以可以，相反地後者被視為人，因此是不行的。但是，這個始終是流於表面的形式而已。實際上，唐律裡面的「轉易部曲事人，聽量酬衣食之直」是指奴隸或是部曲，可以用「衣食費」這一名目折合金錢轉讓給他人。這個情況的部曲（客女應該也相同）特別稱為「樂事」，實質上是部曲的買賣。也就是，奴隸可以用自己的錢為自己贖身，從奴隸身分解放之後，依然待在原來主人的地方就被稱為部曲、客女，被轉賣給他人的話就另外稱為樂事。

關於良民，根據法律和詔敕是禁止買賣的。池田溫介紹了敦煌文書中的奴隸解放文書的雛型，依照他的論點，可窺見當時的社會觀念，亦即不擇手段把良民變成賤民是會下地獄的惡行，而解放賤民成為良民在佛教裡面是足以匹敵福山之頂的善行。福山應該指的是福德（＝功德）之山，意即充滿善行、功德的山吧。然而，這個良民買賣禁止令其實是表面的，實際情形是，依據私人之間的契約進行良民人口買賣的情況是普遍存在的。另一方面，奴隸也能存錢為自己贖身，甚至成為有勢力的人。故此我們要注意到的是，唐帝國的奴隸，並非是一出生就註定無法翻身的身分，而是有機會往上升。

唐代的奴隸市場

◎唐朝的市場制度和人口買賣

到唐代為止，中國都市的商業活動是不能夠在都市內隨意進行的，營業地點受到官府的嚴格限制，長安是東市和西市，洛陽則有南市和北市，各種商店都被集中在這些地方。甚至，在這樣的市場內部，同業者的店被安排在同一處比鄰相接，像這樣的同業店鋪並列又被稱為「行」。金銀行就是一例，日語的銀行一詞就是受到其影響。

根據明治末期由大谷探險隊帶入，現在收藏在龍谷大學的吐魯番文書記載，在盛唐天寶元年（七四二年）的西州，除了綵帛行、帛練行、穀麥行、米麵行、菓子行（水果店）、菜子行（種子店）、鐺釜行（金屬器具店的一種）、凡器行（器皿店）這些名字的存在之外，口馬、香料、藥品、顏料、刀具、皮革製品等商品也分別在不同的行流通販售。西州是指吐魯番盆地的首都高昌，因為上述的大谷文書是設在西州（曾有一段時間稱為交河郡）的市場公定物價表的殘卷，所以應該也有處理其他商品的行，例如在長安為人所知的金銀行、珠玉行、肉行、衣行等。相應地，在長安、洛陽、太原、揚州、益州（成都）、幽州（北京）等唐朝本土大都市的市場裡面，至少從本文書知道的各種「行」應該全部都有。

雖然有人口買賣的地方不一定有奴隸制，可是有奴隸制的地方一定有人口買賣。因此，在唐帝國，為了滿足奴婢的需求量進行人口買賣是很普遍的。然而在建國初期的內亂平息，國內安定之後，奴婢的大量供給源則面臨枯竭，而且伴隨著在良賤制底下被認可的奴隸解放，從而使得奴婢減少，如果是這樣的話，就必然需要從國外輸入奴隸吧。先前介紹的吐魯番出土的漢文文書《唐開元十九年（七三一年）唐榮買婢市券》即可作為部分證明。

敦煌文書裡可以散見人口買賣的實例，其中一件是如實記載著唐代的敦煌（沙州）有奴隸市場，裡面進行蕃漢奴隸的交易，稍後會介紹。另外一件是八世紀中葉在敦煌的奴隸市場，有位名叫王修智的漢人行商（原文為行客，意指沿街叫賣的商人）參與了販賣十三歲的粟特人男奴隸一事，其中的一位保證人是住在敦煌的百姓安神慶，他應該也是粟特人。在唐朝的核心地帶，幾乎沒留下任何的古文書，在正式的歷史書籍裡也鮮少記載像人口買賣這種日常瑣事。可是，沒有史料與不存在的事實，完全是兩碼子事。實際上，長安也好，洛陽也好，都存在過大規模的奴隸市場。

工業革命後機械文明時代的人們，甚至是活在現在電腦發達時代的我們，對奴隸的認知是淺薄的。可是在機械文明時代以前，奴隸可以說是最高級的精密機械，勝過現代機器人。而且，奴隸的價格相當於馬價一到兩匹的程度，有時候則比馬還便宜。當時的上流階級擁有可與現代高級車匹敵的馬，對他們而言，作為隨侍警衛或私兵的強悍奴隸（軍事奴隸），或是作為耕作莊園的勞動奴隸（農業生產奴隸），為了傳宗接代的婢妾，能歌善舞的藝人，包辦以料理為首的家事奴隸（家內勞動奴隸），不論時代或地區，都是相當有魅力的商品。另一方面，對仲介奴隸的商人而言，這也是最高級的商品。還有對經營女肆（娼樓）的生意人而言，女奴隸也是獲利可觀的商品。當時，在人口世界第一的唐帝國，而且又是位於中心地的長安洛陽的奴隸市場，可以想見是多麼的繁榮。

◎奴隸與馬的價格

根據日野開三郎和池田溫的研究，證明了在唐朝以長安洛陽兩都為首，以及各州縣的官府所在地的市場裡，存在著交易奴婢和馬、駱駝以下的家畜的「口馬行」，這已經是超過二十年前的事了。這個「口」是指生口即奴隸，因此口馬行的意思便是「買賣奴隸和馬等家畜的店鋪群」。從這個名稱也可窺知奴婢和以馬為首的家畜同樣被視為物品，而且實際上奴婢和家畜是被關在牢籠裡面或者手腳被捆綁繫住，放在一起販賣。

知名畫家張大千在敦煌壁畫的摹寫上相當活躍，他的少數敦煌文書被收藏在四川圖書館內，其中有極為零碎的斷片是關於口馬行的資料。這似乎也是八世紀的公定物價表的一部分，將其復原的話，推定是首先將奴婢大致區分為中國國內產（家生）和外國產（蕃），再分類為丁奴（二十一至五十九歲的丁男奴隸）、中奴（十六至二十歲的中男奴隸）、丁婢（二十一至五十九歲的女奴隸）、中婢（十六至二十歲的女奴隸），接著再各自分為上、次、下三個等級來設定價格。

原本是和均田制、租庸調制結合，將男女依照年齡分為丁和中的「丁中」制度裡面，也有小（四到十五歲）、黃（一到三歲）、老（六十歲以上）的區分，因此理論上即使有小奴、小婢或黃奴、黃婢也是很正常的。從其他的史料也可以確認到有許多相當於這個年齡的奴婢存在。

總之，此物價表成為證明敦煌存在過奴隸市場的貴重史料，以下將介紹該物價表，順便一覽從斷片得知的奴隸和馬的種類和價格。

	上	次	下
一、家生的中婢一口	？	？	？
二、蕃的丁奴一口	四萬？文	？	？
三、蕃的中奴一口	三萬五千文	三萬文	？
四、蕃的丁婢一口	三萬文	兩萬五千文	兩萬一千文
五、蕃的中婢一口	兩萬七千文	兩萬五千文	？
六、家生的高級去勢馬一匹	七萬文	六萬五千文	？
七、家生的去勢馬一匹	兩萬三千文	兩萬一千文	？

但是，這裡所列舉的奴隸和馬的價格，若以唐代前半期來看，不得不說似乎太貴了。因

此，池田溫站在概觀的立場指出：「唐代的物價水準，在隋末唐初的混亂期是高的，（太宗的）貞觀之治以後的安定期是低的，（則天）武后期稍微高漲，（玄宗的）開元天寶的鼎盛期又變低，安史之亂後急速暴漲，在貞元末年到元和長慶年間再度降低趨穩，但是唐朝後期安定期的絹價水準是盛唐時的近兩倍左右，黃巢之亂以後的唐末又再度高騰。」他推測本物價表的斷片應該是安史之亂或者是之後的那段時期的東西。

那麼，唐朝前半的安定期即太宗的貞觀之治以及接續的高宗時代，甚至是玄宗的開元之治時代，奴隸和馬的價格又是多少呢？省略細部的論證，單純利用濱口重國、日野開三郎、池田溫的研究成果，價格大概如下。順帶一提，文和錢同樣是計算銅錢的單位（枚數），一千文＝一千錢＝一貫。

太宗、高宗、玄宗時代的安定期：

普通奴隸	一萬到兩萬文（銅錢十到二十貫）
高級奴隸	最貴的是幾十萬文（銅錢數百貫）
普通馬	四千到九千文（銅錢四到九貫）
名馬	三萬到十萬文（銅錢三十到一百貫）

普通奴隸的價格是普通馬一到二匹左右，比良馬稍微便宜一點。池田溫對關於當時日本和唐朝的物價諸史料進行比較檢討之後（一九八三，頁四十七～五十一），指出普通絹一疋和穀物代表的粟麥一石（＝十斗＝一百升。唐代的量器升是近代日本的約三分之一，所以一石相當六十公升）幾乎等價，可將之視為銅錢四百文，所以普通奴隸的價格換算成普通絹就要二十五到五十疋，用粟麥換算則為二十五到五十石。還有，粟麥二十五到五十石的量，不過是與擁有二十畝（＝一百到一百二十公畝＝一萬到一萬兩千平方公尺）上下的田地的小農在一年內的穀物收穫量相差不遠，所以可以用這個大概推算出奴隸價和馬價的基準。

雖是如此，上面為了管理兩都和各州縣的公立市場而設定的公定價格表，終究是提供標準而已。雖然有助於推測實際的最低價格，可是無法作為上限的參考。濱口重國表示：「來自外國的珍貴奴婢，或是年輕貌美的女子，擁有一身才藝的奴婢等的價格不斐，高達幾十萬錢也不稀奇，對富豪顯貴而言，擁有如此名貴的奴婢，乃是值得互相炫耀之事。」根據日野開三郎的研究，從當時的小說裡面，可以看到有不少權貴富豪追求名馬投下巨資，或是為了美姬不惜砸下重金等的題材。

砸下重金贏得的美姬，當然指的是女奴隸。按照當時的用語，細婢、良馬，意即美麗的女婢和駿馬，在商品的單價裡面是最高級的東西。能夠擁有馬的是王侯、貴族、官僚、富豪等上流階級的人，被稱為突厥馬、波斯馬等赫赫有名的外來品種的馬，在今日看來就像是高級進口車。一般庶民廣泛作為騎乘用、載貨用的是驢子，甚至連國內產的馬也買不起。

胡姬、胡兒的出身與奴隸貿易

◎新發現的奴隸名單

存在於絲路地區的人口買賣契約文書，目前所知的有最古老的三到四世紀西域南道的佉盧文文書，在阿富汗發現的四到八世紀的巴克特里亞語文書，唐代則有于闐文書、吐蕃文書，之後是在十世紀以後的古代回鶻文書。但是，這些為數不多的實際例子，幾乎都是因為饑饉貧窮，無法返還借款，或是需要大筆金錢等的理由，礙於情勢被逼，把自己的妻子或擁有的奴隸賣掉，而且都是與住在附近的居民之間進行的人口買賣。然而，唐代的胡姬、胡兒的買賣與這些不同，是透過絲路進行遠距的人口買賣。就這一點來看，與中世伊斯蘭世界的馬木路克或是近代美國的黑人奴隸的例子是相似的。

粟特人在唐帝國內帶著奴婢旅行一事，到目前為止從吐魯番出土的漢文文書裡也一再地被提出。而且，烏魯木齊的漢人研究者吳震首次指出，在唐朝武則天時代的吐魯番，有可能存在專門從事私奴婢尤其是粟特人奴隸（當時的用語是胡奴婢）買賣的人。他的大膽推測是依據一九六四年阿斯塔那第三十五號墓出土的〈武周先漏新附部曲、客女、奴婢名籍〉，這個名稱是出土後由中國研究者所命名的，並非在破損相當嚴重的原文書裡既有的名稱。簡單說，這份文書的主體是列舉出做為私賤民的部曲、客女以及私奴婢的名單，再加上簡短說明，即使如此，以現狀來看是不完全的，很難看出這件名單文書的特性，而吳震卻排除萬難做到了。

根據吳震的分析，這個「奴婢名籍」記載了應該是附籍於兩戶人家的戶籍內的私賤民，合計七十九名（明細是樂事一名、部曲三名、客女六名、奴二十三名、婢四十五名、不明一名），可是從文書的破損狀態來看，原來應該有一百名以上，而且在上次的戶口調查時漏報了，這次重新申告並登記在戶籍上。

最初的一戶人家的戶籍所漏報的，有樂事一名、部曲三名、客女四名、奴二十三名、婢三十名，小計六十一名。第二戶人家的戶籍漏報客女兩名、婢十五名、不明一名，小計十八名。眾所皆知，在唐朝作為徵稅基礎的戶籍受到嚴密管理，如果有違法隱漏的話，不只是戶主，就連鄉里組織的負責人或州縣的長官也會遭受處罰。在這種情況下，像本名單這樣出現大量的漏報並不尋常，背後應該是當事人有某種明確的原委。

本名單當中，表面上看有非人口買賣對象的半自由民，即樂事、部曲、客女，可是大多數都是其所有者可以自由買賣的私奴婢。數目為六十八人（奴二十三人、婢四十五人），其中可判別年齡的，未滿十歲的有九人（奴三人、婢六人），十到十九歲的有十八人（奴六人、婢十二人），二十到二十九歲的有十人（奴兩人、婢八人），三十到三十九歲的有七人（奴五人、婢兩人）。甚至，婢裡面有兩歲抑或二十幾歲的不確定年齡的有二人。奴裡面，年齡最小的是五歲，最年長的是三十六歲，婢的年齡最小的是一歲，最年長是三十一歲。光是兩戶人家就擁有如此大量的奴婢已經很不正常了，而且上次人口調查時沒有申告，這裡卻突然出現，其不正常的程度更加倍增。

而且，奴婢裡面從一歲到十三歲的年幼者就占了近兩成，顯然不是為了作為勞動力使役而購入的。甚至，確認奴婢的名字，大概推估有五成以上不像是漢語，而應該是胡人名字的音譯。奴婢沒有姓氏，雖說是有胡人的名字，也無法立即認定這是粟特語或是粟特人，但是有姓氏的九位部曲、客女裡面，有四位是粟特姓（石姓兩人，何姓、曹姓各一人），因此推論大約有半數是粟特人，一點也不為過。吳震認為裡面的漢語名是為了方便而命名的，全數為粟特人，這一點我持保留態度。裡面若有漢人或是吐火羅人（焉耆人、龜茲人）或是土耳其人的奴隸，也不奇怪。可惜的是，擁有這些賤民的兩戶人家的戶主是漢人，還是粟特人或是西域人，因為連名字都沒有保存下來，所以不得而知。可是，應該可以推測是粟特人吧。

◎粟特商人的奴隸貿易

綜合上述，吳震推測這些賤民（尤其是奴隸）是自上次人口調查以後（戶口調查是每三年進行一次）新添入的特殊商品，也就是販賣用的奴隸，為了增加作為商品的附加價值，在吐魯番學習漢語或漢人的禮儀規範，甚至接受歌舞樂器等其他技藝的訓練。六名客女裡面有兩名是六十幾歲，一名四十九歲，以這樣的高齡來看，應該是負責教導奴隸的人吧。

像這樣的大量人口不太可能同時寄居在戶主本籍所在的屋簷下，如文書裡面出現的「寄莊處」，一定是在本籍地以外的別莊，類似宿舍的地方，宛如奴隸栽培機構。順帶一提，時代往後推到十世紀，根據伊本．霍加爾（Ibn Hawqal .，十世紀的伊斯蘭教徒旅行家）的敘述，在薩曼王朝（八七五至九九九年）統治下的撒馬爾罕是河中地區的奴隸集中地，而且在撒馬爾罕接受教育的奴隸是最高級的。因此可想定粟特商人的傳統是為買入的奴隸實施教育後，再以高價賣出。

如果吳震的觀點是正確的，在吐魯番文書所看到的、申請被稱為「過所」或「公驗」的國內旅行許可證，作為粟特商人的隨從一起旅行的胡奴婢們，不只是單純協助主人的工作或是照料日常生活起居，實際上是被當作商品的奴隸，這樣的可能性成為了新的研究焦點。

例如，根據六四八年在庭州（北庭）發給名叫米巡職的三十歲粟特商人的公驗（《吐魯番出土文書》第七冊，頁八～九），他是與十五歲的男奴隸哥多彌施和十二歲的女奴隸娑匐同行。哥多彌施和娑匐均為土耳其語，大概可以推測是粟特商人從事土耳其人奴隸的買賣吧。在《唐會要》卷八十六．奴婢的項目裡，七〇一年甚至下了禁令「勅北方緣邊州縣不得畜突厥奴婢」。這個突厥奴婢也可以直接視為土耳其人奴隸，可是如本章開頭提到土耳其斯坦出身的優婆遮是粟特人奴隸，所以同時把粟特人或是粟特系土耳其人奴隸混在一起是極有可能的。因為透過像絹織物這樣的高額貨幣，原本從索格底亞那被賣到突厥、鐵勒、回鶻等土耳其人的土地（土耳其斯坦）的女奴隸，然後在土耳其斯坦生的孩子再度成為商品被賣出，這樣的模式是可以預料的。

唐代的良賤制底下存在著多數的私奴婢，以這樣的一般知識為背景，吳震重新檢討過去以來一直為人熟知、有胡奴婢出現的敦煌吐魯番文書，而他成功分析出本名單文書是在吐魯番專門購買、培育和販賣、貿易奴隸（過半數是粟特人奴隸）的人家，為了申告在上次戶口調查之後所獲得的奴隸數和名字年齡的文件。這篇論文出版之後到我們的手上是在二〇〇〇年，但是最初的發表是在一九九四年，而且裡面受到我們在一九八九年問世的粟特文女奴隸買賣契約文書的影響甚深，我由衷地感到高興。

根據吳震的論點，粟特商人不只是進行絹馬交易，也從事絹奴交易，由他們經手的奴隸，產地是索格底亞那本國和草原地帶的土耳其斯坦。基本上，我也相當認同這個說法，在唐代存在著透過絲路進行的大規模奴隸貿易，就如同吳震所提出的。尤其是在民間受到廣大歡迎的胡姬或是私妓，有很多也是經由奴隸貿易而流入的吧。

---

1 此處譯文的基礎來源引自：吉田豐、森安孝夫、新疆維吾爾自治區博物館，柳洪亮譯，〈麴氏高昌國時代粟特文買賣女奴隸文書〉，《新疆文物》一九九三年第四期，頁一〇八～一一五。譯文中保留了粟特文的拉丁文拼法，但為了方便讀者閱讀，在後方括弧中附上參考漢譯。另外，為了更符合本書的日譯版本，部分文字略作調整。

2 日文原書無此段原文，此為本書中文版補加。

3 日文原書無此段原文，此為本書中文版補加。

第六章

突厥的復興

闕特勤碑的漢文銘文

突厥第二帝國的成立

◎復興前夜的叛亂

六三〇年被唐滅亡以來，東突厥的遺民就居住在唐帝國的內部，很多時候是作為唐朝的臣民被派去遠征高句麗或遠征西域。對於這樣的突厥遺民（降戶）而言，六七九年（調露元年）發生的事件具有劃時代意義。

首先，位於漠南定襄都督府管區內的首領阿史德溫傅與阿史德奉職，擁立舊東突厥王族出身的阿史那泥孰匐，為了突厥再興而發動叛亂。定襄都督府是從六四九年起的燕然都護府、六六三年的雲中都護府、六六四年起的單于都護府以來，一貫隸屬於唐朝設置的都護府底下，把過著遊牧生活的突厥降戶作為集團結合起來的自治組織。由降戶組成的二十四州盡數蜂起響應這次的叛亂，多達十萬人擴張到漠南一帶，也煽動奚、契丹，勢力一時凌駕唐朝。但是，唐朝方面任命從西域的西突厥遠征凱旋歸來的名將裴行儉擔任定襄道行軍大總管，投入唐朝建國以來前所未有的三十萬兵力，隔年終於成功鎮壓叛亂。

另一方面，同樣是六七九年，唐朝在比造反的突厥降戶更南的地方，即居住於鄂爾多斯的靈州至夏州南境的其他突厥降戶集團——「降突厥」，設置魯州、麗州、含州、塞州、依州、契州等「六胡州」，並以唐人為刺史。雖說這個六胡州的主要構成要素「六州胡」是由「降突厥」組成的，可是根據與古突厥語碑文的比較研究，可知「六州胡」在語義上只有可能是粟特人集團，而且漢文的出土史料可加以佐證。例如，透過洛陽出土的安菩墓誌，得知安菩在麟德元年（六六四年）殁後被追贈的頭銜是「陸（＝六）胡州大首領」，敦煌出土的景雲二年（七一一年）的〈張君義告身〉這份公文書裡面，也完整出現魯州的康某某、含州的安神慶、依州的曹飯陀、契州的康丑胡。

這些六胡州出身的人物全都擁有代表粟特人的粟特姓氏，並非偶然。因此，進入六胡州的人大多數被認為是來自曾經在東突厥最後的頡利可汗時代參與突厥政權的粟特人或粟特系突厥人（突厥人與粟特人的混血，或者是突厥化的粟特人等），他們想來應是在六三〇年與突厥降眾一起內徙並由史善應、康蘇密率領，但是之後跟隨阿史那思摩移居內蒙古，再度回到鄂爾多斯的粟特人子孫。在羈縻州，原則上是以本族人為首領，可是在這裡卻是任命唐人為刺史，大概是唐朝政府因為在定襄都督府底下以阿史德為中心的突厥降戶發起的大叛亂而心生戒備，所以想要控制過去曾在突厥支配下的粟特人以及粟特系突厥人吧。於是，從這一年起，兩者的命運出現很大的分歧。

也就是說，在第一次叛亂失敗後不久，六八〇至六八一年，存活下來的阿史德溫傅自夏州迎奉頡利可汗的近親阿史那伏念，再度發動同樣的叛亂。雖然又是以失敗收場，可是突厥降戶對於再次獨立的意志相當堅定，六八二年阿史那一族的骨咄祿（「擁有天的靈威者」之意）獲得阿史德元珍的援助，三度向唐舉旗反抗，終於成功復興突厥帝國（創立突厥第二帝國），並於隔年六八三年攻陷單于都護府。要注意的是，這個獨立運動的舞台不只是內蒙古和鄂爾多斯北邊，也擴及到一般被視為唐王朝本土內的山西省、河北省北部。

對此，位於鄂爾多斯南部至陝西北部的六州胡，有一部分跟復興的突厥合流而北遷，但是大部分還是留在中國本土。可是，之後似乎唐朝給的待遇不周，所以玄宗時代的七二一到七二二年接連發生「康待賓之亂」與「康願子之亂」。首謀康待賓自稱葉護，康願子自稱可汗，因為召集了手下安慕容、何黑奴、石神奴、康鐵頭等粟特姓氏的武將，應該擁有一定的軍事力。儘管如此，這樣的粟特系突厥集團的叛亂，似乎沒有得到突厥本國的協助，結果兩次均告失敗，還是無法獨立。然而，就是這股勢力成為安史之亂的先驅，而且日後將與安史之亂合流，因此有必要重新認識他們在唐史裡所占的重要性。

◎遊牧民族最初的「歷史史料」

突厥第二帝國在建國初始的根據地是在漠南的陰山山脈一帶，最初主要是與南鄰的唐和東側的契丹作戰，不過之後則逐漸把討伐軍調派到漠北的蒙古高原各據點，與鐵勒各部征戰來擴大勢力，並且在六八六年底至六八七年前半，將根據地移往漠北的鄂爾渾河至於都斤山一帶。其實從那以前開始，漠北已經發生大旱魃，九姓鐵勒整體瀕臨危機，六八五年不只是唐朝的安北都護府從漠北撤退到河西，六八六年鐵勒出現大量難民越過戈壁往河西走廊地區流入，因此突厥往北遷正是時機。恢復漠北後，阿史那骨咄祿終於成為初代可汗，稱為頡跌利施可汗，意思是「集結國民的可汗」。

次於王族阿史那氏的名門阿史德

毗伽可汗碑　遊牧民族最初的歷史史料之一。

氏的首領——阿史德元珍，即暾欲谷（Tonyukuk），為此次的復興突厥與回歸漠北竭盡心力。在波瀾萬丈的生涯裡面，他作為謀臣侍奉初代頡跌利施可汗、第二代遷善可汗（默啜）、第三代毗伽可汗，鞠躬盡瘁直到年老，不只是展現出縱橫沙場的活躍，也留下了自撰的「暾欲谷碑銘」作為重建突厥史的重要記錄。這個碑銘與「毗伽可汗碑」，以及其弟的「闕特勤碑」合起來統稱為鄂爾渾碑銘或是突厥碑銘，遊牧民族自身寫下的世界最初完整歷史史料的，唯獨上述碑銘。

闕特勤碑　突厥第二帝國毗伽可汗為表彰其弟闕特勤的功績而設立，內容以漢文及突厥文寫成。

根據暾欲谷碑銘的記載，頡跌利施與暾欲谷起兵時的勢力僅有七百人，三分之二是騎馬，三分之一是徒步。然後，暾欲谷與頡跌利施「（一起）向南殺死了許多 Tabγač（＝唐），向東殺死了許多契丹人，向北殺死了大量烏古斯（＝Toquz-Oγuz＝鐵勒）人。我成為他的參謀和軍事指揮官。」暾欲谷如此誇耀自己的功績。這一段落與《通典》卷一九八記載阿史德元珍投奔骨咄祿時，「骨咄祿得之，甚喜，立為阿波大達干，令專統兵馬事」是一致的。

把根據地移到漠北之後的頡跌利施任命其弟默啜為「察」（shad，官名；又譯設、殺），另一名胞弟咄悉匐為「葉護」，各自分封領土的東西，與自己直轄的中央結合，採取分權體制。察和葉護是僅次於可汗的稱號，像這樣子中央與東西兩廂形成的三分權體制，是從過去的匈奴到之後的蒙古為止，中央歐亞東部的遊牧國家，甚至是中央歐亞型國家的傳統特徵。暾欲谷被任命為阿波大達干，應該是相當於軍機大臣或是國防大臣的職位，可是他的權限是僅限於可汗直轄的中央部，是否擴及到東西的左廂和右廂，就不得而知了。

於是，經過以上的動盪之後，橫跨戈壁沙漠南北的唐朝對突厥、鐵勒的羈縻支配體制就此崩壞。但對突厥而言，自六三〇年以來屈服於 Tabγač（＝唐）這個異民族，不只要接受他的支配，甚至被徵召到高句麗或西突厥遠征，從事各式各樣的軍役，這五十年間是不能被遺忘的屈辱時代，要引以為戒永遠牢記在心。以下的史料是從闕特勤碑銘東面第七到八行的引用。過去，這個碑文被理解為是誇耀父祖時代在唐朝建立的功績偉業，可是在文脈上絕非如此。無法擁有自己的可汗稱號，不得不尊稱唐皇帝為天可汗，這是充滿悔恨的時代記憶。

（原來是長大成人後要成為突厥統治貴族的）被稱為伯克的男子們，卻成了唐朝（Tabγač）的奴僕，原來的伯克夫人成了婢女。突厥的伯克們放棄了突厥的名字（稱號），在唐朝的伯克們帶著唐朝的名字（稱號）並聽從於唐皇帝（Tabγač可汗），為他服務五十年之久。為了唐朝的利益，他們向前方（東）即日出之處，一直征戰到高句麗可汗（之國）；向後方（西）則遠抵（索格底亞那與巴克特里亞的交界處）鐵門。

◎默啜可汗和武則天的對立

從唐朝再度獨立，復興突厥的頡跌利施可汗（骨咄祿）在六九一年病歿後，其弟默啜擠下頡跌利施可汗之子默棘連（又稱默矩，即日後的毗伽可汗），自立為可汗。這時中國正值武周革命的時期（六九〇～七〇五年），之後，默啜對武則天統領下的中國，反覆進行挑釁般的侵略與和親。因為武則天時代改國號為周，一直到她死去的七〇五年為止，因此稱唐並不恰當，就稱為中國。

首先，六九三年默啜即位成為可汗，就親自率領部眾入侵鄂爾多斯西端的靈州，對漢人進行殺戮、掠奪，目的當然是要對突厥內部展現其身為可汗的魄力。像這樣子，先對中國下馬威，接著卻態度一轉希望和親。中國方面，即使知道這是遊牧勢力的慣用伎倆，可是戰爭需要龐大的經費，而和親則是獻上貢品，放在天平的兩端衡量，只能無奈地接受提議。接著，六九六年契丹起兵反叛中國之際，默啜出兵協助中國討伐，被武則天冊封為立功報國可汗。雖說是冊封，不過只是單純的懷柔策略，並不是唐朝和東亞各國之間的冊封關係。唐朝與從北方至西方的突厥、回鶻、吐蕃始終是「敵國」關係，它們足足以和唐朝匹敵的對等國家，因此跟真正的冊封相差甚遠。

甚至，六九六年默啜還要求歸還分散於中國的鄂爾多斯至山西北部一帶的突厥降戶，以及割讓單于都護府的土地，還有提供在那塊地上耕種的種子和農具。面對這種不合理的要求，雖然武則天憤慨不已，可是在臣子的說服之下態度軟化，結果隔年把位於豐、勝、靈、夏、朔、代州這六州（不同於六胡州）的降戶數千帳與種子四萬石以上及農具三千件交給了默啜。之後，突厥第二帝國就像過去的突厥第一帝國般，逐漸強盛起來。

另一方面，對於默啜向中國提出的和親要求，六九八年武則天命內侄淮陽王武延秀迎娶默啜可汗的女兒，把他連同黃金、絹帛共同送入突厥。此舉是出自篡奪唐朝的武周女帝武則天的一番好意，可是默啜可汗卻勃然大怒，認為「自己是希望和唐朝的王族李氏聯姻，而不是武則天一族的武氏」。默啜得知唐朝王室的正統王子只剩下兩位時，他打的如意算盤是想要讓其中一人娶自己的女兒為妻，順水推舟的話，等皇子登上皇帝寶座之後，他就可以掌握唐朝的實權吧。

可是美夢被粉碎之後，默啜便不斷派出大軍入寇華北各地（陝西省、山西省、河北省）。武則天的因應之策不只是投入三十萬大軍，還下詔懸賞「斬首默啜者封王」，並將默啜的名字稱呼為「斬啜」以洩心頭之恨。這時，突厥掠奪多達八萬到九萬的大量漢人男女，根據林俊雄的推測是

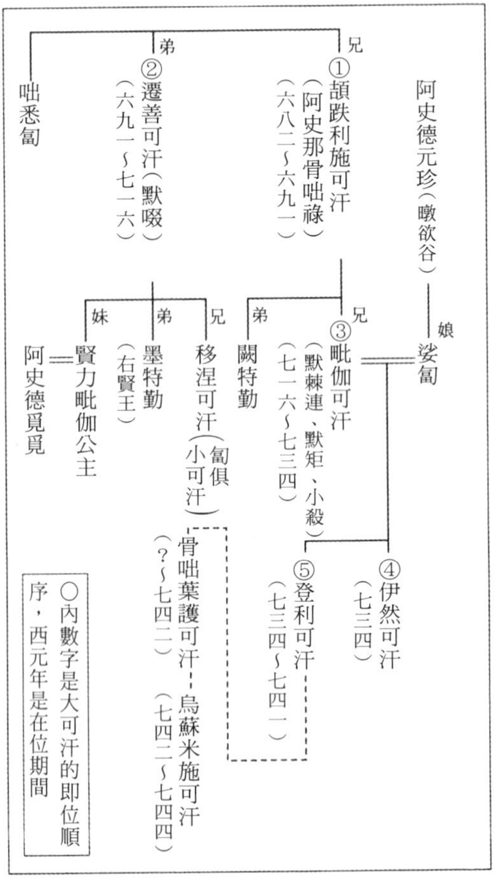

突厥第二帝國的王族系譜

為了讓他們在如今已經完全成為突厥領地的內蒙古陰山方面的可耕地上從事農耕。這麼一來，完全占上風的默啜在六九九年任命其弟咄悉匐為東廂察，侄了默棘連為西廂察，從而穩固了他的統治體制。不只讓他們各自率領兩萬騎兵，而且在其上還立嫡長子匐俱（小可汗、移涅可汗）為拓西可汗，並且給予四萬騎兵。

此後，直到七〇六年為止，就在入寇中國北邊與要求和親之間反覆著。可是，默啜在位期間的後半，突厥忙於北方和西方的經營，讓唐朝有捲土重來的機會。從突厥復興到默啜可汗時代的中期為止，比起唐朝，內蒙古很多時候都是在突厥的統治之下，因此突厥在戰略上積極投入北方和西方，沒有多餘的兵力可以分派到南方經營漠南。趁此機會，七〇八年唐朝採用朔方道大總管張仁願的主動出擊策略，在黃河大彎曲部的北側設置東、中、西的三座受降城（以接納投降者的名目設立最前線軍事基地），情勢一下子逆轉。就像突厥有謀臣暾欲谷，唐朝的名將張仁願既是中央高級官僚，同時也精通軍事謀略。

對於已經控制住蒙古高原內部鐵勒各部的突厥而言，北方西伯利亞方面的敵對勢力是契骨和黠戛斯，甚至更強勁的對手是西方的舊西突厥勢力突騎施，與同樣是上耳其系的拔悉密、葛邏祿。七〇九年和七一〇年，突厥遠征契骨和黠戛斯，七〇八年和七一〇年遠征突騎施，七一三年起至七一五年對唐朝支配下的東部天山北麓要衝北庭（又名別失八里）發動三次攻擊，七一四年和七一五年遠征葛邏祿，幾乎沒有休兵養息的空間。這可謂是以遊牧民為中心的軍事國家的宿命，也因此國家才能夠擴大發展。

◎毗伽可汗的登場

晚年的默啜因為性情暴烈蠻橫，導致一度進入支配底下的各方勢力紛紛出走離叛。在他統治時期末年的七一五年（開元三年），九姓鐵勒發動叛亂，隔年七一六年默啜在土拉河畔擊敗九姓鐵勒之一的拔曳固部之際，一時掉以輕心，遭到頡質略率領的拔曳固殘存勢力埋伏斬殺，淒涼而終。

結果，以默啜的嫡長子小可汗（移涅可汗、拓西可汗）為首的一派和初代頡跌利施可汗（骨咄祿）之子默棘連、闕特勤兄弟之間展開繼位之爭，後者取得勝利，兄默棘連即位成為毗伽可汗，弟闕特勤作為左賢王掌握軍事大權，甚至連同前朝老臣暾欲谷也重返宰相之位。

毗伽可汗也在暾欲谷的忠告下，極力避免與唐朝發生衝突，將主力放在壓制北方的鐵勒各部；東方的奚、契丹；西方的葛邏祿、拔悉密等。然而，在曾經是西突厥的地盤活躍的突騎施，雖然一時被壓制了，可是在蘇祿的領導下迅速重振勢力，因此為了避免樹敵，雙方也得以共存。如此一來，中央歐亞東部即絲路東部就由唐朝和土耳其族（突厥和突騎施）各據南北一方和平共存，這個情勢是在毗伽可汗時代成立的。

回顧過去，唐朝取代了突厥第一帝國或是東西突厥，同時掌控了陸上絲路的綠洲之道與草原之道，這是唐朝成為世界帝國的主因。但是，突厥復興之後，雙方便針對草原之道的支配權展開激烈的攻防，最後終於回到了土耳其族方面的手上，而告一段落。

關於毗伽可汗的治世與其背後推手暾欲谷的業績，可參照護雅夫針對一般讀者所寫的《古代遊牧帝國》或是護／神田編《北亞史（新版）》有很精彩的內容，因此不在此贅述。唯獨一點一定要事先說明的是，毗伽可汗即位後一改先前的對立態勢，基本上對唐朝採取和睦政策。換言之，也就是重視絹馬交易的政策，當然我們可以想像在這背後一定有粟特商人居中牽線。

◎突厥第二帝國的粟特人

實際上，並沒有發現相當明顯的史料或遺物，足以證明粟特人在突厥第二帝國的活躍情形，可是在其前後時代的突厥第一帝國以及回鶻帝國（東回鶻）均與粟特人有密切關係，甚至是同時代的唐朝也可以看到大量的粟特人出現。相比之下，在突厥第二帝國，與唐朝的絹馬交易依舊令人感到意外的旺盛，因此不可能沒有粟特人的介入。回鶻帝國時代也好，突厥第一帝國時代也好，可以清楚知道支撐著興盛的絹馬交易的是粟特人。因此，漢籍史料裡關於唐玄宗時代發動大叛亂的武將（節度使）安祿山的生平記載，值得再度檢視。

關於安祿山的出生地，有一說是北京東北部的營州柳城（遼寧省朝陽縣），另一說為蒙古高原。可是，其生母為突厥的名門阿史德氏，這一點是沒有異議的。雖然無法實證，但是，從我們的立場來解讀史料的話，推測他應該是在突厥第二帝國時代的蒙古高原出生的吧。而且，母親是阿史德氏的薩滿，父親是活躍於突厥的粟特系武將，其姓氏是表示撒馬爾罕出身者的康姓，安祿山正是兩者所生的混血兒。因為父親早逝的緣故，母親改嫁給同樣來到突厥的另一個粟特人望族即布哈拉出身的安延偃，所以他改姓養父的安姓，取名為安祿山。

在突厥第二帝國，七一六年默啜可汗遭遇內亂而死去時，有許多在默啜可汗底下當官的突厥人、粟特人、粟特系突厥人亡命到唐朝。安祿山和養父安延偃，甚至是安氏一族的安孝節、安思順、安元貞（文貞）兄弟們也都在其中。這裡值得注意的是安延偃之弟，也就是安思順、安元貞兄弟倆的父親安波注（波主／波至）和安孝節的父親安道買兩人，均是仕奉唐朝的胡將（也有一說是指安思順從一開始就在唐朝方面）。也就是說，粟特人遵守前文提過的安全保障的傳統機制，這裡也是將自己的一族分配到敵對勢力的兩方。具體地說，安祿山他們跑去投靠在山西地區擔任嵐州別駕的安貞節——安道買的次子、安孝節之弟，暫時在那裡棲身。

綜合上述，推測突厥第二帝國也是和前朝一樣，有好幾個稱為「胡部」的粟特人集團或是殖民聚落，還有粟特人及粟特系突厥人的有力蕃將活躍其中。然後，這樣的推測也可以透過唐朝方面的「康阿義屈達干神道碑」的碑文來佐證。

康阿義屈達干是在突厥第

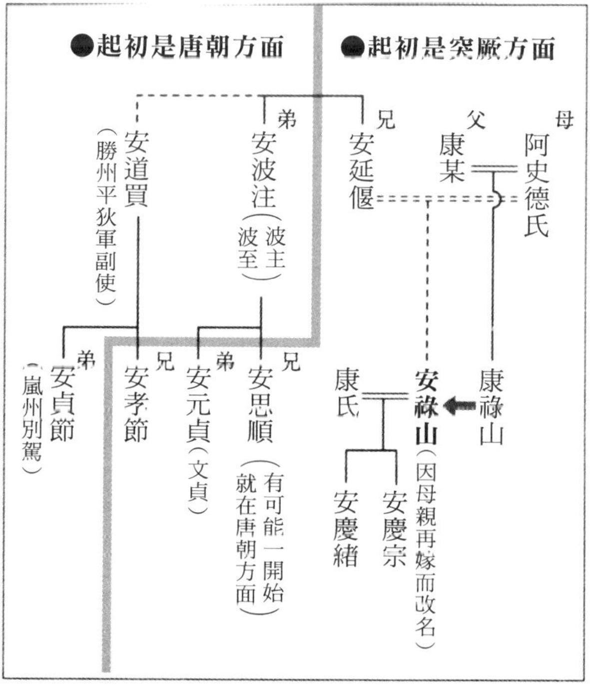

安氏一族的系譜圖　安氏基於粟特傳統的安全保障策略，分別在唐朝和突厥兩方配置安氏一族的成員。

二帝國滅亡時，帶著王族的主要女性和王子們，與歸附唐朝的阿布思一起行動，之後又被安祿山方面拉攏，但最後是賭上性命投奔到唐朝的人。神道碑裡面記載他是柳城人，可是其祖先是舊東突厥的貴族「北蕃十二姓之貴種」，父親在默啜可汗時代是率領突厥內部粟特人集團的希利發（部族首領），同時也是隨侍在默啜身旁的武將。而且，在默啜死後，毗伽可汗一派在肅清默啜派的舊勢力時也安然度過，之後也待在突厥。因此，可以知道在整個突厥第二帝國時期，也有粟特人的存在。

在突厥方面的史料闕特勤碑銘、毗伽可汗碑銘裡面，記載七〇一、七〇二年由默棘連率領的突厥軍隊進駐鄂爾多斯，治理原本是在鄂爾多斯南部的六州胡，因此推測有相當多數的粟特人及粟特系突厥人從唐朝往突厥移動吧。

接著，七〇三年突厥討伐拔悉密，理由是拔悉密沒有派遣商隊到突厥，這項記載只見於毗伽可汗碑銘。拔悉密是位於東部天山北麓的北庭附近的遊牧民族，特產品也沒有與突厥不同，所以應該是指從那裡前往突厥的商隊所運送的貢納品或是商品，這些幾乎都是從西方運來的，而負責人只有可能是粟特商人。一直以來，拔悉密位居草原之道的天山北麓要衝，控制從西方匯集到北庭一帶的商隊，均衡地分配到唐朝和突厥。這個時候，可能是為了某些原因而妨礙商隊前往突厥。但是，在突厥征伐拔悉密後，由粟特人主導的商隊應該和先前一樣持續與突厥往來，所以突厥領域內的粟特人也一直在增加。

◎在北庭致富的男子

從裴伷先這號人物的傳記裡面，也可窺知當時的北庭一帶（現今烏魯木齊東方一百幾十公里外）是非常適合從事貿易致富之地。他的伯父是武則天時代的宰相裴炎，因為裴炎的庇蔭而當官，可是當裴炎被藉故以謀反的罪名誅殺後，他與武則天對立，先被流放到嶺南，接著是到北庭。結果就在這個地方開始經商，過了五年就累積鉅富。

《新唐書》卷一一七或是《資治通鑑》卷二一〇裡，有關他的記載很簡略，不足之處只能依賴《太平廣記》這樣的傳記小說集裡的「裴伷先」傳，雖然究竟哪些才是史實仍有疑慮，但是根據記載，當時北庭周邊只有降唐的土耳其系遊牧集團一萬帳，身為首領的可汗很禮遇裴伷先，讓他娶自己的女兒為妻，並且贈與鉅額的黃金、駿馬和牛羊。因此，他愈來愈富有，憑其財力可以養食客數百到數千人，並且派遣他們從北庭通過河西抵達長安洛陽，建立起情報網，查探中央的情勢。他事前掌握到武則天確立方針要誅殺一般的流放罪人時，就召集食客商量，結果決定流亡到不同於岳父，尚未服從唐朝的土耳其系遊牧集團。於是，他帶著馬匹和駱駝八十頭左右的財產，還有妻子、家人和奴隸，甚至是可以成為戰力的主要食客約三百人一起出奔，卻被北庭都護發現進而追擊，終究被捉。

這裡說的土耳其系遊牧集團，依照不同史料有的寫「胡」或者是「突厥」，可是我認為不只是指土耳其人，也包含粟特人或粟特系土耳其人在內的遊牧民族集團。粟特商人兼武人的情形，必定不僅是在蒙古高原、河西或是鄂爾多斯等地區，也散居於天山北麓。拔悉密的統治氏族也和突厥相同是阿史那氏，因此說不定裴伷先是想要流亡到拔悉密。

根據闕特勤碑銘、毗伽可汗碑銘的記載，七一〇年突厥軍征討突騎施（取代舊西突厥支配天山北路一帶，現在成為突厥第二帝國的最大勁敵）之際，甚至進一步遠征到遙遠的索格底亞那。從漢籍和伊斯蘭方面的史料可知，剛好在這個時候，伍麥亞王朝的穆斯林軍北上對索格底亞那虎視眈眈，心生警戒的粟特各國組成反穆斯林同盟，希望突厥能夠派遣援軍協助，結果突厥軍答應了。因此，在這個時候，透過突厥和粟特的直接接觸，使得之前建立起的連結關係更加緊密，凱旋歸來的突厥軍，也有粟特商人或粟特軍人從索格底亞那本土出發一起同行，為突厥的「胡部」注入新血的可能性極高。

悲劇的公主

◎一位公主的墓誌銘

這裡實際上有篇非常有趣的墓碑銘。那是一位在七二三年夏天，以二十五歲妙齡香消玉殞的突厥可汗的王女（公主）的墓誌。正式題名為「唐故三十姓可汗貴女賢力毗伽公主雲中郡夫人阿那氏之墓誌並序」，但撰寫人不明。其實，墓誌銘裡面很多時候並沒有明確記載撰寫人的名字。而墓誌的題名往下是記載先一步過世的丈夫的頭銜和名字（駙馬都尉、故特進兼左衛大將軍、雲中郡開國公、踏没施達干，阿史德覓覓）。

這篇墓誌的主角是賢力毗伽公主（王女），是聖天骨咄祿默啜大可汗的女兒。因為是突厥王族阿史那氏的出身，所以簡略寫成阿那氏。先有個概念，就是主角是默啜可汗的女兒，亡命到唐朝之後在長安過世。那麼就來看墓

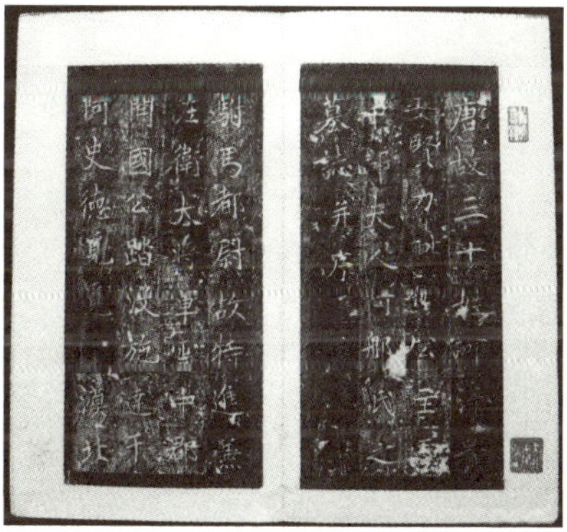

賢力毗伽公主墓誌

誌銘的全文翻譯。

（墓誌銘原文）[1]

漢北大國有三十姓可汗愛女建冉賢力毗伽公主，比漢公主焉。自入漢，封雲中郡夫人。父天上得果報天男突厥聖天骨咄禄默啜大可汗，天授奇姿，靈降英德。君臨右地，九姓畏其神明；霸居左衽，十二部忻承美化。貴主斯誕，天垂織女之星；雄渠作配，日在牽牛之野。須屬家國喪亂，蕃落分崩，委命南奔，歸誠北闕。家壻犯法，身入官闈。聖渥曲流，齒妃嬪之倖女；往天恩載被，禮秦晉於家兄。家兄即三十姓天上得毗伽煞可汗也。因承叡澤，特許歸親兄右賢王墨特勤私第，兼錫絹帛衣服，以充糜用。荊枝丹合，望花蕚之相輝；堂棣未華，遽風霜之凋墜。春秋廿有五，以大唐開元十一年歲次癸亥六月十一日，薨於右賢王京師懷德坊之第。以其年十月癸巳朔十日壬寅，葬於長安縣龍首原，禮也。

天漢月銷，無復粧樓之影；星河婺散，空餘錦帳之魂。男懷恩、兄右賢王，手足斯斷，鴈行之痛于深；膝下長違，烏哺之情永絕。雖送終之禮，已啓松塋；而推改之俗，慮為蕪没。撫貞石以作固，鑿斯文以為憑，庶海變可知，田移物彧。其詞曰：倏辭畫閣，永臥荒墳。人生至此，天道寧論。日催薤露，風急松門。千秋萬古，寂寞孤魂。

（白話翻譯）

戈壁沙漠的北方大國，有三十姓可汗的愛女，被冊封為賢力毗伽公主，可與中華的公主匹敵。入唐之後，（因為丈夫為雲中郡開國公）被封為雲中郡夫人。其父為從天上得果報的突厥聖天骨咄祿默啜大可汗，因為（他）得到上天授予英姿和仁德，若君臨到西方地區，（鐵勒的）九姓部族敬畏這個神明；若在東方蠻族之地稱霸，（狹義的突厥）十二部也非常欣喜蒙受感化。

貴公主誕生於此地時，簡直是上天降下織女星，與英勇的對象成為配偶後，每天都在有牽牛星的原野上生活。（然而）過了不久，（突厥）國家遭遇動亂，部族集團分崩離析，她決定（與丈夫共同）亡命南方，歸順唐朝。（可是之後）丈夫違背（唐朝的）法律（遭受懲罰），公主本人（被剝奪自由成為官奴）身入宮內。（即便如此）天子的恩澤無遠弗居，賜予（她）與嬪妃相同的待遇，並有棲身之地。

（於是）天子的恩惠滿天遍地，想讓她與堂兄成親。她的堂兄就是二十姓（的統治者）、從天降臨的毗伽煞可汗，因此給予特別的處置，允許她（離開宮中暫時到）兄長右賢王墨特勤的宅邸，同時也下賜絹帛、衣服用來充當各種花費所用。原本寄望（象徵兄弟姊妹和睦的）野薔薇枝葉茂密，綻放的花朵相互輝映，可惜（象徵手足之情）的庭梅在未開花之際，突然遭受風霜而凋落。時間是在開元十一年，歲在癸亥年六月十一日，她在位於首都懷德坊的右賢王自宅內過世，芳齡二十五歲。同年十月十日，遵循葬禮，葬於長安縣龍首原（的墓地）。

天空的銀河裡月亮消失了，（公主）化妝的樓閣之影已不復見，銀河上的織女星也不見了，（婚禮用的床鋪）錦帳也感受不到（她的）氣息。對（和前夫之間的）長子懷恩而言，離開母親的膝下，也無法再盡孝道；對兄長右賢王而言，手足之情卻被迫分開，沉痛不已。雖然依循送終之禮，建造種植松樹的墳墓，可是擔憂會隨著時間推移被雜草淹沒，因此以堅固石碑作為不變的印記，並且刻此文紀念（她的生平）。盼望即使是滄海桑田般的大變動，這座墳墓也不會被遺忘。

其詞曰：「突然離開美麗的樓閣，長眠於荒草叢生的墳墓。人生至此，天道也不予評論，朝露在陽光的瞬間照耀下散去（就如生命般短暫），疾風吹松門。千秋萬古，寂寞孤魂！」

◎夾在突厥與唐朝之間

默啜可汗之女賢力毗伽公主和兄長墨特勤當然是在父親死後，被迫亡命到唐朝，在此展開生活。默啜在位期間超過二十年以上，讓東方的奚、契丹，西方同屬土耳其系的拔悉密、葛邏祿、突騎施，甚至是西北方的黠戛斯臣服其下，復興的勢力直逼突厥第一帝國時代。期間，他的愛女即賢力毗伽公主在蒙古高原的本國嫁給經常與王族通婚的有力氏族阿史德氏出身的覓覓，過著幸福的日子。

然而，七一六年默啜急逝，默啜的直系與初代頡跌利施可汗（骨咄祿）之子默棘連、闕特勤兄弟發生繼位之爭，結果後者獲勝，因此存活的默啜一家逃往唐朝尋求活路。從漢籍資料可知，賢力毗伽公主的兄長墨特勤在唐朝作為蕃將相當活躍，可是關於她的丈夫卻一無所知，依據本墓誌銘的記載，他在歸附唐朝後似乎犯了重罪，因此公主成為犯人之妻被貶為官奴。然而，事態的發展卻令人出乎意料，她竟然也一度進入後宮。

如前面所述，對唐帝國而言最大的對手就是北方的突厥。太宗、高宗時代終於滅掉突厥第一帝國（東突厥）與西突厥，可是武則天時代突厥勢力再度復興，她對突厥初代可汗和第二代默啜可汗的仇恨可以說是不共戴天。因此，玄宗皇帝最初也費盡苦心想要打倒突厥，七一六年（開元四年）下詔討伐默啜，可是隨著默啜死於內亂，頓時失去目標。接下來是在七一八年，擬定從西、南、東三方出動三十萬大軍圍攻毗伽可汗的遠大作戰計畫，終於在七二〇年付諸實行。

這次的計畫裡面，包括七一五到七一六年發生混亂時，從突厥出走改而歸順唐朝、且被安頓在山西北部的九姓鐵勒中的五部（即回鶻部、拔野古部、同羅部、白霫部、僕骨部）的集團，各自被任命為征討大使的首領，預定分別率領八百騎到三千騎的陣容參與作戰。不僅如此，默啜之子墨特勤作為唐朝方面的將軍，也打算為長兄（小可汗＝移涅可汗）報仇，計畫討伐毗伽可汗。甚至，根據漢籍資料顯示，與在本墓誌裡被稱為右賢王的墨特勤並列的，左賢王毗伽特勤（毗伽一詞在土耳其語裡是「賢明」的意思，因為頻繁被使用所以容易招致誤解，和毗伽可汗是不同人）也加入這次的討伐軍隊。由此可見，唐朝內部有舊默啜派的突厥亡命政權，他們得到唐朝的後援打算要捲土重來。

然而，這樣的一大作戰計畫，卻因為西方的拔悉密軍先行出動，而東方的奚、契丹軍姍姍來遲等因素宣告失敗，反而讓突厥攻擊唐朝經營西域的據點北庭且取得勝利，甚至繞到河西，在甘州、涼州的北方擊敗唐軍。但是，毗伽可汗並沒有繼續趁勢進攻，不同於過去突厥的做法，而是對唐採取和平政策。具體地說，就是希望能跟玄宗結為父子，而且要求娶公主。才在不久前的戰爭打贏的人卻向輸家拜託，話說得很漂亮，實質上是近乎強迫。

想和玄宗結為父子的這項請求，對唐而言沒有拒絕的理由，也就承認了。但是，唐朝對於下嫁公主一事似乎是苦惱不已。於是，玄宗出人意料地想到政治聯姻，就是把在後宮的默啜之女立為唐朝方面的公主，打算讓她與毗伽可汗再婚。

賢力毗伽公主和毗伽可汗是堂兄妹的關係，在遊牧社會裡這樣的結婚根本是不可能的，而且毗伽可汗又是殺害長兄（小可汗＝移涅可汗）的仇人。年輕貌美的公主在下嫁前被允許先離開後宮，暫時到親兄宅邸寄居，原本應該在那裡準備風光地出嫁，可是根據墓誌的記載，沒有任何前兆就突然過世。

親兄墨特勤如今作為唐朝蕃將備受禮遇，住在豪華的宅邸裡，所以不太可能是因為意外事故身亡，如果是病死就應該會寫病歿，卻也沒有。她的年齡才二十五歲而已卻撒手人寰，這很不自然。故此，很早就向學界公開此墓誌銘的羽田亨和伯希和推測，她猝死的原因應該是自殺，因為要與縱使是同族卻是默啜一家的仇敵再婚，感嘆自己的悲慘遭遇而選擇走向絕路。雖然沒有確切的證據，可是從所有的環境證據來看，這樣的解釋是最為合理的。若是如此，那麼賢力毗伽公主的命運只能用悲劇來形容了。

1 日文原書無此段原文，此為本書中文版補加。

第七章 回鶻的登場與安史之亂

敦煌壁畫中的回鶻王族像（左圖）、出土自新疆庫車的回鶻供養人壁畫（右圖）。

回鶻帝國與摩尼教

◎古代回鶻人和粟特人

與唐朝勢均力敵的突厥第二帝國的全盛時期是比較短的，在毗伽可汗死後便急速衰退，取而代之的是回鶻帝國（東回鶻可汗國）的興起。當七世紀鐵勒集團整體受到唐帝國的羈縻制度統治時，古代回鶻族曾一度躍上檯面，但是成為主角在中央歐亞東部的歷史舞台上燦爛登場，則是自八世紀中葉開始。

首先，七四二年拔悉密、葛邏祿、回鶻三者的聯合軍隊擊敗了一直以來稱霸中央歐亞世界東半部的突厥第二帝國的骨咄葉護可汗，推舉拔悉密的首領阿史那施為新可汗，實際上形成三強鼎立的體制。對此，突厥遺民推立烏蘇米施可汗與之抗衡，但是在七四三到七四四年遭到聯軍捕捉殺害，他的首級被送達長安。

七四四年，回鶻和葛邏祿聯手，打敗一直占上風的拔悉密，回鶻的首領骨力裴羅即位為初代可汗，也就是回鶻帝國初代的闕毗伽可汗。隔年七四五年，葛邏祿與回鶻反目，率領核心部眾從蒙古高原西部的阿爾泰一帶叛逃到西部天山一帶的七河地區。

就這樣子，回鶻帝國取代了突厥第二帝國，從七四〇年代至八四〇年代為止的大約一百年間稱霸漠北。根據第二代葛勒可汗磨延啜的記功碑即「希乃烏蘇碑」（Šine-Usu Inscription，中國稱之為「回紇英武威遠毗伽可汗碑」，也稱「葛勒可汗碑」或「磨延啜碑」）的記載，在他統治的七五七年時，在色楞格河流域徵調漢人和粟特人的工匠建立了白八里（bay balïq）城，「白八里」在回鶻語是「富貴的都城」的意思，因此在漢籍裡記載為「富貴城」，這不是為了遊牧的回鶻人而建的，而是讓外來的粟特人或漢人居住的。顯而易見地，回鶻帝國與過去的柔然、高車或是突厥第一帝國、第二帝國相同，從一開始就利用粟特人的經濟外交手腕，透過史料也可以充分證明這一點。可是，在這裡必須要注意的是回鶻在蒙古草原中建設都市，與以遊牧文化自豪的回鶻人本身的「定居化」或是「文明化」是截然不同的，必須區別清楚。

那麼，古代回鶻在歷史上發揮的重要作用，一般最為人知的是在鎮壓安史之亂——把唐代史分為前期（初唐、盛唐）

回紇英武威遠毗伽可汗碑

和後期（中唐、晚唐）的分水嶺——上相當活躍，立下大功讓唐朝的生命得以延續，以及把摩尼教作為國教這兩點。

七五五年爆發的安史之亂使唐朝陷入存亡之秋，當時回鶻出動強大的騎馬軍團憑藉武力救了唐朝是事實。在那之後，回鶻對唐朝占有優勢地位，所以提出了各式各樣的要求。還有，與回鶻密切往來的粟特商人也狐假虎威，在中國為所欲為，壟斷了以絹馬交易為首的內陸絲路貿易利益。到目前為止，本書一貫強調的粟特商人傳統，即使到了唐朝／回鶻並存的時代也依然持續著。

只是，與過去有很大差異的是，粟特人與回鶻密切結合的背景乃是摩尼教的存在。根據歷史學、文獻學和考古學的研究，不管是哪一個都主張：粟特人的宗教從西元前後到伊斯蘭化之前，一直都是以瑣羅亞斯德教為主流，因此只有進入東回鶻的粟特人才十之八九是摩尼教徒，這是極為不可思議的。儘管如此，讓摩尼教在回鶻得以傳播、普及的媒介人物，所有的環境證據都指向是粟特人。這個問題，與經常要肢解家畜的遊牧民族回鶻為何要改信比佛教更徹底禁止殺生的摩尼教，二者至今仍是學術界的謎題。

◎摩尼教在世界史的意義

摩尼教是在三世紀前半由生長於西亞世界的巴比倫的伊朗人摩尼創立，這裡是宗教熔爐，他以希臘化時代折衷主義之一的諾斯底主義（Gnosticism）所擁有獨特的二元論為核心，再融入從瑣羅亞斯德教、猶太教、基督教等吸收到的思想，創造出二元論（光與暗、精神與物質、善與惡）的折衷宗教。

摩尼開始傳教後不久就到東方展開傳道之旅，即使在佛教文化圈的印度西北部也獲得一定程度的成功。之後，他回國時，波斯薩珊王朝已經取代帕提亞帝國（安息）在西亞確立霸權，他向國王沙普爾一世傳教，成功讓國王皈依，其結果是可以在廣大的帝國內自由

身穿白袍的摩尼教教士

傳教。

於是，摩尼教極盛一時，但是在沙普爾一世死後不久，做為傳統波斯民族宗教的瑣羅亞斯德教勢力展開反撲，摩尼被處死，信徒們也受到嚴重迫害而四處流散。但是，從最初就跨越血統或民族的框架，作為廣受歐亞非大陸各個民族接納的「世界宗教」，摩尼教從摩尼在世的時候就派遣傳教團前往四處，擴及範圍西起大西洋東至太平洋，在各地流傳相當久遠。在西方基督教占優勢的地區則是和基督教，在東方佛教占優勢的地區則是和佛教，時而共存，時而發生摩擦，因應不同時空的各種局面並相互影響，在世界史的意義絕對不小。

例如在地中海一帶，擔任希波城主教的聖奧古斯丁（Aurelius Augustinus，三五四～四三〇年）透過與摩尼教的激烈爭辯，為基督教確立了自己的教義，正是二者互相影響的典型。另外，在中亞與佛教相遇的結果，不只是摩尼教自身的佛教化，反過來對北傳佛教的變貌與發展也造成很大的影響。還有，摩尼教對東西文化的交流，例如天文、曆學、思想、傳說、文字、繪畫、音樂、書籍格式、裝訂法等，也有莫大貢獻。

在匈奴和貴霜王朝興起之後、伊斯蘭化以前的中亞，對其歷史和語言文化上影響最為深刻的宗教，當然就是起源於印度的佛教。可是，另一方面在三世紀的波斯薩珊王朝統治下成立的摩尼教也發揮了相當重要的作用。尤其是八世紀後半以降勢力強大的回鶻，是世界史上唯一把摩尼教視為國教而加以尊崇的國家，因此中亞、摩尼教史與回鶻史的關係密不可分。不談回鶻，就無法談論中亞史，而不談摩尼教，也無法談論回鶻史。故此，若撇開摩尼教不談，中亞史也就無法成立。

◎摩尼教和回鶻的邂逅

把摩尼教導入回鶻的最大功勞者是第三代的牟羽可汗，有事實指出七六二至七六三年牟羽可汗在發生安史之亂時進駐中國本土的期間，在洛陽認識摩尼教僧侶，將他們帶回本國，一般咸認這是摩尼教在回鶻傳播的契機和時間點。

但是，根據用古回鶻語寫成的長文〈牟羽可汗入教記〉（柏林／布蘭登堡科學院所藏U72&U73），他改宗摩尼教並不順遂，遭到保守的反摩尼教勢力的堅決反抗，此外也可推斷摩尼教是和粟特商人密切結合而流入回鶻。而且，透過本文也可窺見牟羽改宗摩尼教有可能是在七六三年以前。若一併考慮到七六一或七六二年在焉耆的摩尼教寺院裡，在一片喜氣中開始製作這首被稱為「Mahrnāmag」的華麗的摩尼教讚美詩集，就更加提高了這個可能性。能夠讓中亞的摩尼教徒欣喜若狂的，莫過於回鶻可汗的改宗吧！相反地，牟羽改宗摩尼

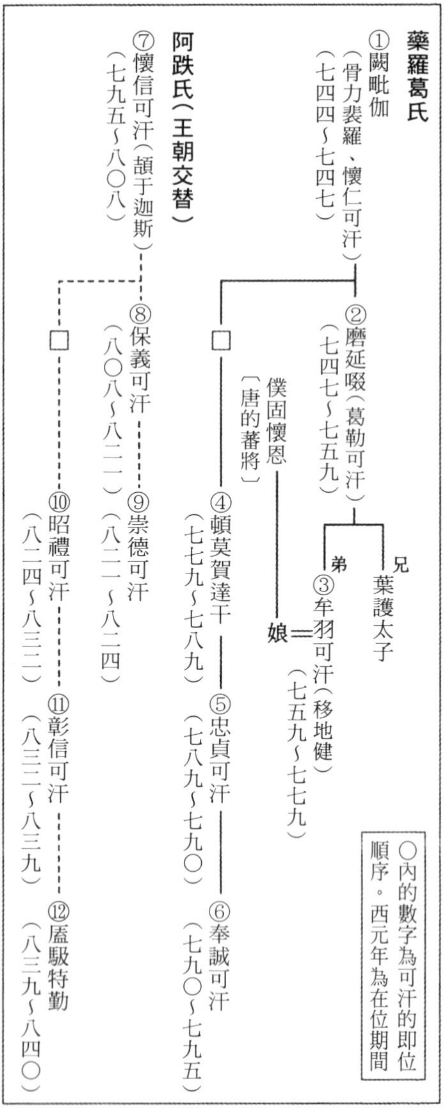

回鶻帝國（東回鶻可汗國）王族的系譜　闕毗伽滅掉突厥第二帝國而稱霸漠北。並因為阿跌氏的頡于迦斯推翻了藥羅葛氏王朝，即位為第七代可汗而實現王朝交替。

教的背景，被認為應該是想要在經濟上和政治上利用粟特網絡。

牟羽可汗在成功鎮壓安史之亂達成偉業之後，為了更加鞏固權力基礎，基於想要獲得絲路貿易利益的經濟理由，再加上利用商人和摩尼僧收集國際情報的政治理由，對摩尼教徒粟特人愈來愈禮遇，甚至賜予他們職掌機要的地位。即使如此，摩尼教並非在牟羽時代就立刻國教化，因為牟羽對摩尼教的熱衷略顯急躁，遭遇到國內保守派的堅決反對，七七九年集結反摩尼教勢力的頓莫賀達干發動政變，把牟羽殺害。

於是，頓莫賀即位為第四代可汗，之後摩尼教暫時被迫在回鶻帝國內銷聲匿跡，其影響程度之大，導致在中亞以粟特人為首的摩尼教徒的狂熱也一時衰退。儘管如此，因為回鶻為了繼續掌握絲路，必須依賴粟特商人的協助，所以最遲是到了七九〇年代，摩尼教在回鶻再度復活。

東部天山一帶幾乎置於回鶻的完全統治之下，是在八世紀末的北庭（別失八里）爭奪戰勝利之後。在這場北庭爭奪戰相當活躍的回鶻宰相兼將軍——阿跌氏出身的頡于迦斯，後來成為第七代懷信可汗，摩尼教名符其實被奉為國教，摩尼教徒粟特人比牟羽時代更受到禮遇。北庭爭奪戰以後，包含吐魯番盆地在內的東部天山一帶整體都在東回鶻的勢力底下。回鶻掌控了自過去以來有多數粟特人居住的吐魯番盆地和焉耆地區等各綠洲都市，不難想像更加速了回鶻的摩尼教發展。

根據柏林所藏的吐魯番出土回鶻文書U1，八〇三年的羊年，回鶻的懷信可汗來到高昌，與位於此地的摩尼教會東方大司教區的最高首領「慕闍」（možak）會面，商量向蒙古地區派遣三位「默奚悉德」（Maxistak，摩尼教團處於第三教階的領袖）一事。另一方面，從「九姓回鶻可汗碑」也可知道，當時的蒙古高原摩尼教會的領袖是處於第二教階的「拂多誕」（avtadan），因此可知懷信可汗想要重新召集「默奚悉德」到本國，藉此強化摩尼教團的組織。

安史之亂與粟特、回鶻

◎安祿山與粟特網絡

那麼，話題必須再回到安史之亂。當時，蒙古高原的回鶻成為中央歐亞的騎馬民族集團代表性勢力，那麼在他們的眼裡，又是如何看待安史之亂的呢？因為行動失敗了，所以被漢籍史料稱為「亂」，可是在當初，安史的勢力樹立新帝國的氣勢卻如日中天。

最終選擇與唐朝靠攏而導致安史之亂註定以失敗告終的，是「北方」的回鶻。然而，這終究是結果論而已，回鶻並不是始終一貫都站在唐朝那邊。回鶻對於唐朝與安史勢力的兩股「南方」霸權之爭的動向，是放在天平兩端衡量，來決定自己的政策的。這裡首先把漢籍史料記載的安史之亂的過程，著重在與回鶻的關係來做論述。

關於安祿山的生平已經在第六章敘述過，他在十幾歲的時候出走突厥，亡命到山西地區的嵐州別駕安貞節之處，至於落腳後的情況並不明朗。大概是依賴唐朝裡面的粟特人集團維生，其間靠著精通六種語言的能力，開始利用粟特人的商業網絡，展開遠距離的移動，之後當上國際商業市場的仲介業者，即諸蕃互市牙郎。與此同時，組織商隊的粟特商人經常要嫻熟於軍事方面，所以他在耳濡目染中也成長為武人。

他作為國際商人或者是武人，青年時代的舞台之一是營州（柳城），七三三年他在這裡與幽州（之後改為范陽）節度使張守珪有了命運般的相遇，和畢生的盟友史思明一起被提拔為捉生將（深入敵區活擒敵人的隊長），而且在張守珪的麾下征討契丹和奚有功，結果張守珪收安祿山為養子，甚至任命他為衙前討擊使。從此，安祿山便作為武人節節高升。雖然途中經歷了迂迴波折，但最終爬到了節度使的位子，每次上京的時候都受到玄宗和貴妃的恩寵。

◎爆發安史之亂

七五五年（天寶十四年）十一月，以幽州（也稱范陽、燕京，今北京）為根據地的范陽節度使安祿山，夥同盟友史思明，率領作為參謀的次男安慶緒、漢人官僚嚴莊、高尚、蕃將阿史那承慶（舊突厥王族）、孫孝哲（契丹人）等舉兵叛變。當時的北京存在著許多由粟特人、粟特系漢人或是漢人經營的「行」，即商人公會，像是結合旅館、倉庫業和金融業的「邸店」也比鄰而立。可想而知，在發動叛變之前，安祿山利用粟特人或者是粟特系土耳其人、粟特系漢人以絲路為中心的商業網路，已經籌措了龐大資金，還召集土耳其人、粟特人、粟特系土耳其人、奚人、契丹人、室韋人、漢人等組成的騎馬和步兵軍團，做好充足的軍事準備。

安祿山起義的名目是為了除掉玄宗身邊的奸臣楊國忠。然後，他以八千餘騎最親信的親衛隊為中心，率領了蕃漢十萬到十五萬的大軍團，一口氣通過河北地區直驅南下，轉眼間就攻陷洛陽。這支親衛隊裡面可能包括了相當多數的粟特軍人，此外，蕃軍也涵蓋了同羅、奚、契丹、室韋的曳落河。曳落河是契丹語，大概是指士兵或軍官的一種，這裡也可以解釋為健兒（傭兵的意思）或壯士。

隔年七五六年（天寶十五年）正月元旦，安祿山在洛陽自稱為大燕皇帝，建元聖武，安史方面的勢力高漲，相對地同年六月玄宗命令蕃將哥舒翰率領大軍從潼關往東出擊，但哥舒翰卻落敗被俘。長安陷入恐慌，於是在楊國忠的主張之下，決定護駕玄宗流亡出奔（皇帝流亡則被修飾為蒙塵）四川（蜀）。六月十三日天未亮，玄宗、楊貴妃與其一族、皇太子夫妻、楊國忠一家、公主們非常隱密地逃出宮殿，旋即不久在途經馬嵬驛時發生那件有名的悲劇故事，楊貴妃自縊了斷。

玄宗就這樣子出奔四川避難，另一方面皇太子則期待捲土重來而前往靈武，靈武是西北邊界的要衝，也是朔方節度使郭子儀的根據地。七月，皇太子在群臣的殷切懇求下，將四川的玄宗尊為太上皇，並在靈武即位為肅宗，改元至德。

◎唐朝向回鶻請求援軍

同年九月，肅宗為了向回鶻請求援軍協助，派遣使者前往蒙古高原。此時的使者是王族敦煌郡王承寀、土耳其系的武將僕固懷恩，以及粟特系的蕃將石定番。十月，在位於蒙古高原鄂爾渾河畔的首都窩魯朵八里（Ordu-Baliq）實現會面，回鶻的第二代可汗磨延啜（葛勒可汗）非常高興，不僅把可敦（可汗的正妻）的妹妹當作自己的女兒，並且把她許配給承寀。甚至，因為磨延啜派遣回鶻的首領作為使者前往答禮，肅宗還親自到彭原迎接，並且封承寀之妻的回鶻公主為毗伽公主。

同年十一到十二月，安史勢力方面的阿史那從禮率領突厥、同羅、僕骨軍五千騎，從長安往北方進軍，與位於河曲且在唐朝支配下的九姓府、六胡州等勢力數萬人合流，打算襲擊

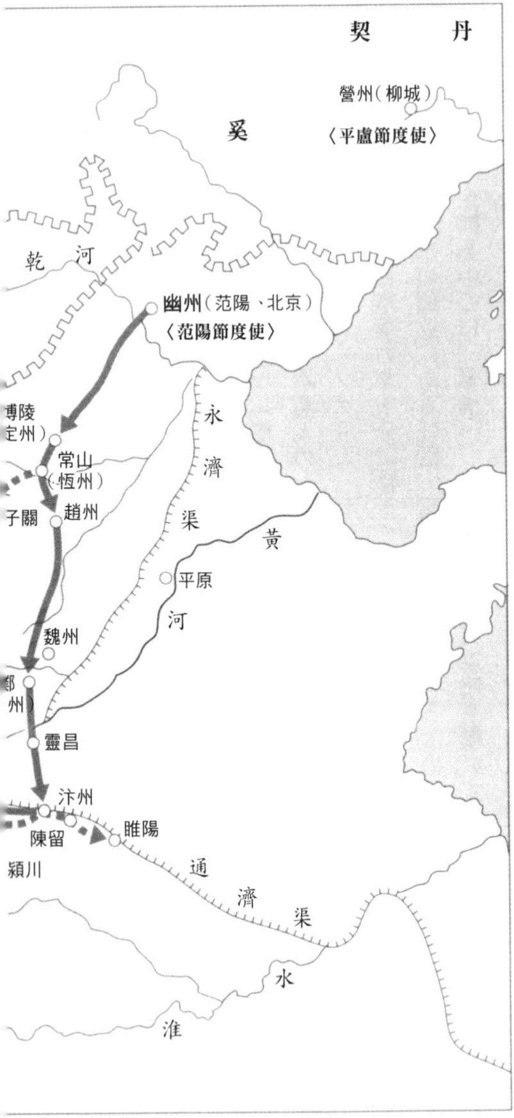

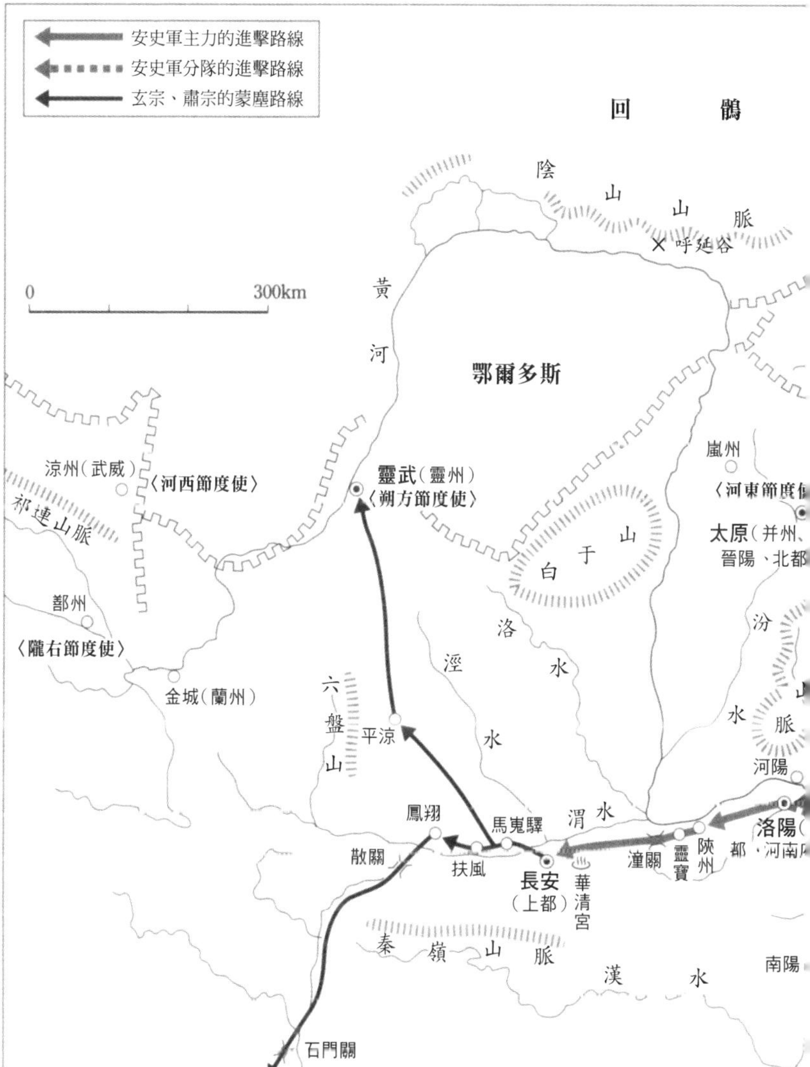

安史之亂的相關地圖　安祿山以親衛隊八千餘騎為核心，率領十到十五萬的兵力前進洛陽和長安。

肅宗的行在（舊時帝王巡幸所居之地）靈武。對此，郭子儀在從陰山到相當於黃河流域出口的呼延谷迎接由磨延啜可汗率領南下的回鶻本軍，兩者合流擊退阿史那從禮，平定河曲（黃河大彎曲部內側的鄂爾多斯和其外側周邊）。雖然僅記載於《新唐書》卷二一七上〈回鶻傳〉裡面，不過磨延啜在這場共同作戰的態勢，明顯地就是居在郭子儀的上風。

七五七年（至德二年）正月，安祿山在洛陽遭到親生兒子安慶緒以及心腹部下的暗殺，而既是安祿山的盟友，也是樹立洛陽政權的最大功勞者的史思明，迅速決定要分道揚鑣，返回存放龐大軍用資金的范陽（北京）。二月，肅宗南進到鳳翔，接著同年九月已經回國的回鶻磨延啜可汗派遣以太子葉護為首，由將軍帝德等人率領的三千至四千騎到唐朝。肅宗相當欣喜，舉辦宴會，命令元帥廣平王俶（之後的代宗）與葉護結為兄弟。

就這樣子，增至蕃漢十五萬人的唐軍，以廣平王俶為統帥，從鳳翔出發。在扶風迎接回鶻軍的郭子儀還費心花了三天舉辦盛宴來接待，以後每天供給回鶻軍的糧食為羊兩百頭、牛二十頭、米四十石，而且沒多久就開始攻擊長安。唐朝的蕃將僕固懷恩和回鶻軍攜手作戰的結果，是安慶緒方面損失了大約六萬人的守備軍並因此潰退，唐軍克復長安。

同年十月，反叛軍在唐朝方面的郭子儀和回鶻軍的攻勢下，潼關、陝州相繼失守，安慶緒逃出洛陽到河北的鄴，唐朝終於奪回洛陽。同年十一月，葉護凱旋抵達長安，肅宗為了慰勞葉護，給予司空的職位，封為忠義王，並且賞賜錦繡繒綵和金銀器皿，更約定好每年由朔方軍提供回鶻絹兩萬疋。

◎回鶻要求聯姻

七五八年（乾元元年）五月，回鶻的使者一行人來到長安，要求公主下嫁。肅宗不得已將年幼的親生女兒封為寧國公主下嫁，同時決定冊封磨延啜為英武威遠毗伽可汗。七月，寧國公主與冊封使一行人前往回鶻的本營，肅宗親自送公主到郊外並且含淚惜別。另一方面，舉辦盛大儀式迎接她的磨延啜，似乎也有回禮的意思，於是派遣王子骨啜特勤與宰相帝德等人率領三千騎到唐朝，肅宗則命令僕固懷恩擔任總指揮，與這批援軍共同作戰。

七五九年（乾元二年）三月，史思明殺了安慶緒，四月，自稱大燕皇帝即位。同年四月，回鶻的磨延啜可汗驟逝，回鶻本來要讓寧國公主陪葬，但是公主不從，同年八月回到唐朝。另一方面，磨延啜的長男葉護太子之前已經因罪被殺，所以由次子移地健即位為第三代可汗，他就是回鶻史上鼎鼎有名的牟羽可汗。實際上，當磨延啜還在世時，他就為了兒子移地健向唐朝請求和親，於是肅宗命令僕固懷恩把女兒出嫁。因此，僕固懷恩的女兒就自動升格為可敦，這件事左右了之後的唐朝／回鶻關係與僕固懷恩的命運。

◎安史之亂的終結

七六〇年（上元元年）閏三月，史思明進入洛陽，再度形成東西兩都政權對立的局面。然而，之後史思明開始溺愛庶子史朝清，長子史朝義被取代，甚至要立庶子為繼承人，結果反而被史朝義的部下抓起來幽禁。之後，史朝義就守住洛陽。

七六一年（上元二年）二月，史思明被殺，史朝義即位。

七六二年（寶應元年）四月，玄宗過了大約兩年的潛伏蟄居的生活後過世。僅十餘日後肅宗也駕崩，代宗即位，改元為寶應。

同年八月，回鶻收到史朝義的要求，希望派遣援軍。史朝義慫恿道：「唐薦有喪，國無主，且亂，請回紇入收府庫，其富不貲。」（兩唐書回鶻傳）於是牟羽可汗率領了自稱「傾國之力」的十萬大軍南進。但是，剛好就在同個時候，代宗為了打倒史朝義軍，派遣使者劉清潭要求回鶻軍出動支援。劉清潭要進入戈壁沙漠之前，已經遇到了南下戈壁沙漠也越過內蒙古陰山山脈的回鶻軍。

劉清潭向可汗傳達了過去代宗與回鶻的葉護共同合作從安慶緒手中奪回兩京的往事，甚至唐朝每年贈與回鶻絹數萬疋，希望能夠改變他的心意，可是牟羽可汗卻無動於衷，更進一步南下逼近山西的太原。因此，劉清潭派遣密使到長安，向代宗報告回鶻軍的現況。結果，整座長安城陷入被掠奪的危機而動盪不安。此時，與牟羽一起進入中國的妻子可敦想要與雙親見面，所以親生父親的僕固懷恩就動身前往太原，向女婿牟羽可汗曉以大義。結果，回鶻再度靠向唐方面，沿著汾水南下度過山西盆地，在黃河從南下轉往東流的陝州附近，於黃河北岸設置本營。

代宗以雍王适（日後的德宗）作為兵馬統帥，命令僕固懷恩在陝州跟回鶻軍合流，這裡有儲備糧食的太原倉。十月，回鶻軍與僕固懷恩軍為先鋒，終於奪回洛陽，史朝義敗走范陽（北京），雍王回到安全的西方，可是牟羽可汗在洛陽附近的河陽（河南省孟縣、黃河北岸）駐紮了數個月。期間，僕固懷恩的兒子僕固瑒與回鶻軍一起追討史朝義。

七六三年（寶應二年）正月，被逼到絕路的史朝義在范陽自殺，史朝義的首級送抵長安，安史之亂終於平息。同年二月，牟羽可汗並沒有順道拜訪唐皇帝所在的長安，直接回蒙古高原。

回鶻的摩尼教與粟特人

◎九姓回鶻可汗碑

到目前為止，我們從與回鶻關係的角度探討了安史之亂，另外作為回鶻方面史料的九姓回鶻可汗碑等，也片段地記載了這些經過。遺留在位於蒙古高原鄂爾渾河畔的回鶻首都窩魯朵八里（其遺跡為喀喇巴喇哈遜 Karabalgasun 遺跡）的九姓回鶻可汗碑，是回鶻帝國第八代保義可汗（在位八〇八～八二一年）時代的巨大記功碑，可說是回鶻的正式歷史文獻，用回鶻語、粟特語、漢文三種語言記述。

回鶻語是回鶻自己的語言，漢文不只是在唐帝國也是東亞漢字文化圈的共通書寫語，而粟特語是包含北中國的絲路東部地區的國際語，也意外地證明了粟特人在回鶻的重要性。就我的看法，本碑文不僅是回鶻史料，應該說是絲路東部整體的摩尼教紀念碑。碑文的回鶻語一面幾乎被破壞殆盡，恐怕是人為蓄意所致，幸運地是粟特語碑面與漢文碑面保存比較完整。

在這裡，引用粟特語碑面、漢文碑面的有關牟羽可汗的即位到安史之亂時遠征中國本土，以及與此直接相關的摩尼教傳入的前半部分。一九九〇年代在文部省科學研究費的補助下，我作為代表在蒙古進行實地調查，對九姓回鶻可汗碑的解讀研究產生了進展。粟特語碑面是透過吉田豐的最新業績，漢文碑面則是根據我正在復原的最新文本的翻譯版本。小部分的毀損可推測復原的就用〔 〕，無法推測之處則留空白，大面積的毀損就以……顯示。括號（ ）則是為了讓解釋淺顯易懂而補充說明的。

●粟特語碑面第八～十二行

（譯文）

〔牟羽〕能夠即位為可汗，是因為作為男子他相當奇特，他的一切都處在一種很獨一無二的狀態。他坐上統治者的位子時，對他的驚訝與敬畏之情遠播四方。因為（他的）天運與幸運，〔　　〕與智慧，手腕與〔男子氣概〕……於是，（帶）話（＝請求信）來了。（信的內容）如下：「請解救我們的苦難吧，請給予援助。」於是神王（＝可汗）聽聞此話（＝請求信）後，便親自和強大的軍隊一起進入天子居地（指中國）。這支軍隊……他們再度進行戰鬥。因為所有的外教信徒（＝異教徒）們都向神聖的末摩尼宗教那麼（　　）了，於是驅逐了這個（　　）。神王（＝可汗）和強大的軍隊一起在這個於都斤山（蒙古高原中央部）之地（　　）攻擊、奪取。……數目有四位的（摩尼僧？）……我們侍奉（　　），而對立的法（邪教）則保持勢力，侍奉惡魔。現在，神王（＝可汗）的……（用？）他的手，（代替？）點燃所有燃火的宗教，（已經？）接受神聖的末摩尼宗教，之後，神王（＝可汗）和（　　）接受宗教。……你們卻不能夠接受。……那時，神王（＝可汗）同意（／滿足），（因此）下詔（曰）：請「（你們）接受，因此（？）（我們）一直以來侍奉、供養、信仰惡魔。應該輕蔑的手法……我們在名為谷拉塔庫[1]的土地上，將偶像全部燒燬吧（／已經燒燬）。」偉大的神（王（＝可汗）和）王子們（？）……神聖的末摩尼宗教……往下方（？）神聖的慕闍馬爾・阿魯亞曼・普夫耳做了（　　）之時……

●漢文碑面第六～八行

（漢文原文）

英偉傑特異常，宇內□□，諸邦欽伏。咱大唐玄宗帝蒙塵，史思明之子朝義□□□□

使，幣重言甘，乞師並力，欲滅唐社。可汗忿彼孤恩，竊弄神器，親逞驍雄，與王師犄角，合勢前驅，克復京洛。皇帝與回紇約，長為兄弟之邦，永為舅甥之國。可汗乃頓軍東都，因觀風俗敗民弗師，將睿息等四僧入國，闡揚二祀，洞徹三際。況法師妙達明門，精通七部，才高海嶽，辯若懸河，故能開正教於回鶻〔以下省略〕

（白話譯文）

因為〔牟羽可汗的力量〕奇特異常，北方世界諸邦欽伏。〔唐玄宗〕皇帝蒙塵，史思明〔之子朝義〕……派遣使者，支付大量錢幣，說了很多甜美的話，要求出動軍隊協助，欲滅唐朝。對於史思明〔之子朝義〕背棄玄宗之恩，打算篡奪帝位一事，牟羽可汗感到氣憤，親自率領驍勇善戰的軍隊，與唐軍共同前後包抄敵人（反叛軍），互相合作將敵人一掃而空，克復京洛。皇帝（代宗）……〔唐與回鶻〕成為兄弟之邦，永為……之國。〔牟羽〕可汗駐屯東都（洛陽）視察風俗……（摩尼教高僧）〔　〕法師，率領睿息等四位摩尼僧進入回鶻帝國，傳播摩尼教，他們洞徹三際（對應過去、現在、未來的前際、中際、後際，也就是基礎的摩尼教教義）。況且法師熟知摩尼教教義，精通七部構成的摩尼教典，才能比海深、比山高，辯若懸河，故能開正教（摩尼教）於回鶻

〔以下省略〕

由上可知，粟特語碑面與漢文碑面的內容完全不對應，尤其是派遣使者和請求信向回鶻要求援軍的，在粟特語碑面寫的是唐朝皇帝，可是漢文碑面是史朝義。漢文碑面有破損，只解讀到「史思明」，可是根據漢籍記載的事件原委，可知破損部分無疑是其子史朝義，故補上了他的名字。不只如此，根據漢籍可得知的是，介入安史之亂的回鶻可汗是第二代的磨延啜（葛勒可汗）與第三代的牟羽可汗兩人。

前者是七五六年接到肅宗的請求，立即出動軍隊，不僅平定了鄰近肅宗的行在靈州（靈武）的鄂爾多斯地區，隔年七五七年還派遣了以回鶻皇太子般存在的長子葉護為首的援軍，對奪回長安、洛陽有莫大的貢獻。

相對於此，後者的牟羽可汗在七六二年秋天，最初是受到史朝義之邀，為了侵略唐朝而自行率領大軍南下，可是受到在肅宗之後繼位的代宗的拚命請求下，結果站在唐朝這一方，進攻到洛陽終結了安史之亂。

另一方面，漢籍完全沒有記載的，是在九姓回鶻可汗碑的漢文碑面第七到八行，牟羽可汗在洛陽附近停留時認識摩尼僧，七六三年將他們帶回本國，開啟了摩尼教在回鶻的歷史。

◎新發現的回鶻文書殘片

而連記載豐富資料的漢籍都沒有記錄，只能透過九姓回鶻可汗碑這樣留在回鶻方面的稀少史料才得知的，同樣還有其他事物。直到最近，我從中亞的吐魯番盆地出土的文書群當中，發現回鶻自身留下關於安史之亂與摩尼教的回鶻語史料。它是目前收藏在柏林／布蘭登堡科學院，編號為 Mainz345 的殘片。

Mainz345 正面

——前缺——

①……中國〔的天子？京兆？〕
②從城市往外〔逃出？西方的？遙遠？〕
③去到土地〔蒙塵〕。而且中國〔的天〕
④從其子之處好幾次〔請求救援軍隊？〕
⑤一面要求，他的請求書送抵我們的地方……
⑥請求書送抵。「現在，我們的地方〔敵人攻進來了？但是〕

⑦希望您諒解啊，我們無法失去我們的國家。」（天子的話）……

⑧……居時，我會……

⑨……軍……

⑩……留下……

——後缺——

Mainz345 背面

——前缺——

①……於都斤山〔的聖靈〕……

②……的之間（一方），還有

③在〔吉辰〕吉日，對（國家與宗教）兩方

④〔握有完全支配權？〕從神聖的牟羽王之處，有高僧講道（？）

⑤……以〔將〕軍為首的三十人的大

⑥附屬於〔軍司令官？〕士兵們，神聖的馬爾．阿魯亞曼

⑦作為使者來到了〔普夫耳慕〕闍之處。

⑧……神聖的慕闍在那個時候……

⑨……做了……。以及……

——後缺——

如果整理這件復原的文本內容，正面是記述回鶻介入安史之亂，背面是認可在回鶻傳播摩尼教的牟羽可汗與摩尼教團的關係。若是更加具體且大膽推論的話，應該是如下吧。

正面的第一到三行，是七五六年玄宗皇帝（以及之後的肅宗皇帝）逃離長安的蒙塵，第三行到第七行是中國皇帝寫信給回鶻請求救援，第八到十行是回鶻軍往中國出動，而後面部分的缺損相當嚴重。接著，背面第一到一行是敘述牟羽可汗透過土耳其民族的聖山——於都斤山的聖靈（威靈、守護神）加持，作為權威與權力受到保證的正統可汗實施統治，此外在第三行以後，甚至敘述接受摩尼教（或者是打算接受）而與摩尼教團最高位階的「慕闍」馬爾·阿魯亞曼·普夫耳（mr'ry'm'n pwxr）有所接觸。

這位慕闍與九姓回鶻可汗碑粟特語碑面看到的當然是同一人物，應該也與〈牟羽可汗入教記〉記載的慕闍為同一人吧。慕闍在涵蓋回鶻的摩尼教東方司教區只有一位，推測當時他的據點（大司教座）第一是高昌，第二是焉耆。

正面第五行的「他的請求書」，符合了九姓回鶻可汗碑粟特語碑面第九行記載的「於是，（帶）話（＝請求信）來了。（信的內容）如下：「請解救我們的苦難吧，請給予援助。」於是神王（＝可汗）聽聞此話（＝請求信）後，便親自和強大的軍隊一起進入天子居地（指中國）。」任誰都很容易聯想在一起。

在這裡，解釋為「請求書」的一詞，在粟特語和回鶻語都是下位者向上位者的用語或請求，甚至也可以是對神的祈禱文或是呈給皇帝的上奏文的意思。要留意的是，唐朝皇帝派遣使者拿著這封給回鶻可汗的求救信使用這一個詞，也就是完全把可汗置於皇帝之上。

本文書正面的第二到三行的記述，可以與九姓回鶻可汗碑漢文碑面第六行的「蒙塵」相對應。玄宗皇帝的「蒙塵」是發生於磨延啜時代的歷史事實，磨延啜自身的記功碑希乃烏蘇碑也正是如此記載。然而，在本文書與九姓回鶻可汗碑同樣都是記載為牟羽時代。還有，九姓回鶻可汗碑粟特語碑面的請求書只有一次，而且是在牟羽可汗時代，但是本文書是寫「好幾次」，當然這些是把肅宗向磨延啜以及代宗向牟羽提出的請求書合起來說的緣故。雖然肅宗向磨延啜多次提出請求的可能性高，但是代宗向牟羽提出請求的次數依時間來看，應該只有一次的機會，而且是牟羽從蒙古高原南下後，在中國本土內收到的。因此，在本文書所看到的可汗「好幾次」收到請求，不可能是牟羽一人。

牟羽遠征中國，原本是因應叛亂方的領導人史朝義的要求，並非唐朝方面的請求，因此本文書正面記載的，照理應該是磨延啜的事蹟。

◎為何磨延啜的功績會被忽略？

以客觀角度來看，磨延啜與牟羽可汗兩人均對唐朝有很大的恩惠，難以判定誰的功績比較偉大。可是，牟羽的可敦（可汗的正妻）不過是唐朝臣子僕固懷恩的女兒，磨延啜的可敦寧國公主是肅宗的親生女，可以說磨延啜在回鶻的評價應該比較高才是。

然而，在九姓回鶻可汗碑裡平定安史之亂有功的人，卻只是彰顯牟羽可汗，完全忽略了磨延啜。原本九姓回鶻可汗碑漢文碑面有關磨延啜的部分，經過我和吉田豐的復原，記述即位的十九個字與接續的事蹟八個字，合計僅有二十七個字而已。牟羽可汗的事蹟卻花了四百字以上來敘述，實在是天壤之別。

在回鶻內部的歷史上，暫且不論磨延啜有沒有任何值得表彰的功績，如前所述，他在與唐朝的外交關係上有很大的成果。此外在漠北，對外方面，他對西北方葉尼塞河上游的契骨人或黠戛斯人、西方阿爾泰一帶的葛邏祿也是戰功顯赫，擴張了回鶻帝國的版圖。對內方面，他在蒙古草原的重要據點建立了希乃烏蘇碑、塔里亞特碑（Tariat Inscription）、鐵茲碑（Tez Inscription），推動在鄂爾渾河畔建造窩魯朵八里，甚至為了粟特人和漢人在沿著西北部的色楞格河支流建造白八里（富貴城）等，跟親生子牟羽比起來是毫不遜色的偉大人物。那麼，為何兩個人在九姓回鶻可汗碑裡的記述篇幅是如此天差地遠？依我的看法，理由如下。

實際上建設回鶻帝國的藥羅葛氏的王族血統在第六代斷絕，阿跌氏出身的骨咄祿將軍即宰相頡于迦斯以被國人推舉的形式，以不流血的和平革命即位為第七代懷信可汗。也就是說，七九五年的王族血統由阿跌氏取代了藥羅葛氏，而九姓回鶻可汗碑是繼承阿跌氏懷信的第八代保義可汗，將前代的功績與自己的功績合併記載下來，從一開始對於藥羅葛氏六代可汗的事蹟就很冷淡。

對牟羽可汗發動政變，殺害可汗與其身邊大量的粟特人，即位為第四代可汗的頓莫賀達干，是迫害摩尼教的可汗。而且，迫害摩尼教的狀況在第五、六代可汗也持續著，但是到了阿跌氏懷信可汗的時候，摩尼教復活，之後且正式國教化。在這樣的情勢底下建立的九姓回鶻可汗碑，實際上不單是為了大力讚揚現任可汗的功績而從建國以前的歷史開始說起的歷史紀念碑，而且也是描述摩尼教會的歷史，祈求今後發展愈來愈興盛。因此，儘管是血脈不同的人，對於回鶻摩尼教會的最大功勞者即牟羽可汗的事蹟，例外地做了詳細的記載。

從希乃烏蘇碑裡看到建設白八里的記載，可知磨延啜與粟特人的關係匪淺，但是因為他與粟特人傳來的摩尼教並沒有關聯性，因此在九姓回鶻可汗碑並沒有被讚揚。這肯定是因為自第七代懷信可汗以後，阿跌氏回鶻帝國是史上唯一以摩尼教為國教的國家，以及後面直接繼承的西回鶻汗國（九世紀後半至十三世紀初）初期的官方態度。那麼把征討安史之亂與導入摩尼教都歸功於牟羽可汗一人的方針，應該也是享有國家或者是王朝全面保護的回鶻摩尼教團的整體立場，還有記載進入回鶻時代之後的摩尼教教會歷史的官方文獻，也是朝這個方向統一的吧。

原本官方留下來的歷史文獻，不管是哪裡通常都是隱藏對自己不利的事實。即使是回鶻方面的九姓回鶻可汗碑，牟羽可汗的南征軍隊其實最初是因應史朝義的請求，為了合作創立新的「征服王朝」而出兵的，儘管如此，碑文的記載卻是牟羽從一開始就批評史朝義的請求是如何罔顧唐朝恩情的背叛行為，感覺從頭到尾都站在唐朝這一邊。另一方面，中國方面的史料像這樣的略筆，或者是中華主義作祟下的改竄則是不勝枚舉。

舉個例子來看，從九姓回鶻可汗碑粟特語碑面與Mainz345文書可知，唐朝向回鶻請求援軍的態勢是非常十萬火急的，可是在漢籍裡的語感卻是截然不同。《舊唐書》本紀卷十記載，在至德元載（七五六年）九月，肅宗派遣敦煌王和僕固懷恩等人前往回鶻請求幫助，而在先前八月的項目裡，敘述的則是回鶻和吐蕃如何向唐朝「請和親，願助國討賊」。在《新唐書》回鶻傳裡，雖然沒有明載日期，可是上面寫的卻是回鶻先提出要求，所以才派遣敦煌王和僕固懷恩，真是叫人噴飯。必須「請求和親」的是唐朝這一方，絕對不是回鶻或是吐蕃。

改變對安史之亂的看法

◎中國史的分水嶺

八世紀中葉爆發的安史之亂在中國史上的意義極為重大，到目前為止也累積了豐碩的研究成果。以安史之亂為分界，之後的唐帝國不僅失去了西域，甚至是容忍中國本土內部的藩鎮（節度使、觀察使等）的跋扈，與堪稱是帝國時代的前期（初唐、盛唐）相比，實質支配的領土大幅縮減，但是有賴於淮南至江南一帶農業經濟的蓬勃發展，保住了近一個世紀半的命脈，足以匹敵前期。關於國家常備軍的部分，並沒有繼續沿用先前採用的民眾一律要基於租庸調制度來服徭役，而是透過重視土地課稅的兩稅法與鹽專賣、商稅等的間接稅，用徵收到的稅金雇用。

若是依照中國史的卓越研究，可以明確指出安史之亂以後的唐朝已經從自己能夠調派軍事力的武力國家，變身為用錢買和平的財政國家。確實如此，也就是說變成另外一個國家。為了避免產生誤會，我認為安史之亂以後的唐朝不應該使用「大唐帝國」的稱呼。

◎將視點從中國移到歐亞大陸

對我而言，安史之亂不單單是唐代史的分水嶺，也是中國史整體，甚至可視為歐亞大陸史的分水嶺。然而，在過去的研究裡，把安史之亂的原因指向宰相李林甫排斥科舉出身的政敵，積極錄用像安祿山這樣的異族將軍作為邊境節度使（煽動胡漢對立的李林甫「奸臣」說），或者是在遠方受玄宗寵愛的安祿山與玄宗身邊的皇太子或是宰相楊國忠（楊貴妃一族）之間，針對玄宗之後的繼承人之位產生的權力鬥爭，或者是安祿山遭到懷疑有意謀叛，在走投無路的情況下採取了唯一的選擇，又或者是長安所在的關中與雜胡聚集的河北之間出現區域對立的情勢，不管是哪一個都是以中國史的觀點出發，而且幾乎都是負面評價。

近年，我嘗試從不同於以往的角度，來重新檢討以粟特人、土耳其人、粟特系土耳其人為主角的八世紀的康待賓、康願子之亂、安史之亂、僕固懷恩之亂、八到九世紀的河朔三鎮動向、以及進入十世紀之後五代的沙陀系王朝與遼（契丹）帝國的成立等一連串的動向，著眼於擔綱起這些事件的中央歐亞勢力，提倡給予安史之亂有別於過去的正面評價。中央歐亞勢力指的是由出身於中央歐亞的蒙古人種阿爾泰系（主要是土耳其系，也包含奚、契丹等的蒙古系）騎馬遊牧民或高加索人種伊朗系的粟特人以及其混血所構成的遊牧的、軍事的、商業的集團。

還有，甚至是關於助唐朝一臂之力「消滅」安史之亂的土耳其系回鶻（回紇），我也主張應該有不同的評價。換言之，遼國作為中央歐亞型國家的典型（即所謂的「征服王朝」），它的雛型可回溯到我個人曾經提倡的渤海加上安史之亂的勢力，甚至是回鶻帝國的勢力這三者，而且這個趨勢是歐亞大陸整體歷史的必然潮流（長期波動）。我提出這樣的想法，說明如下。

◎登場時機過早的「征服王朝」

與生產力、購買力並列，牽動歷史走向的一大契機是軍事力。西元前一千年初，在中央歐亞的乾燥大草原地帶上，擅長騎馬的遊牧民集團登場，成為擁有地表最強的騎馬軍團之後，他們的動向自然就成了牽動世界的原動力。

誠如在第一章敘述的時代區分，我的世界史的時代區分裡面有④遊牧騎馬民族的登場和⑤中央歐亞型國家的優勢時代。尤其是作為歐亞大陸史的一大轉換期，值得注目的是⑤開始的十世紀前後的時代。一進入這個時代，歐亞大陸從東向西，依序有遼（契丹）國、沙陀系王朝（五代裡面的後唐、後晉、後漢、後周的四個王朝）、西夏王國、甘州回鶻汗國、西回鶻汗國（又稱高昌回鶻）、喀喇汗國、伽色尼王朝、塞爾柱王朝、可薩汗國等，一字排開都是同樣類型的中

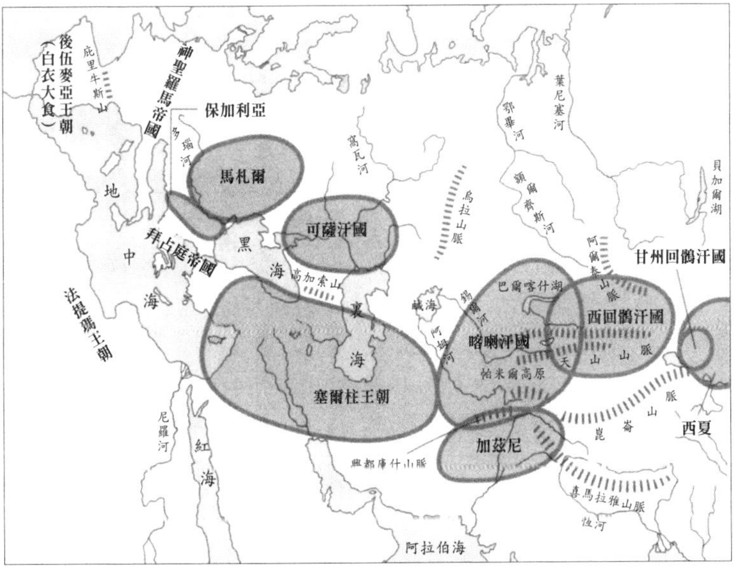

十世紀前後的中央歐亞型（征服王朝）國家　只是概念圖而已，這些國家並非同時並存。十世紀存在於河中地區至東伊朗的薩曼王朝是伊朗系，因此地圖裡並沒有列出。另外，還包括遼與五代諸國。

央歐亞型國家。

意即在十世紀以前登場的④遊牧騎馬民族，經過長遠的時間，遊牧民勢力不論成功或失敗，反覆不斷地掠奪、征服富庶的農耕定居地帶，或者是與其居民進行協調、融合、同化，到了十世紀左右，終於建構出一套關於組織的關鍵知識，以少數人口穩定統治擁有龐大人口的農耕民、都市民的地區。這些關鍵知識囊括了軍事支配制度、稅制、人才錄用制度、商業和情報網絡、導入文字系統、文書行政、都市建設等，而支撐這些的最大基盤是遊牧民集團的軍事力以及透過絲路貿易累積的財富。

然而，光是這樣的話，要維持一個更加穩定堅固的「征服王朝」是不夠的，可能短暫地就結束了對中國的支配。因此有必要建構出由一些錯綜複雜的要素組成的「體系」，想當然耳，其根基就是立在文字文化（文字普及以及使用文字的文書行政）上。

雖然人口少的「北方」遊牧民勢力仍然立足於過去以來的根據地——草原，可是一次出現多個支配「南方」都市或農耕地帶的中央歐亞型國家，這絕非偶然。「北方」勢力經過久遠的歷史淬鍊，不光是靠武力，也建構出一套透過文書行政直接、間接地支配「南方」的體系。因此，歐亞大陸整體幾乎在同個時期出現同樣的現象，這裡可以看出歷史的必然性。包括安史之亂的勢力在內，切勿忘記甚至連鎮壓安史之亂的唐朝軍隊，其核心也同樣屬於中央歐亞勢力的騎馬軍團。

若是站在這樣的觀點，安史之亂的「亂」，這個標籤所象徵的僅僅是中國史方面的負面評價，從歐亞大陸史方面來看，應該給予積極的正面評價。這是因為安史之亂可以說連帶影響了在十世紀前後發生、橫跨整個歐亞大陸的歷史走向，更正確地說應該是走在時代尖端的現象。中國學者榮新江也已經指出，安史之亂的發動並且得以維持的背景，是基於遊牧民的軍事力與絲路貿易帶來的經濟力。也就是說，安史勢力應該充分具備了成為征服王朝的條件，只是最終無法獲得回鶻的支援，導致在軍事上出現破綻。如果安史之亂成功的話，那就是成為安史王朝吧，但是很遺憾

明皇幸蜀圖　唐朝畫家李思訓用「幸蜀」的概念，掩蓋唐玄宗在「安史之亂」時逃亡的事實。如果安史勢力成功的話，形成安史王朝，則此圖應沒有機會問世。

地在八世紀足以實現統治大夢的基盤尚未充分整備。所以，或許可以說安史之亂是「登場時機過早的征服王朝」。

1 為グラータークー（guratakuー）之音譯。

第八章

粟特網絡的變質

粟特商人像

唐、安史勢力和回鶻中的粟特人

◎唐帝國內的興胡

根據荒川正晴的研究，北朝—隋—唐初的粟特人與太宗、高宗時代拓展西域以後的粟特人，在中國受到的待遇出現很大變化。具體的差異，從薩寶（薩保）這個官職稱號的內容變化，以及到了唐代推行戶籍政策來掌握人口流動時，所有民眾都要加入「百姓」（在祖籍地登錄戶籍）或「行客」（離開祖籍地在寄居處的州縣登錄戶籍）的其中一種，而針對粟特人不只是「百姓」「行客」，還特別設置了「興胡」的分類，從中可以具體顯現。

過去的粟特人，不管是在中國內地建造規模多麼龐大的殖民聚落（包含都市內居留地），他們始終是「外國人」。然而，唐帝國踏足西域後，首先征服了麴氏高昌國並列為直接管轄，接著是由安西都護府在東土耳其斯坦全域實行羈縻體制，甚至讓羈縻統治的觸角越過帕米爾高原伸及西土耳其斯坦。六五八年，在索格底亞那諸國設置康居都督府，該地名義上進入唐帝國的統治。

同樣設置羈縻都督府的還有其他很多地區，可是只有索格底亞那是特殊的。因為那裡是粟特商人的故鄉，也就是說唐朝並不是破壞掉粟特人之前建立起的遍及於絲路東部全域的商業、情報網絡，而是積極地吸收活用。因此，從已成為羈縻州的索格底亞那來的新粟特商人，就不是外國人，而是享有「興胡」身分的特殊待遇。還有，先前就進入中國的粟特商人即成為內地人（唐人，而非漢人），分屬於「百姓」或「行客」的其中一種，並且保有不變的商業活動空間，唐朝採取的政策是讓他們和「興胡」連結起來，共同構築起更加繁盛的絲路網絡。自過去以來，柔然、突厥、回鶻等遊牧國家的一大發展，一定是以吸收商業民為前提，在大唐帝國也可看到相同情形，這是一項重大發現。

不管是「百姓」「行客」「興胡」哪一種的粟特商人，要在帝國內移動的話，必須有官府發給的通行許可證，如中央或者州等級發給的「過所」，以及州縣等級發給的「公驗」，乍看移動的自由度似乎不如以往，可是相反地只要持有過所或公驗的話，一路上可以享受各式各樣的官方服務，也是有好處的。

不只是到目前為止看到的那樣，活躍於唐朝內部的粟特人裡面，有部分自身握有一定程度的軍事力，而且更和在突厥汗國滅亡後南下的粟特系突厥結合，甚至與同羅、突厥等的土耳其系、奚、契丹等的蒙古系遊牧民勢力結合，擁有強大的軍事力；當他們擁有此等力量的時候，憑藉著傳統的經濟力與情報網走向獨立，也不會感到不可思議吧。若把這當作是安史之亂的另一種解讀，也是不無可能的。

◎牟羽可汗的政策和粟特人

那麼，從東回鶻來看的話，介入安史之亂絕非單純的援助與救援而已。依照本書到目前為止詳述的中央歐亞史的大流向與粟特人的動向來看，磨延啜、牟羽兩可汗非常有可能是透過治理下的粟特人或粟特系土耳其人，在遍及於歐亞大陸東半部的網絡上收集情報，而且也與粟特人的政商人物和粟特系武將商量之後，才立定明確目標並積極參與安史之亂。

七五六年六月，玄宗皇帝從長安蒙塵到蜀（四川），接著七月肅宗皇帝於行在的靈武登基，九月派遣使節團向回鶻的磨延啜可汗請求救援。一行人抵達位於漠北鄂爾渾河畔的回鶻根據地，與磨延啜可汗會面，時間大概是在十月。然後，很快地在下個月或下下個月，回鶻軍隊就與唐朝的郭子儀軍隊合流，打敗安史勢力的阿史那從禮軍隊，至少為鄂爾多斯地區一帶帶來了和平。

美國的莫西斯（L. W. Moses）或哈薩克的卡莫洛夫（A. K. Kamolov），已經明確否定回鶻是因為臣屬於唐朝，所以有義務給予救援的這種中華主義式思想，而認為原因是：最初屬於安史勢力的舊突厥王族阿史那從禮，糾集在突厥第二帝國滅亡時亡命中國的突厥或者是粟特系突厥人的集團，使得回鶻欲採取對抗措施。的確，單就磨延啜時代來看，有一部分層面可能是為了想要阻止舊突厥勢力的復活，但是，就像先前反覆提到的，回鶻進入牟羽可汗時代，是想要和史朝義的勢力合作打倒唐王朝而入侵中國的，所以這樣的看法若放在整體情勢來看，只會淪為單純的結果論而已。

甚至，切勿忘記的是，牟羽可汗在安史之亂平息的七六三年八月，當唐朝的僕固懷恩發動叛亂，回鶻打算與作為中央歐亞勢力迅速成長的吐蕃帝國聯手，想要幫助妻子的親生父親僕固懷恩。僕固懷恩不用說，是與回鶻同屬於九姓鐵勒的僕骨（＝僕固）部出身的土耳其人武將，他率領的手下是遊牧民族出身的軍團；僕固懷恩之亂的勢力結合了回鶻、叶蕃、吐谷渾、黨項、奴剌，多達二十萬人以上。然而，在懷恩病歿後，回鶻與吐蕃分道揚鑣，冉度與唐交好。可是，牟羽在那之後也沒有完全放棄侵略中國的意思，不只是在七七八年令堂兄頓莫賀達干入侵太原地區，獲得數萬頭的羊、馬，隔年還企圖正式征討中國。也就是七七九年五月，代宗過世後，德宗一即位，牟羽便聽從粟特人親信的意見，打算舉國南下入侵中國。

如果這項計畫實現的話，唐朝在這個時點應該就會一命嗚呼了吧，但是牟羽的雄心壯志因為頓莫賀達干發動政變而受挫，牟羽連同他的親信以及身邊的粟特人大約兩千人被殺。也就是說，牟羽不只准許摩尼教的正式傳教，連自己也改信摩尼教，禮遇那些與摩尼教徒互為表裡的粟特人，這樣的「革新」政策依然沒有得到國人的全面支持。

這樣想來，安史之亂時親征中國的牟羽可汗，在那個時候改信摩尼教，並將之國教化的理由，除了先前提到的基於經濟、政治上的理由利用粟特網絡以外，也不禁讓人聯想到，他是否有意籠絡在軍事上具有重要意義的粟特人或是粟特系土耳其人。然而，幾乎所有的粟特人原本是瑣羅亞斯德教徒，進入中國的粟特人也有很多成為佛教徒，另外也有景教徒的存在。究竟有多少程度的粟特人成為摩尼教徒，還有摩尼教何以能夠在回鶻獲得國教的地位，依然成謎。

敦煌出土的伯希和藏語文書一二八三號

◎連天才伯希和也傷透腦筋

這裡要介紹的是巴黎國立圖書館所藏的伯希和藏語文書一二八三號（Pelliot Tibetain

1283）的一部分。伯希和（Paul Pelliot，一九四五年歿）就是出身於法國、足以誇耀世界的偉大東洋學者，他在一九〇六年，二十八歲時動身前往中亞進行學術探險，一九〇八年抵達敦煌莫高窟的藏經洞，從那裡攜帶了珍貴的文書與繪畫回到巴黎。因為他比英國的東洋學者兼探險家斯坦因（Marc Aurel Stein，一八六二～一九四三年）晚一年到敦煌莫高窟，所以古文書裡面很多美麗的精品都被斯坦因早一步帶回倫敦並收藏在英國圖書館裡。可是伯希和帶回來的文書，因為是經過他的豐厚學識挑選出來的，所以有很多內容相當優秀，一二八三號文書就是其中之一。

只是，在這份文書的解讀上，就連以天才聞名的伯希和似乎也傷透了腦筋，雖然有進行中間發表和出版預告，可是無法在生前最終完成原稿。在他逝世後發現的遺稿，經過雅克・巴科（Jacque Bacot）

伯希和　一九〇八年埋首敦煌藏經洞中的伯希和，時年三十歲。

補充校訂後出版，之後英國、法國、匈牙利等多位傑出的學者繼續研究工作，最後由我在一九七七年首次發表全部譯文，並且加上綜合性的考察，即便如此，還是留下一些尚待釐清的部分。這次的翻譯是依據在那之後的研究，也是借助今枝由郎、武內紹人、石川巖三位的幫忙下完成的最新版本。

◎五位 Hor 人的報告[1]

八世紀末至九世紀初，正當吐蕃帝國的統治領域從西藏高原擴張到河西走廊、隴右一帶的時候，當時西藏方面的人偶然從敦煌附近的古文書庫發現了「Hor 王派遣五位 Hor 人的報告」，本藏語文書則是基於這份報告製成的。「Hor 人」指的是誰？將在後面敘述。文書內容上，不光是這五位 Hor 人的報告依序排列，也添加了一些資料和傳聞，而且因為是使用藏語，所以可以視為是針對吐蕃人而寫的「北方誌」。當時，伴隨著吐蕃的領土急劇往北擴張，為了因應吐蕃人之間對北方情勢的高度關注，所以編纂抄寫了這份文書。

至於五位 Hor 人的報告原本是用什麼語寫成的，並不清楚，但是年代應該比本文書完成的年代還要古老一些，這一點將留在後面進行考證，先說結論的話，大概是在八世紀中葉。

雖然無法判定這五位 Hor 人是商人抑或是間諜，可是因為他們當時視察中央歐亞大陸各地的結果被集結起來，因此有助於判斷當時的絲路東部一帶所分佈的國家民族集團的情況。

接下來的譯文中，羅馬數字Ⅰ到Ⅴ是用來區分這五位使者，阿拉伯數字則是為了方便分段易懂而加上去的。

◎伯希和藏語文書一二八三號的最新譯本

〔標題〕北方有幾位王存在的系統性記述。過去，Hor 王曾經下詔派遣了五位 Hor 人偵察北方有幾位王，當時的報告放在文書庫裡，故從那抄寫下來。

〔Ⅰ－1〕（Hor）國名在漢語稱為室韋，土耳其語稱為 bakır baliq（銅城）。

〔Ⅰ－2〕對面有土耳其系的突厥（原文 Bug-čhor）十二部，分別為射摩可汗王族（即阿史那部）、賀魯部、阿史德部、舍利吐利部、奴剌部、卑失部、綽部、蘇農部、叱利部、硖跌部、悒怛部、葛邏歌布邏部，這些（突厥十一部族）並沒有王，這些部族之間有軍隊六千人。

〔Ⅰ－3〕往東方望去，有個吐蕃人稱為奚、漢人稱為奚子、土耳其人稱為 Tatabi 的種族，首領是種瓮牙。Tatabi會將先祖的頭蓋骨用金或銀來裝飾（貼上金銀箔等），作為酒杯。

〔I－4〕再往東方望去，有土耳其人稱為貊勾麗，而漢人稱為高麗的族群，高麗一帶是山東（Shandong）地區的大臣張忠志（Chang, Chung-Chih）管轄的領域，居民的下顎緊貼著胸，吃人肉，會將年邁的雙親或老人相互交換後殺害。

〔I－5〕再往東方望去，是百濟這個赤裸身子的南蠻。〔I－6〕由此往南方望去，人們在像魚兒般住在水中。〔I－7〕由此往南方看去，有黑皮膚白眼睛，像水馬般捲髮的南蠻人，他們像魚兒般非常會游泳。

〔I－8〕往Tatabi的北方望去，有韃子族，帳篷的骨材是魚（或者是海獸）的肋骨建造，帳篷頂蓋則是上流階級使用魚皮，下層階級使用白樺的樹皮。

〔II－1〕從突厥（Bug-cor）往西方望去，是吐蕃人稱為九姓土耳其（即九姓鐵勒）的九個部族，大族長是從回鶻都督裡面，經過中國認可（並非由皇帝冊封，實際是單純追認）成為可汗，王族是藥羅葛氏。（牙帳的）門口豎立九面旗幟，光是回鶻的軍隊就有六千人。

〔II－2〕往北方望去是契丹。王是契丹的可汗，食物和宗教都和吐谷渾（原文是

Va-zha）相同，家畜也幾乎是牛、羊、馬，語言也幾乎和吐谷渾一致。時而與回鶻打戰，時而和親。

〔II－3〕由此往東方望去是Tatabi（奚族）。〔II－4〕這裡以北是哈喇毗伽爾族，國家位於河谷之間，家畜全都是豬。〔II－5〕有多濫葛族，從這個國家可以採獲黍類和油菜花（或者是朝鮮人參？）。〔II－6〕有帳篷是用白樺樹皮覆蓋著的五個部族。

〔II－7〕從這裡到北方遙遠的湖邊為止，人們的居所和身體特徵與吐谷渾相同。家畜有各式各樣的種類，衣服是穿著毛皮，冬天大平原上的地面龜裂，人們無法往來，有大規模且幸福的部族。

〔III－1〕從那裡（回鶻）往東北望去，有契骨族，帳篷是用白樺樹皮覆蓋，供給青鼠的毛皮給回鶻。

〔III－2〕從這裡往北，有燕然七部族，但沒有王。經常與回鶻打仗，帳篷是用白樺樹皮覆蓋，白樺樹的雌樹就像乳汁般搾出可釀酒，國家在河谷間，國勢強大。

〔III－3〕往西方望去，有小規模的鞠族，居所是山上蓋的草庵，利用鹿（馴鹿）載物，衣服在冬夏都是同樣穿著塗抹上黑焦油的野生草食動物毛皮，食物是野生草食動物的肉和百合根，甚至是monb（也就是野鼠所攢積之鼠糞粒狀物），或者是啄木鳥等在腐爛大樹中堆疊收集的東西。供給回鶻野生肉食動物的毛皮。

〔Ⅲ－4〕從這裡往北西望去，有斛薛族，國家強盛，不聽從回鶻的指令，經常打戰。

〔Ⅲ－5〕其後方有黠戛斯族的兩個小型部族，和回鶻時而打戰，時而和親。

〔Ⅲ－6〕再往北有黠戛斯族。眼睛是水晶色，紅髮。養有所有種類的家畜，並飼養巨馬。

〔Ⅲ－7〕從這裡以北，隔著沙漠性大山脈地帶，（過去突厥的）射摩可汗曾帶著軍隊前往，可是軍隊無法越過。

〔Ⅲ－8〕對面的北方，有身長體大的巨人，身體有三尋（大約五尺道六尺），箭……和食物與其他的王是一樣的。樹敵，與人爭吵，無成（？）殺生之法。人即使死掉也沒有喪禮，不造墓。比起講話的小孩子，長輩會對神表示敬意。有牛羊等所有種類的家畜，黠戛斯派遣使者時，因為「像這樣子的小孩子（矮小者），會被狗叼走」，所以……會命令使者（進入）裡面，用背負架（？）揹著。（巨人）詢問使者：「有位叫黑車子、負責牧養我們牛羊的人，如果你認識的話，可以詢問人身在何處。」沒有聽說巨人（族）的對面有人存在。

〔Ⅳ－1〕那個（回鶻的）北方有拔悉密五部族，與回鶻和葛邏祿三者共謀，擊敗了突厥王也就是可汗的政權，拔悉密的族長成為可汗。之後，回鶻和葛邏祿聯手殺了拔悉密可汗，拔悉密族陷入分裂，成為隸屬部族。構成拔悉密的客失的音族與拔曳固族、族長葉爾尼俟斤，與合督葛族、族長頡吉爾高爾俟斤的國力強大，因此葛邏祿無法置於統治之下。

〔Ⅳ－2〕這裡以北有僕骨族，不與世爭。〔Ⅳ－3〕其西方大約有十個部族，有的國力強大，有的位於河谷，有的國家好，擁有大片的牧草地。〔Ⅳ－4〕這些的北方是沙漠性大山脈地帶。

〔Ⅳ－5〕對面有天的帝王的兩部族，突厥王射摩可汗的政權安定的時候，率領軍隊往這個方向前進，可是軍隊無法順利通過，其中兩位迷了路，遇到了母駱駝的腳印，順著腳印走，在一群母駱駝的附近看到了婦人，用土耳其語交談之後，偷偷地在這位婦人指引下跟著離開。狩獵完野生草食動物的一群狗回來了，狗兒們用鼻子嗅出（兩位的存在）。（於是，婦人讓那兩位）向狗兒們跪地伏拜，接著狗兒們準備了十頭母駱駝和所有必需品與為了穿越無人的沙漠性山脈所需的水，讓（兩人）再度出發，（兩人）順利抵達土耳其國。

最初的狗是由天而降，紅犬和黑犬兩隻在山頂降下，發現一匹母狼作為夫妻一起生活，可是沒有小孩，所以從土耳其人的家裡搶奪了一位女孩，和那位女孩一起生活，生了狗兒子，而生的女兒是人類，成為真正的女性。紅犬一族是格斯爾古舒（土耳其語是「紅色幼犬」的意思），黑犬一族是哈喇古舒（土耳其語是「黑色幼犬」的意思），狗（男）和女（人）用土耳其語交談，家畜等或財產糧食都是由女性籌措使用。沒有聽說對面有人存在。

〔V－1〕往那個（回鶻）的西方望去，有葛邏祿三部族（＝三姓葛邏祿），軍隊八千人。（這個葛邏祿）和突騎施以及大食打戰。

〔V－2〕往東方望去，有曷剌三部族，往大回鶻望去，因為要尋求並且拉攏摩尼教教師的援助，（曷剌）和回鶻打仗。

〔V－3〕在這個（曷剌）的東北方，有從土耳其的古祿赤赤連啜出來的義毗樂古爾族，軍隊有一千人。

〔V－4〕西北有佩切涅格人，軍隊有五千人，與回鶻打戰。

〔V－5〕西方有土耳其的駮馬族，是個龐大且幸福的部族，土耳其的駁毛馬（白斑馬、斑紋馬）來自此地。

〔Ⅴ－6〕北方沙漠性山脈地帶的對面，有被稱為「牛足者」的部族，腳有公牛的蹄，身體毛茸茸，嗜吃人肉。

〔Ⅴ－7〕這個方向的對面，如果有土耳其士兵迷了路，一位士兵的腳骨折，無法行走，其他夥伴就在骨折的那位身旁宰殺了一匹馬，並且堆放許多木頭，交給他打火石，棄之而去。過了不久，有一頭老虎氣喘吁吁地往骨折的士兵靠近，老虎的背後有隻身體宛如巨貓，毛就像鐵棒般堅硬，喉嚨和左右側腹有拇指大的白色斑點（的刺蝟）。骨折的士兵用箭射殺了刺蝟的白色側腹，身體就像豬一樣的扭曲，毛像鐵棒般又硬又尖銳。從鼻端到尾巴末端如劍般的銳利。土耳其語稱為國鳥藥……，在那裡看到他和老虎吵架。〔以下，原文書破損且文脈不明，故省略。〕

◎「五位」是何時、且報告了什麼內容？

那麼，本文書的來源「五位 Hor 人的報告」，究竟是什麼年代的東西？首先從第四位的報告〔Ⅳ－1〕裡面，「那個（回鶻的）北方有拔悉密五部族，與回鶻和葛邏祿三者共謀，擊敗了突厥王也就是可汗的政權，拔悉密的族長成為可汗」，這正是第七章開頭介紹到的七四〇年代前半的事件。

相對於此，第二位的報告〔II－1〕內容是「九姓鐵勒的大可汗是從回鶻部選出，並且經唐朝追認，而王族是藥羅葛氏」，這是回鶻打倒了拔悉密和葛邏祿，建立回鶻帝國之後的事情，至少是初代闕毗伽可汗（七四四年即位）與第二代磨延啜可汗（七四七年即位）之後，即藥羅葛氏出身的可汗即位有兩次以上的事情。

接著在第五位的報告〔V－1〕裡，葛邏祿正在和突騎施以及大食作戰，故此推測是在七四〇至七五〇年代，不過另一方面也有〔V－2〕提及的摩尼教是否在回鶻正式傳教的內容，因此也有可能是牟羽可汗統治初期的七六〇年代。甚至，第二位的報告〔II－2〕裡，契丹「與回鶻時而打仗，時而和親」。這樣的情勢並非發生於磨延啜時代，應該是牟羽可汗時代。基於上述的這些考量，原本的「Hor人報告」的年代必然是落在八世紀中葉，而下限則是在七六〇年代。

◎發現「張忠志」

我在一九七七年發表的舊版譯文「Shandong地區的大臣Chang, Chung-Chih」〔I－

4〉，當時因為意思不明而不得已擱置一旁，這次的新版譯文成功翻譯為「山東地區的大臣張忠志」，這在學術上是一大進展。張忠志是作為成德軍節度使的重要人物，同時也是對抗唐朝中央的半獨立軍閥「河朔三鎮」的其中一角，可是在漢籍裡面幾乎都是以唐朝的賜名李寶臣出現，所以一直以來都沒有人注意到。稱張忠志為大臣，是因為他在名目上是由中央朝廷賜予大臣職位，實際上則是作為成德軍節度使握有實權，統治山東。當時的山東是指太行山脈以東的地區，不只是現在的山東省，也包含了河北省。

張忠志並非純粹的漢人，他原本是奚族人，但是被范陽地區的武將張鎖高收養為義子而改姓張。筆者在寫舊稿時，無法理解第一位 Hor 人使者的報告為何會對奚如此清楚，奚的東方為何是渤海國，在朝鮮半島上為何新羅會被忽略等，現在這些疑問都迎刃而解了。因為張忠志原本就是奚族出身，在安史之亂發生後的河北一帶，他握有絕大的權力，他的領域範圍與安史之亂時占領遼東的渤海國是夾著內海（這裡也稱渤海）直接相連的吧。而且，因為位在渤海國的背面，所以無法得到新羅的情報，特別是已滅亡的百濟以降的情報，不過是傳聞而已。

張忠志幼年開始便善騎射，被安祿山看中，一路平步青雲，他跟隨安祿山進入長安，深受玄宗皇帝的賞識而被留在朝廷。當安祿山發動叛亂時，他奮起逃回范陽，安祿山非常高興，給予安姓並收養他為自己的假子（安忠志）。之後，作為安史勢力的大將軍相當活躍，成為叛亂軍方面的節度使。

◎成德軍節度使李寶臣

七六二年（寶應元年）十一月，張忠志（安忠志）帶領著支配下的恒、趙、深、定、易州共五州，歸順唐朝，於是唐朝任命他為成德軍節度使，重新把上列的五州正式交由他全權治理，並且給予檢校禮部尚書這個名義上的大臣位子，還賞賜了與唐朝皇帝相同的李姓且賜名為寶臣，隔年甚至封他為清河郡王。雖然節度使始終只是負責地方軍政的人，不過也有很多人身兼掌管民政的觀察使，掌握地方的所有權限，李寶臣的情況也是如此，不知何時起他也開始身兼恒定等州觀察使。

七六二年首次設置的成德軍節度使，其領域不久之後加入了冀州，接著在大曆年間又加入滄州，張忠志也就是李寶臣旗下有兵卒五萬人、軍馬五千頭，正如《新唐書》李寶臣傳裡記載的「雄冠山東」，成為山東地區的最大實力派。而且，他在自己領域內收到的租稅不繳回中央，恣意籌備軍隊或是任命官吏等，河朔三鎮是不聽從朝廷命令的半獨立國，而他就是其中一個代表。

唐帝國的後半期，有好幾個地方是受到這種節度使支配的半獨立國，呈現藩鎮割據的狀態，即使如此，因為隋代完成的大運河帶動的物流而支撐著經濟的繁榮，唐朝勉強保住世界第一的國家威嚴。朝廷對於這些節度使、觀察使所代表的藩鎮勢力也是採取默認的方針，只要沒有明顯的謀反行動，就不會給自己找麻煩。

當然，在這背後是因為存在著取代突厥而起的回鶻帝國，這個愈來愈強盛的遊牧國家，不只是對散在於漠南至鄂爾多斯的契丹、奚、韃靼、舊突厥殘部、六州胡、沙陀、吐谷渾、黨項等中小規模的騎馬遊牧民，同時也對唐朝內部擁有騎馬軍團的藩鎮勢力，甚至是位於唐朝西方持續擴張的吐蕃帝國，均發揮了牽制的作用，這點是我們絕對不可忘記的。因此，若沒有回鶻的存在，唐代後半期是不得安寧的，而作為回報的就是絹馬交易，這裡也可以看到唐朝由前半期的武力國家，到了後半期成為財政國家的轉變。

李寶臣在那之後的權勢也愈來愈強大，有時甚至妄想登上皇帝大位，可是實際上並沒有走到向唐朝舉旗造反這一步，七八一年（建中二年）他依然是作為成德軍節度使實質上在山東稱王的狀態下，結束他波瀾萬丈的一生。

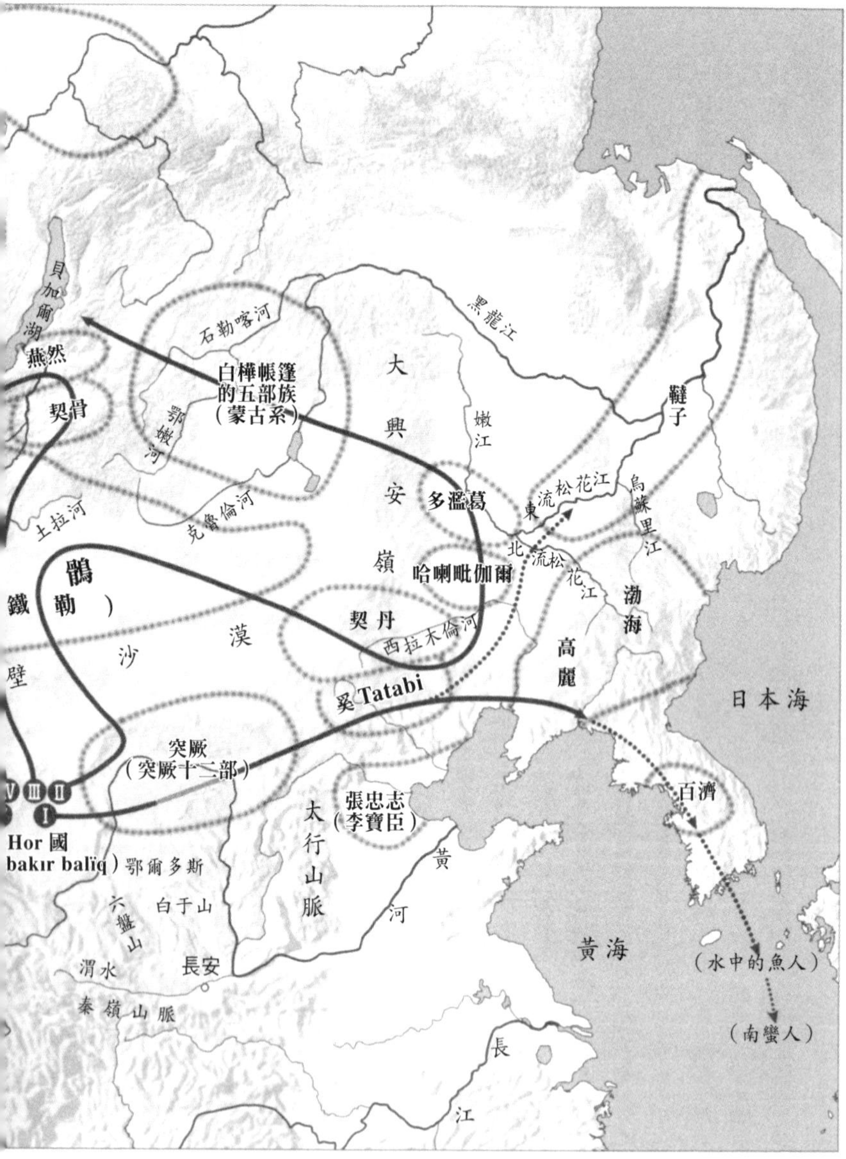
貝加爾湖
燕然
契骨
石勒喀河
白樺帳篷的五部族（蒙古系）
鄂嫩河
黑龍江
大興安嶺
嫩江
多濫葛
土拉河
克魯倫河
東流松花江
烏蘇里江
韃子
北流松花江
鶻
鐵
勒）
哈喇毗伽爾
渤海
契丹
西拉木倫河
沙
漠
壁
高麗
奚 Tatabi
日本海
突厥（突厥十二部）
百濟
張忠志（李寶臣）
太行山脈
Hor 國
bakır balïq）鄂爾多斯
黃
六盤山
白于山
河
黃海
（水中的魚人）
渭水
長安
秦嶺山脈
（南蠻人）
長
江

Hor 人使者的足跡　以敦煌出土藏語文書 P.t.1283「五位 Hor 人的報告」為基礎復原的地圖。

◎涵蓋絲路東部的網絡

那麼，依據以上的新發現，「五位 Hor 人的報告」是以八世紀中葉為對象，其下限則應該可以往後推到安史之亂平定後的七六〇年代後半（或者是七七〇年代？）。透過本文書新譯版的復原，把五位 Hor 人的足跡標記在地圖上的話，就如上頁所顯示的那樣。當時的地理資訊經常出現東西南北的方向偏離九十度的情形，因此與其他史料比對後做了適當的修正，全部合起來的話，可一目瞭然地看到當時的絲路東部涵蓋了除唐朝本土之外的所有地區，由此可實際感受到 Hor 王國以及 Hor 人的情報網相當遼闊。

侷限在過去常識的中國史研究者，對於突厥帝國在唐朝本土內殘存的事實〔I－2〕會感到相當驚訝吧，但是，這是事實。這裡看到的突厥十二部，與第三章提到、構成突厥遺民羈縻州的舊東突厥十二部，兩者相比，其中的舍利吐利部、阿史那部、綽部、賀魯部、悒怛部、蘇農部、阿史德部、卑失部是一致的。當然，這期間過了一百年，舊東突厥十二部並非一直留在中國內地成為本文書裡的突厥十二部，後者應該說是在七一六年默啜驟逝後的內亂敗陣下來逃亡唐朝，由右賢王墨特勤與左賢王毗伽特勤統領的舊默啜派突厥亡命政權，再加入七四〇年代突厥第二帝國滅亡時新一批降唐的人而增強的政治勢力。

◎「Hor」就是粟特

為了解讀本文書，最大的關鍵莫過於第一位的報告開頭〔I－1〕裡，「國名在漢語是稱為室韋，土耳其語則為 bakır balïq（銅城）。」這句話說明了五位使者的出發地。藏語的意思會依據時代出現很大變化，我在舊稿裡是把 Hor 定義為「吐蕃北方的漢族以外的強大異民族，與時而擴大時而縮小的藏族領域直接相連」，可是關於充滿問號的 Hor 王國以及 Hor 人的真正面貌，只能夠推斷出應該是存在於河西至吐魯番盆地的某處，沒辦法有更進一步的突破。然而，根據本書到目前為止所做的系統性論述，現在我更能夠確信當時握有如此四通八達的情報網非粟特人莫屬了，因此 Hor 人就是粟特人，而 Hor 國指的是曾出現於河西－吐魯番－北庭地方某處的粟特人殖民聚落。

而且第二位報告的 Hor 人說明蒙古系的契丹族等族與吐谷渾相似〔II－2〕，可知 Hor 人周遭認識鮮卑出身的蒙古系吐谷渾人，所以比起吐魯番至北庭，河西較符合敘述。雖然，Hor 國的所在地也有可能是甘州（張掖）、同城（額濟納）、肅州（酒泉）、沙州（敦煌），可是從當時的狀況來看，第一順位的候補地應該是涼州（武威）吧。我的推測根據如下：

安史之亂爆發後過了一年多，正當唐政府在各地被迫陷入苦戰的時候，至德二年（七五七年）正月，武威的九姓商胡（顯然是指粟特商人）安門物與河西兵馬使的蓋庭倫聯合召集群眾六萬人，殺害河西節度使周佖發動叛亂。當時，涼州（武威）的大城裡有七座小城，胡（粟特）方面占據了其中五座，結果身為支度判官的崔稱，鼓舞剩下的兩座小城展開反攻，在十七日內鎮壓了叛亂。這是可見於《舊唐書》卷十以及《資治通鑑》卷二一九的大事件，而叛亂的首謀者之一安門物顯然是粟特商人，從由胡為中心組成的叛亂軍來判斷，與安史之亂不無關係。還有，安門物率領的應該就是在第二章提到的「涼州粟特人軍團」，別無其他，恐怕這支叛亂軍原本是打算要與安史之亂合流的吧。

即使這場涼州叛亂被平定了，可是一直到唐朝中期，涼州的粟特商人無庸置疑地依舊保持強大的軍事力。所謂的 Hor 國，原文在土耳其語是「bakır balïq」，也就是「銅城」，「balïq」有「町、都城、都市」的意思，很有可能是指七座小城之中的其中一座。唐代涼州的人口約十一萬，單純計算的話，一座小城有一萬到兩萬人，若其中一座是只有粟特人的都城，且其首領是騎士般的商人貴族、足堪被稱為王的存在，那會是如何呢？王為了有利於遠距商業，必須掌握瞬息萬變的政治情勢，派了五位使者從涼州沿著長途的幹線道路打探消息，必然會與中央歐亞東部的絲路網絡重疊。還有，在這裡補充說明，涼州從唐朝落入吐蕃的手中是在安史之亂結束後不久的七六四年。

根據本章開頭介紹的荒川正晴的論點，一到了唐代，不只是在聚落定居的粟特人，也包括外來的粟特人，都是透過唐政府的戶籍進行管理，或許會因此認為粟特商人整體失去了像以前那樣的移動自由。但是，若只是在唐朝國內活動的粟特人，列為「行客」就足夠了，卻還要另外設一個分類「興胡」來列管，一定是唐朝方面遇到了要這麼做的理由。

《唐會要》卷八十六．關市的條項裡，七四三年在唐帝國的西部「興販往來不絕；雖託以求利，終交通外蕃，因循頗久，殊非穩便」，於是下詔命令安西四鎮節度使及沿路所有郡縣嚴加取締。看起來似乎是想要防止在西域活躍的商人透過與外國往來而洩漏國防機密，可是從這篇文章裡，可知唐朝在七四三年之前，為了利用西域商人而允許他們從事商業活動，另一方面也暴露出西域商人與外國的交流，乃是長久以來的積習這一事實。

而且，透過伯希和藏語文書一二八三號復原的網絡，明白顯示這樣的實態在那以後也沒有太大的變化。唐政府的對外立場是不承認商人進行外國貿易的自由，但實際上是默認，甚至被認為是巧妙地利用自古以來粟特人建立起的國際商業與情報網。若是如此，那麼粟特網絡雖然變質，但仍然存續。如果我這樣的看法成立，就意味著過去認為都是柔然、突厥、回鶻等遊牧國家利用了粟特人，而實際上不僅如此，拓跋（Tabγač）國家的唐朝其實也一樣，這個結論是饒富興味的。

絲路貿易的實態

◎西域的金銀錢

七世紀初，在唐朝的支配擴及西域之前的絲路東部，金銀與絹織品是主要的國際通貨。根據《大唐大慈恩寺三藏法師傳》卷一，為了到印度求法踏上旅途的玄奘抵達河西第一大的都市涼州，在那裡對著包含西域商人的聽眾們講道時，獲得了許多金錢、銀錢的布施。

接著，穿越戈壁沙漠偷渡出國的玄奘，在東部天山環繞的吐魯番盆地內受到高昌國王麴文泰的迎接，並給予玄奘「黃金一百兩，銀錢三萬，綾及絹等五百疋」作為通過中亞往返印度的旅費。不只如此，在《大唐西域記》卷一裡，根據玄奘的口述指出阿耆尼（＝焉耆）國，屈支（＝龜茲）國，迦畢試國的通貨是金錢、銀錢、小銅錢，覩貨邏國（舊巴克特里亞）也是使用金錢與銀錢。

這些記載比起其他史料，更加確切地反映出當時的中亞國際通貨是金銀錢和絹織品。然而，另一方面在《大唐大慈恩寺三藏法師傳》卷二裡，又提到在高昌國與阿耆尼國的中間有座銀山，「山甚高廣，皆是銀礦，西國銀錢所從出也」，若是與現在新疆維吾爾自治區至北中國的金銀銅錢出土狀況一起考慮的話，可推論不管是作為國際通貨或本地通貨，銀錢在當時的中亞最受到重視。從本書第五章舉出的粟特文女奴隸買賣契約文書或漢文契約文書，也確認到銀錢即使在七世紀的吐魯番也是作為高額貨幣流通的事實，因此這項推論應該是無庸置疑的。還有，與銀錢同時被帶入中國的，還有大量來自西方的豪華金銀器。

◎作為高額貨幣的絹織品

然而，被唐朝征服後，河西到帕米爾為止的中亞東部成為中國經濟圈的一部分，絹織品（帛練繒綵綾羅錦等，「帛練」為統稱的代名詞）必然取代了銀錢成為高額貨幣的代表。尤其是到了八世紀，銀錢完全被唐的銅錢取代。雖然銅錢的個別價值低，可是高價格的絹織品品質不一，無法作為統一的計量單位，因此銅錢取代之成為價值計算的單位。根據荒川正晴的論點，布帛作為軍事費從中國本土被運送到統治下的西域，其數量在進入八世紀後也有飛躍性增加，伴隨而起的是以粟特商人為首的商業活動比前代更為發達。

到了這個時代，根據考古學資料足以推測依然是透過粟特人的手把西方的金銀器運往東方，但是他們在帕米爾以東似乎已經不用銀錢或者是銀塊作為主要的交易手段。七世紀末，不只是吐魯番文書裡已不復見銀錢的使用，從漢文文書裡可知，更早在六七〇年前後，在天山一帶活動的粟特商人是以絹作為高額貨幣使用，而非銀錢。

還有，《慧超往五天竺國傳》記載了八世紀前二十五年的狀況，裡面提到了在興都庫什山脈以南的西天竺國（西印度）是使用銀錢，在犍陀羅國和謝颶國（Zabulista；今阿富汗伽色尼一帶）是布施金銀，另一方面在帕米爾山中的胡蜜國（瓦罕走廊）和識匿國（Shighnan；今塔吉克巴達赫尚自治州首都霍羅格一帶）的項目裡，則分別如下敘述：

（原文）

此胡蜜王，兵馬少弱，不能自護，見屬大寔（＝大食＝伍麥亞王朝）所管，每年輸稅絹三千疋。

彼（＝識匿）王常遣三二百人於大播蜜川，劫彼（興胡）與胡及於使命。縱劫得絹，積在庫中，聽從壞爛，亦不解作衣著也。

（白話譯文）

這裡的胡蜜王，因為兵貧馬弱無法自我防衛，現在屬於大寔（＝大食＝伍麥亞王朝）所管轄，每年運送稅絹三千疋。

那裡（＝識匿）的王經常派遣二／三百人到大帕米爾平原，搶奪往來的興胡與（外國的）使節團。即使搶奪取得絹，也堆放在倉庫內任由腐壞，不知道可以拿（絹）來做衣服。

同樣在《慧超往五天竺國傳》裡，也描述粟特商人從中國領土來到西北印度的犍陀羅的情形，因此可以說在這個時期的絲路東部，比起金銀錢，反而更能夠廣泛地看到許多粟特商人攜帶絹作為實體貨幣來使用。

◎扮演貨幣功能的絹織品

在西元一千年的中國本土，金銀的流通並不普遍，主要作為貨幣使用的，有自前漢以來以五銖錢為代表的銅錢，以及絹織品、穀物等實體貨幣。雖然銅錢因為有公權力的保證以及

開元通寶

計量功能出色，較占優勢，但是依舊與實體貨幣兩者並行使用。隋代以前傳統使用的五銖錢，被唐初發行的「開元通寶」所取代，雖然之後從唐到五代為止持續發行「開元通寶」等其他銅錢，可是在租庸調制底下，納稅依然是用穀物布帛等實物來徵收。

終於到了七八〇年，兩稅法取代了先前的租庸調制，原則上納稅就改為使用銅錢，因此這樣的銅錢經濟也滲透到地方上。然而，銅錢又重又便宜，和輕薄且高價的金銀、絹織品是兩個極端，並不適合用來作為必須要長程輸送的國際通貨。豈止如此，就連在國內遇到需要統一長程運送稅金或軍事費等的情況，也不是用銅錢，而是使用被稱為輕貨的高級絹織品和金銀。但是，金的絕對數量少，銀是只在有銀礦山的嶺南或部分的江南，以及集中囤積的長安、洛陽、揚州等大都市為中心在流通而已，不管是在全國的哪個地方，一般仍是以絹織品（尤其是綾羅）作為運往遠方的有價運輸手段。

在唐代，尚未有用銀表示物價的事例，這種情況是到了宋代才首次出現。在唐代的中國本土，即使是終於開始流通的銀，還沒成為具備價值尺度的完全貨幣，所以比銀更加稀少的金，與其說是貨幣，更被認為是珍貴財寶。因此，自漢代以來的一千多年間，作為各式各樣輸入品的交易籌碼，或者是中國為了得到政治軍事上的安寧而支付給外國的國際通貨大宗，除了輕薄、高價值且是中國特產的絹織品外，別無其他了。

松田壽南認為在蒙古高原至天山山脈的草原地帶先後崛起的遊牧國家的馬與中國絹織品的交易，乃是前近代中央歐亞史的原動力。根據他的「絹馬交易」研究，所描述的這段期間的事情相當具有說服力，尤其是對突厥、回鶻帝國而言，絹的存在顯然很重要。過去漢朝給予匈奴的歲幣，除了絹以外還有穀物，而後代的宋給予遼、金、西夏的歲幣則是絹還要加上銀等，這些都是價值不輸給絹卻有重量的物資，正好和以絲絹為主的唐朝形成明顯對照。也就是說，突厥和回鶻的國際通貨是絹織品，並非銀，更遑論是稀少的金了——傳統上，遊牧民的偏好是將金當成材料，做成顯示威信地位象徵或是珍貴財寶的金製品，並且加以珍重保存。

◎唐朝與回鶻的絹馬交易

與唐朝的絹馬交易，尤以回鶻帝國（東回鶻）最為出名。唐帝國因為安史之亂陷入國家存亡危機，幸好得到回鶻的軍事援助才勉強從死裡逃生，而唐給予的回報就是在那之後定期或不定期運送大量的絹織品到東回鶻的根據地蒙古高原。當中雖有一部分是作為歲幣定期地贈送，不過大部分都是用來折抵回鶻運來的馬價，不定期送往當地。後者即所謂的絹馬交易，這種交易一直持續到東回鶻末期。

關於這種絹馬交易，過去的主流觀點是囫圇採納漢籍的主張，亦即這是回鶻的惡劣行徑，是被迫接受不必要的馬匹而進行的強制貿易（也就是唐朝財政因此受到壓迫的回鶻惡黨說）。但是，最近齋藤勝提出了新見解，認為實際上對於唐朝所需要的軍馬供給面而言，這是很重要的交易。他以相當精彩的論證方式，揭露了充滿中華主義偏見的漢文史料之虛構。由於在馬作為軍事力根基的時代，唐朝最大宗的輸入品應該就是馬匹，所以我完全同意齋藤的新見解。

於是，蒙古高原在以馬價折絹（馬價絹）的交易下，經年累月積累了龐大數量的絹織品，這些輕薄且高價的商品，必定是透過粟特商人之手，作為貨幣運往西方的中亞、西亞、東羅馬等地。相對於此，回鶻獲得的是金銀器、玻璃製品、玉、琥珀、珍珠、珊瑚等寶石類，各式各樣的香料藥材類，還有粟特、印度、波斯、西亞等西方所產的絨毯、壁掛、綴織、棉布等織物類的奢侈品。

只是，要注意的是馬價絹是有一定規格的平絹，並不是錦或者綾羅，甚至是金襴等的高級絹織品。而且，交易行情是馬一匹折合平絹二十五疋左右。平絹終究是計算基準而已，它與那些高級絹織品的匯率也是固定的，因此實際上支付馬價絹時，不只有平絹，照理應該也包括了大量的高級絹織品，可是實情並不清楚。另一方面，根據石見清裕的研究，作為對於朝貢品的回賜或是歲幣，從唐朝被運送到外國的絹織品是攸關唐朝國家威信的最高級品，甚至他推論在被稱為「互市」的民間貿易裡，作為貨幣使用的「帛練、蕃綵」也應該是高級品。

在遊牧民方面用馬價絹購入的商品裡面，最容易理解的是金銀器。突厥、回鶻等草原世界的王侯貴族對金銀器是如何地愛不釋手，不只是正史的突厥傳、回鶻傳等漢籍的記載，就連以希臘語記述的來自東羅馬的使者報告，以及實際從蒙古高原、吐魯番、南西伯利亞、天山山中等出土的文物，也如實反映出這一點。直到最近，由土耳其共和國團隊在蒙古高原的鄂爾渾河畔發掘出突厥的毗伽可汗廟，並且有多數的金

三彩粟特商人像

銀器出土，在自己遙遠的祖先之地有這樣的大發現，當時喧騰一時，想必大家仍記憶猶新。這些出土文物裡很多都是名貴珍品，當然也包括來自唐朝的歲賜品，但是一定也有很多是透過流入草原世界的馬價絹，配合自己的嗜好，向從唐都，還有吐魯番、龜茲或索格底亞那等地來的商人購買收集的稀世珍寶。

◎奴隸與粟特錢

接下來，還有一點不能忘記的是，本書第五章聚焦討論的粟特人奴隸。一直以來，我認為每年做為多達數萬匹到十萬匹的大量馬匹的折價，流入突厥和回鶻帝國的絹，其價值未免過於龐大，即使是金銀器、寶石、香料、高級織物類等的高價商品，在人口較少的遊牧民國家中，就算任憑上流階級使用或浪費，也是有一定的限度，在收支上絕對無法取得「平衡」，因此感到相當納悶。甚至懷疑是否就像在三七四頁內文所引用的帕米爾山中的識匿國，將那些使用不完的馬價絹堆積在倉庫裡任由腐爛。

然而，現在如果假設用來折抵絹的商品裡面有大量奴隸的話，就能夠解開長年以來的謎團了。從北朝到隋唐，中國接納了許多來自西域的藝人、音樂家、美術家、工藝匠、醫術者等，文化交流盛行。若是如此，草原的遊牧民世界裡應該也有與此互相匹敵的豪奢生活，營帳內鋪著絨毯，棚頂覆蓋著高價錦繡，美輪美奐，穿著華麗的王侯貴族及其妻妾們一邊使用金銀器或玻璃工藝品飲用葡萄酒，一邊欣賞西域傳來的歌舞樂曲或馬戲團等，也不會覺得不可思議吧。在那裡，和中國宮廷相同，也有奴隸負責歌舞樂曲的演出，若是美貌出眾的奴隸就成為妻妾，向草原的貴族們傳播西域的音樂和各種文化吧。

時代稍微往回溯，在這裡聯想到下列兩個事例。根據《舊唐書》卷二十九．音樂志二與《通典》卷一百四十二．樂二，北周武帝從突厥第一帝國迎娶阿史那氏的公主作為皇后時，因為西域各國出身的隨行人員一起來訪，於是長安湧入了龜茲樂、疏勒樂、安國樂、康國樂等盛大隊伍，也就是在突厥宮廷裡已經有演奏這種音樂的樂隊集團隨侍在側，而且為了在日常上維持這些開銷，所以支出了大量的馬價絹吧。

還有，武則天一族的武延秀為了迎娶

粟特銀瓶　上面繪製著有翼的駱駝（守護神）。

突厥默啜可汗的女兒而被派到突厥時，卻被扣留住，但是在那裡不只學會了突厥語、突厥舞，甚至是胡旋舞。因此，回國後他受到在宮廷沙龍當紅的安樂公主的寵幸，最後還成為夫婿。這也意味著在突厥已經有教授粟特胡旋舞的文化基底。即使以唐朝宮廷來看，突厥宮廷也絲毫不遜色。

隋唐時代，西域胡人的代表——粟特人，很多人進入作為貿易對象、稱霸北方草原的突厥或回鶻底下，形成殖民聚落，甚至有些情況還建設了都市。而且，他們與突厥或是回鶻密切往來，不只是傳入了粟特文化，連自身也出現遊牧民化，必然地會發生相當程度的混血，形成也可稱為粟特系突厥人、粟特系回鶻人的新興集團。而且，從牟羽可汗時代的漢籍史料可充分了解到，在東回鶻時代，這些純粹的粟特人以及有一半血統的粟特人，為了在中國可以順利進行貿易活動，經常詐稱是回鶻人。如先前已經介紹過的，牟羽可汗死於政變的時候，同時遭到殺害的有他的親

粟特僧侶傳法圖

信以及身邊的粟特人的合計約兩千人。

接著，經過了一段潛伏期間之後，從第七代懷信可汗的時候開始，回鶻的粟特人與摩尼教僧侶的動向在史料上變得活躍，粟特商人再度成為絹馬交易的仲介者。並且，在回鶻施壓的背景下，唐朝國內的大都市裡設置了摩尼教寺院，粟特商人靈活地把摩尼寺院作為住宿設施、倉庫、銀行，偶爾作為緊急的避難場所等來使用，就連唐朝本土內的金融資本也掌握了相當的部分。這就是所謂的「回鶻錢」，也就是「Uyghur money」，國內外有很多學者就直接解讀為這是回鶻人商人化的結果，其實不然，實際上是粟特錢（Sogdia money），因為沒有經驗的遊牧民應該不可能瞬間成為國際商人。關於這一點，我在《岩波講座世界歷史》發表的拙稿〈「絲路」的回鶻商人——粟特商人與斡脫商人之間——〉一文內有詳細論述，故不在此重複。

1 可參見：森安孝夫，《チベット語史料中に現れる北方民族——Dru-gu と Hor》。

終章 唐帝國的黃昏

唐蕃會盟碑 樹立於西藏拉薩的大昭寺門前。

中亞史上的關原之戰

◎唐、吐番、回鶻的三強鼎立

論到中亞史上的「關原之戰」（決定天下的重大戰役），一般咸認最早的一役，便是發生於七五一年，由唐朝和大食（＝阿拔斯王朝）之間展開的「怛羅斯戰役」吧。

然而，若真是如此的話，為何輸掉這場戰役的最高統帥安西都護（或稱安西四鎮節度使）的高仙芝並沒有被立即處死呢？他雖然被調任，但也沒有被免除官職，之後在其他地方也很活躍。實際上是安史之亂發生後，他身為副元帥在陝州率軍討伐時，面臨了洛陽可能落入敵人手中的重大局面，因此逼不得已退守潼關，此舉卻引起玄宗勃然大怒，將他問罪處死。也就是說，對玄宗而言，「怛羅斯戰役」並不是什麼了不起的事（前嶋信次）。

從另外一面也可證明，在怛羅斯戰役之後駐留在西域的唐軍士氣依舊高昂，封常清取代高仙芝的位子，七五三年在他的指揮下奪取了俾路支地區（Balochistan），此地是吐蕃軍隊從帕米爾方面往中亞進出的重要橋頭堡，可以說戰功彪炳。唐朝之所以被迫退出中亞，全都是歸因於之後爆發的安史之亂，豈止是無法經營西域，叛亂平定後就連要保住唐朝本土也很勉強了，只能淪為小型的中華王朝。過去大唐帝國的風光已不復見。

如果怛羅斯戰役真的可以稱得上是決定天下的戰役，那麼成為贏家的大食為何沒有越過帕米爾高原，推行伊斯蘭化呢？其實是因為他們也沒有那麼多的餘力，所以才沒有這麼做而已。這場戰役會獲勝，不過是因為起初站在唐朝那邊的土耳其系游牧民族葛邏祿臨陣倒戈罷了。

依我個人所見，應該稱得上決定中亞大局的「關原之戰」，是八世紀末以東部天山北麓為舞台，在回鶻與吐蕃之間發生的北庭爭奪戰。

在安史之亂終結的七六三年，隔著唐朝南北分立的回鶻帝國與吐蕃帝國開始直接往來，彼此種下的火苗演變成之後的北庭爭奪戰。回溯到一世紀前，吐蕃征服吐谷渾、占領青海地區以來，便經常與唐朝上演國界之爭並擴張領土，這時他們又趁著唐朝因安史之亂陷入混亂的絕佳機會，攻下河西和隴右地區。接著在七六三年十月，吐蕃甚至一度占領了唐都長安，並在當地樹立起傀儡政權，演變成　起重大事件。

另一方面，幾乎是在同個時期，唐朝方面鎮壓安史之亂的最大功臣之一僕固懷恩，因為出身自與回鶻同屬九姓鐵勒的僕骨（＝僕固）部，而且親生女也成為回鶻牟羽可汗的妃子，所以被誣陷有謀反嫌疑，進退兩難之下，結果選擇了與回鶻、吐蕃、吐谷渾、黨項等聯手舉旗叛變，實際上這也是中央歐亞型國家（所謂征服王朝）的萌芽，可是如此的大亂，在七六五年懷恩病歿後，如同諺語說的「兩雄不俱立」（《史記》酈生陸賈傳），回鶻與吐蕃分道揚鑣，再度與唐友好，並且與之聯手大敗吐蕃軍隊而告終。之後，回鶻與吐蕃成了仇敵。

◎回鶻對吐番的北庭爭奪戰

七八九至七九二年間發生於回鶻與吐蕃之間的北庭爭奪戰，就連學界裡也不太知道，遑論是一般大眾，而且關於結局也出現意見分歧。就連權威的《亞洲歷史事典》（平凡社）也採用吐蕃是勝利者的看法，即使是在安部健夫發表了是回鶻獲勝的論點，日本國內外的學界長久以來依然是以吐蕃勝利說較占優勢，包括近年由譚其驤編纂的《中國歷史地圖集》第五冊也是受其影響，將哈密—吐魯番—焉耆（Karasahr）—龜茲地方屬於吐蕃領有，這也是肇因於安部不是非常充分的說法。因此我補上說明，為回鶻是北庭戰的最終勝利者進行論證，目前幾乎已成定論。

整個八世紀，處於「中央歐亞」正中央、亦即狹義中亞的霸權之爭，東有唐帝國，南有吐蕃帝國，西有伊斯蘭帝國（大食，前半是伍麥亞王朝，後半是阿拔斯王朝），北有土耳其帝國（最初是突厥第二帝國，中葉起是回鶻帝國）這四者。進入八世紀後半，在這些勢力裡面，西方的伊斯蘭帝國沒有跨越帕米爾的餘力，東方的唐朝陷入安史之亂而不得已緩和西域的統治時，剩下的就是北方的回鶻和南方的吐蕃。這兩者裡面，回鶻因為協助鎮壓安史之亂與唐朝友好，相對地唐與吐蕃則是敵對狀態。

在塔里木盆地，做為太宗至玄宗時代統治西域的遺產，焉耆、龜茲、疏勒、于闐即所謂的安西四鎮還留有唐朝的鎮守軍，而吐魯番地區也設置了唐朝直轄的西州，但是從中國本土前往西域的河西走廊在安史之亂後被吐蕃占領，因此吐魯番和安西四鎮陷入了補給困難的境地。七八一年，唐朝的伊西北庭節度使李元忠與四鎮節度留後郭昕向回鶻借道，派遣使者從天山北路繞經漠北的鄂爾渾流域到唐朝本國，即所謂的「回鶻道」，也是這個時期的事情。回鶻利用這個機會，對東部天山一帶的北庭或其周邊遊牧民族的掠奪加劇，大發意外之財。

相反地在吐蕃方面，七六四年奪取涼州之後逐漸依序西進，到最後在七八六年占領了唐朝孤壘堅守的沙州（敦煌），完全掌握河西走廊，之後正式進入羅布泊—于闐地區的塔里木盆地南緣（西域南道）。於是，七八九年，吐蕃軍也率領位於天山北路的葛邏祿、白服突厥的軍隊襲擊北庭一帶，一開始是打贏回鶻軍隊，把對方逼退到蒙古高原，在那之前原本站在回鶻一方的沙陀突厥也向吐蕃投降。之後，直到七九二年為止雙方就在一進一退之間僵持著，但如上述，最終的勝利是歸於回鶻的。

這場北庭爭奪戰以後，包含吐魯番盆地在內的東部天山一帶整體皆在回鶻帝國的勢力以及影響下。而且，塔里木盆地北邊以北（以絲路來講是草原之道，以及綠洲之道的西域北道）是回鶻領有，塔里木盆地南邊（綠洲之道的西域南道）－河西走廊－隴右以南為吐蕃領有，唐朝退場後的中亞東部就形成南北分治的局面。會在于闐北方沙漠中屹立的麻札塔格（Mazar-tagh）與米蘭（Miran）發現吐蕃要塞遺址，絕非偶然。

三國會盟與回鶻的西遷

◎唐、吐番、回鶻的三國會盟

八二一至八二二年唐朝與吐蕃會盟的事實，可從留在拉薩的有名「唐蕃會盟碑」和漢籍史料清楚得知。而且，根據一九八〇年代初匈牙利的瑟爾伯（J. Szerb）與日本的山口瑞鳳從敦煌出土的藏語文書與後世藏語典籍資料所進行的推測，得到令人驚訝的事實是：實際上在這個時候，不只是唐蕃兩方，回鶻帝國也與吐蕃帝國之間進行講和。唐朝和回鶻的關係在平定安史之亂以後已趨於親密，如果這是事實的話，這也意味著唐、西藏、回鶻之間三國會盟的成立。然而，唐朝或回鶻方面沒有發現任何可以佐證的史料。但是，以當時這三國在歐亞大陸東部的地位之重要，如果三國締結盟約，堪稱是世界史上的一大事件，可是卻沒有發現唐朝或是回鶻有任何提到此事的史料，相當不可思議。

於是，我追根究柢的結果，發現在巴黎所藏的敦煌文書殘片伯希和三八二九號裡，出現「盟誓得使三國和好」的文言，我推估這應該是正確提及三國會盟的唯一漢文文書，並在一九八七年將此發現用概要論文發表。然而就在一九九七年，中國的李正宇發現聖彼得堡所藏的敦煌文書殘片（Dx. 1462）可與伯希和三八二九號完全接合的事實，其結果證實了我所預測的。也就是一個文書被分成上下兩個斷片，經過接合復原後的完整文章，證實了不只是實際存在過三國會盟，甚至知道當時吐蕃的領土擴張到河西走廊北方的額濟納，那裡就是國界。

這項新事實，若是和我關於北庭爭奪戰結果的看法，以及前輩們累積的唐蕃會盟碑的研究成果合在一起的話，就可以幾近正確地劃定八二〇年代當時的唐、吐蕃、回鶻的國界。

以圖示，就如本頁的地圖，連結清水縣（秦州、天水）和固原（原州）的南北線就是唐朝與吐蕃的國界，到額濟納為止為吐蕃領有，戈壁—阿爾泰東南部以北為回鶻領有，也就是說橫跨東西的戈壁沙漠是區隔了回鶻和唐朝、吐蕃的天然國界。

◎不變的天然國界

與此相關聯，值得注目的是戈壁—阿爾泰東南部的賽夫列依（Sevrey，在蒙古國南戈壁省內），現在依然留有一塊與九姓回鶻可汗碑同樣是用回鶻語、粟特語、漢文三種語言紀載的碑文。以下是我們進行實地調查的紀錄。

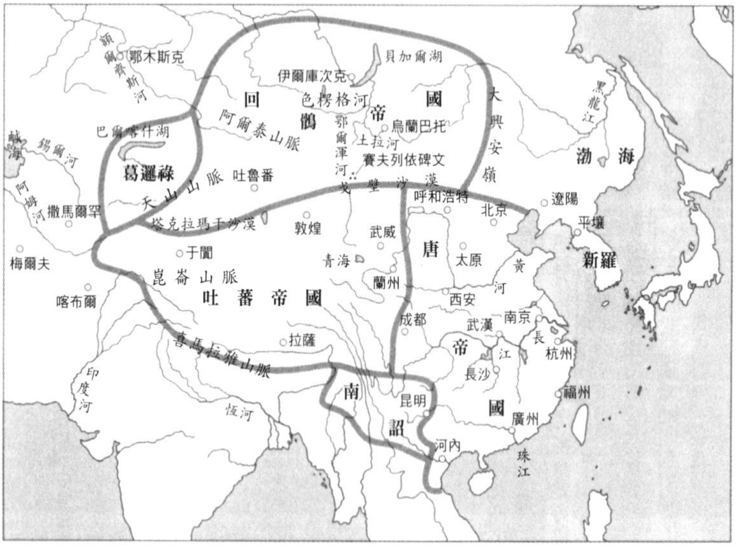

唐、吐蕃、回鶻三國會盟時的領域

賽夫列依碑文（Sevrey Inscription）在賽夫列依村的東南方約六公里之處，位於祖倫山脈（音譯）和賽夫列依山中間寬約七到八公里的南向斜面狀平原內。這片平原呈現半沙漠狀，與其說是草原，應該是地表滿布砂礫的戈壁灘比較貼切。以稍微陡峭的角度南下五到六公里，與半沙漠狀的大草原連接。在對面遙遠的幾十公里處矗立著呼倫哈那山脈（音譯）以及諾彥山。

馬匹可以很輕易地越過這些山脈，其南側與中國甘肅省的額濟納河下游流域相通。在北側，平原的盡頭可看到低矮的其他山脈，那個方向有真正的沙漠，不利汽車通行，如果是馬的話就完全沒問題了。沙漠的另一端是奧格河（Ongi River）下游流域，這個平原的位置是位於蒙古本土中央部的鄂爾渾河流域到中國的額濟納河流域出口的路徑上。

即使是現在，這裡也是蒙古國和中華人民共和國的國界，從中國進入蒙古大量購買羊毛或羊絨的中國商人就是利用這條路徑，開著吉普車花上一天的時間穿越北方的沙漠，出了奧格河流域的阿爾拜赫雷（Arvaikheer）後，行駛高速公路直達蒙古首都烏蘭巴托。在唐代的漢籍裡看到的、從甘肅地區的河西走廊進入回鶻的入口「花門山」、「花門山堡」，指的正是這一帶。

根據現存於拉薩的唐蕃會盟碑，唐朝和吐蕃締結講和條約的木質是劃清兩國間的國界。

若是如此，那賽夫列依碑的性質便是回鶻方面紀念這次的三國會盟，向內外宣言從蒙古中央部南下到入口處的花門山為回鶻領有的象徵物吧。還有，這次的三國會盟也是因為八世紀末的北庭爭奪的戰勝利者是回鶻，之後也在天山一帶維持住地盤而得以實現的吧。

回溯歷史來看，包括漢朝將匈奴的勢力驅逐出北中國至河西走廊的農牧接壤地帶之後的國界，以及元朝退到蒙古高原之後，明朝與舊蒙古勢力北元之間的國界，同樣都是戈壁沙漠，天然國界是不變的。而戈壁沙漠沒有作為國界的，只有蒙古帝國／元朝和清朝這樣的中央歐亞型國家（征服王朝）統治的時代。

◎西回鶻王國的誕生

八三〇年代末，回鶻帝國因為連年的天然災害和內訌，在八四〇年被黠戛斯趁隙攻擊而滅亡。大量的回鶻人離開蒙古高原，南下遷徙到中國北邊內蒙古陰山一帶的集團，不被唐朝所接納而且衝突不斷，不久後集團就分崩離析了。

另一方面，往西遷徙的整整超過十萬人的大量部眾，落腳在從八世紀末起便處於其勢力圈中的東部天山一帶，直到八五〇年左右為止，以焉耆為首都的西回鶻帝國便由此誕生。原為遊牧民的回鶻其實並非從一開始就以綠洲農業圈的吐魯番為根據地，而是在九世紀末或者進入十世紀之後，才以北庭作為夏季首都，而以高昌作為冬季首都。還有另外一派則是通過花門山前往河西地區，首先是以額濟納為據點過著遊牧生活，當吐蕃人在八四〇年代因吐番帝國內部瓦解從河西走廊撤退之後，就南進建立起甘州回鶻王國。

如果回鶻是在先前的北庭爭奪戰敗北而失去東部天山一帶的話，被黠戛斯打敗的逃亡部眾就不可能大舉蜂擁而至。幸運的是，因為此地在其勢力範圍下，所以西回鶻王國才得以揭開序幕，直到蒙古興起為止。還有，在西回鶻的底下，狹義的中亞東部開始土耳其斯坦化，因此北庭爭奪戰在中亞史上具有的重大意義是不證自明的。也就是說，正因為贏家是土耳其系的回鶻，所以之後的中亞進行土耳其斯坦化直到現在，如果當時結局被逆轉，就變成了「吐蕃斯坦」而不是土耳其斯坦了，說不定現在還被涵蓋在藏傳佛教圈裡面呢！

◎粟特人的去向

做為本書經常登場主角的粟特人以及粟特語、粟特文字，是在何時且怎樣消失的呢？我在第二章有稍微提到，粟特人的母國索格底亞那在八世紀中葉進入阿拔斯王朝的直接統治下，隨著之後伊斯蘭化的進行，逐漸失去了粟特人在宗教、文化上的獨特性；尤其是在薩曼王朝統治下，使用阿拉伯文字的波斯語成為主流（這樣的近世波斯語和現在的塔吉克語相關），另外，在喀喇汗國以後，索格底亞那則在土耳其系伊斯蘭諸王朝的統治下進行了土耳其斯坦化，之後阿拉伯文字土耳其語就成了當地具有支配性的語言。

根據喀喇汗國出身的偉大學者喀什噶里（Mahmud al-Kashgari，十一世紀初～十一世紀末）編纂的《突厥語大詞典》（*Dīwān Lughāt al-Turk*），可以確定在西部天山北麓直到十一世紀為止，仍有索格底亞那出身的粟特人集團，可是他們是使用粟特語和土耳其語的雙語族群，採用土耳其服裝，受土耳其習慣的影響，只有粟特文字還勉強維持著。可是，這樣的族群也在一兩個世紀後消失了。即使如此，在粟特語的「sart」（商隊）衍生出的Sarta'ul、Sartayul，亦即在漢文裡被稱做回回商人的土耳其系、波斯系穆斯林商人裡面，仍然留著混血過的舊粟特人的濃厚痕跡。

儘管西土耳其斯坦的都市和平原地區的語言徹底被土耳其語和波斯語取代之後，在山間地區似乎仍然保持著粟特語。二十世紀後半，澤拉夫尚河上游的雅格諾布河谷（Yagnob Valley）約有三千人使用的雅格諾比（Yaghnobi）語是唯一的倖存者。

另一方面，在唐代踏遍絲路東部的粟特人後裔又是如何呢？他們並沒有滅絕。實際上，有相當部分是在西回鶻王國或是甘州回鶻王國，甚至是在五代沙陀系王朝裡面，作為支撐商業經濟的人，或者是作為武人活下來。

前者的典型是西回鶻王國裡的粟特商人，正確地說應該是粟特系回鶻商人，關於吐魯番的柏孜克里克千佛洞裡的回鶻佛教壁畫年代，現在我提出的新看法也獲得學界的認同，推估是在十世紀後半至十四世紀前半。其中，可以斷定是屬於十一至十二世紀的柏孜克里克第二十窟（格倫威德爾編號第九窟；Ibert Grünwedel，德國學者，一八五六～一九三五年）內的誓願圖，可以看到商人的容貌均為高加索人種特有的紅毛碧眼，或者是眼深鼻高多毛，這無疑就是流傳到現代的最後的粟特人之姿。

像這樣子，粟特人並不是消滅，而是溶解在其他民族裡面，粟特人帶來的粟特文字幾乎是直接成為回鶻文字，回鶻文字在十三世紀又演變成蒙古文字。甚至，這個蒙古文字在十六世紀末至十七世紀初經過稍微的變化與改良後，又成為滿洲文字。因此，我們甚至可說，身為中央歐亞型國家的清朝也繼承了粟特文化，在中國內蒙古自治區使用的蒙古文字可以說是流傳至今的粟特文化遺產。

後記

認定近代文明的起源是西歐，這樣的看法未免過於短視。在包含新大陸在內的世界全球化之前，歐亞大陸各地的各種民族、政治勢力早在騎馬遊牧民登場的約三千年前開始，就已經形成有機的連結。當某個地方產生變化的波動，時而迅速，時而緩慢地波及到世界各地，近代西歐世界只不過是在那長期波動的末端誕生出來的。

依循現在的高中世界史教科書，對誕生出所謂四大文明的埃及－西亞、印度、中國，以及在那之後接續發展的地中海周邊的歷史個別分散教導，這樣的做法是絕對無法理解世界史潮流的，因為完全遺漏了近代以前擁有地表最強軍事力的中央歐亞遊牧騎馬民勢力的動向，以及連結起這些諸文明圈的中央歐亞與南海，也就是廣義的絲路世界的歷史。若要建構世界史，是無法將遊牧民族活躍的中央歐亞歷史排除在外的。

再者，所有的人類都是從非洲出現並擴散到世界各地，以這樣的人類史立場來看，中央歐亞史與西亞史、地中海世界史、歐洲史、印度史、東亞史是直接連結的，也與日本人以及日本文化的起源問題有所關聯。中央歐亞擁有絲路這樣東西南北互通的交通網，在近代世界體系成立以前的世界史裡，也在經濟和文化上扮演了重要角色。

本書的具體目的在於，把名副其實世界第一繁榮的唐朝（唐王朝、唐帝國）在歐亞史中加以定位，並放在遊牧國家（尤其是鮮卑、突厥、回鶻）與絲路的關係裡檢視。換言之，我們一邊從距今三千年前到五百年前為止的前近代歐亞世界史的主角——遊牧騎馬民集團的動向，與作為那個時代的人、物品、情報、文化交流的動脈——絲路的重要性來中論，一邊就整體大局來敘述唐朝的本質。與此同時的中國，尤其是對北朝、隋、唐這樣的鮮卑系國家（拓跋國家）而言，「絲路東部」是政治（軍事）的熾熱舞台，經濟（貿易）、文化交流的最前線。而且，追根究柢地說，原本所有的民族和文化就都是多元的，因此目的是希望大家能夠理解到，對今後的人類而言，西洋（西歐）中心史觀也好，中華主義思想也好，都應該予以摒棄；不只如此，包括日本在內，都該向全世界舉目所見的狹隘民族主義或愛國主義訣別。像這樣子，本書具有的雙重、三重用意，究竟能被理解到什麼樣的程度呢？

真正稱得上「世界史」之名的最初歷史書，是在蒙古帝國伊兒汗國擔任丞相的拉施德丁（Rashid-al-Din Hamadani，一二四七～一三一八年）在十四世紀初編纂的《史集》（*Jami al-Tawarikh*），這本書在蒙古時代的西亞成書一事，其實代表的意義相當重大。也就是說，世界最初的「世界史」並非誕生於希羅多德的希臘或是司馬遷的中國，而是集結在蒙古的遊牧民勢力所創立、名實一致的史上最初世界帝國，在其統治下的伊斯蘭文化圈誕生的鉅著。

可是，在那之後接續敘述「世界史」的正是明治以後的日本人，這麼說一點也不為過。而且，這些日本人並非西洋史學者，而是東洋史學者，甚至還不是在這學門裡占多數的中國史學者，而是朝著過去被稱為滿蒙史、塞外史、西域史的中央歐亞史研究邁進的少數派。雖然說世界遼闊，可是現在作為歷史學的一環，在大學制度裡設有科系專門研究中國以外的亞洲，而且能夠客觀探討並不會將遊牧民族視為夷狄的，就只有日本而已。包含中央歐亞、西亞、東南亞世界在內真正具有國際觀的世界史，能夠提供立足於學問最高水準敘述的環境，應該也只有日本了。

明治維新以後的近代日本，仿效歐美進行國家建設，囫圇吞棗地全盤接受西歐中心史觀，以近代化之名，與歐美列強共同帶給亞洲各國莫大的痛苦。之後，天皇制在第二次世界大戰後發生變化，左翼自由派抬頭，但是這股勢力所立基的理論（馬克思主義等其他）也是從歐美輸入的。另一方面，期望恢復明治體制的國家主義者或狹隘的愛國主義者，卻是往強調、美化日本民族和日本文化純粹性的極端方向前進。然而最近，當今的天皇陛下自身，在日韓共同舉辦世界盃足球賽的前一年，即二〇〇一年十二月的記者會上，提到日本人的祖先與現在韓民族的祖先有著密切關係。民族、文化、語言，全部都是在長遠的人類史裡面相互混合生成發展的，純粹一詞背後的排他思想在學問上是沒有任何根據的，我相信這樣的認知，才能夠開拓人類未來的道路。

二〇〇六年秋天，日本高中「遺漏世界史必修科目問題」一舉浮上檯面。在序章也提過，雖然我們對於高中的世界史教育比任何人都還抱著危機感，並在大阪大學主辦下開設高中歷史教師研究會（現在由同事桃木至朗主持）等，但是似乎輕忽了事態的嚴重性。尤其是到了現在，不得不提出更加極端的建議。

幾乎對所有的大學生而言，高中的世界史是「一輩子的東西」，因為「世界史必修」的背後有著重大涵義。可是，像現在這個樣子將冗贅的世界史教科書強加在高中生身上，已經遠遠超過所能負荷的限度。故此，一方面要讓教科書更加簡潔，另一方面，至少也要在綜合大學的入學考試中，提出簡單的世界史問題才行。為了讓教科書更加簡潔，可以大幅削減西洋史。對現代日本人來說，詳細記住希臘思想家或是文藝復興藝術家的名字，或是以天數來默背法國大革命的發展始末是完全沒必要的。相反地，一直以來被輕視的鄰近的朝鮮、北亞、東南亞歷史與遊牧騎馬民族的動向等，則可以增加記述篇幅。

日本史當然也很重要，可是只專注在本國史的結果，原本以我國的知識水準造就了世界史上最有教養的國民，卻在戰後六十年淪落為與如今仍不放棄核能武器的傲慢聯合國常任理事國同樣等級。為了不讓人類史往後退，世界上的人都應該要學習世界史，雖然仍有不足，但是作為先驅的日本不能放棄這個值得榮耀的地位。

在本書的字裡行間裡，我都思索著何謂民族？什麼是國家？真正的愛國心該怎麼做？強調應該從人類史的觀點來認識歷史。無知的土壤是開不出花朵的，連無知的人都擁有選舉權的民主主義，必定會瀕臨眾愚政治（Ochlocracy）的危機吧。

學術文庫版後記

本書寫完至今過了將近十年，期間以各種報紙或學術雜誌的書評為首，在公私領域上廣泛收到各式各樣的意見和感想，其中許多是值得傾聽的，真是感激不盡，可是這次要推出學術文庫版，我避免將這些一一納入進行補充和修正。因為本書終究是呈現我在二〇〇六年達到的學問成果和歷史觀，今後也希望是作為二〇〇七年的出版物來討論。當然，單純的誤植或是文字的脫漏訛誤已修正，關於初版〈後記〉裡記錯的地方也已經在「興亡世界史」系列的月報刊登訂正啟事，所以基本上是採取原文主義。因此，希望讀者注意在本書裡面隨處可見的「最近」、「直到最近」、「最新的」、「現在」的用詞，不管是哪一個都是以二〇〇六年執筆時為基準。

然而，這個原文主義稍微有兩個較大的例外。其一，主要集中在序章（後面各章也有若干處）增補了一些文字。那麼會有讀者說，這不是違反了原文主義嗎？實際上，增加的部分並不是二〇〇七年以後才追加敘述的，而是在二〇〇六年寫書時就已經完成的內容。只是因為寫好的原稿遠遠超過當初預定的篇幅，因此和編輯負責人商量之後，不只是刪掉完整的一章，就連從序章開始也隨處進行刪減作業。但是，在重新讀過之後，注意到有些地方因為刪掉太多而造成資訊不足，或是覺得原來的版本在文義上較為明確，因此讓這些部分再度復活。當然，論旨完全不會因為這些復活增加的部分而改變，在卷末標記的參考文獻作為本書整體的論述根據，一件也沒有變動。

另一個例外是，本書初版時我對新維吾爾人的登場，使用了「偽回鶻」這樣的說法，卻在日本留學的現代維吾爾人之間引起議論紛紛，顧慮到這一點，因此重寫。這種說法是為了讓讀者容易區分古代回鶻與新維吾爾人的用意而使用的比喻，對我來說完全沒有貶低現代維吾爾人的意思。本書在整體上是批判中華主義的，如果讀了「偽回鶻」後面的幾頁，就可以清楚知道我對於現在的中國政府為了掩飾以漢民族中心的現實，把維吾爾人、蒙古人、西藏人、滿洲人等所謂的少數民族全部包括在內，企圖捏造出新「中華民族」的政策是持批判態度的。故想當然耳，我是站在現在中國境內追求擴大民族自治（但是並非獨立！）的維吾爾人、蒙古人、西藏人這一邊，不是敵人。但是，既然造成了對方的不愉快，我帶著歉意重寫本書序章的「唐代與現代的『回鶻族』」一小節。

這是我的第一本概論書，大部分都是基於我個人具有原創性的研究成果，不管是哪一個都有史料的佐證，而且全部十章裡面也有六章是作為文獻根據的原論文，碰巧今年（二〇一五年）年初出版了我的第一本學術論文集《東西回鶻與中央歐亞》（名古屋大學出版會），幾乎全部都收錄在裡面。另一方面，本書第一稿裡整章刪除的部分，則改採學術論文的形式寫成〈唐代的胡與佛教的世界地理〉，刊登在二〇〇七年底發行的《東洋史研究》六十六卷三號。在本書第四章「我在此為個人的言論負責，敢斷言胡姬就是『粟特人的年輕女性』」就是以這篇論文為基礎。

話說回來，我在《絲路、遊牧民與唐帝國》的序章裡，是第一次公開提出世界上的歷史相關論著可分為理科類歷史學、文科類歷史學、歷史小說三個範疇的想法。重述要點的話，理科類歷史學是基於原典史料展開精密推論，禁得起他人檢驗，也就是說符合理科追求的能夠「重現實驗」的學術論著。但是，光是這樣建構歷史的故事是不夠的，因此為了填補空白，有所銜接的「推論」是必要的。若是這個「推論」不會脫離合理科學的框架就是屬於文科類歷史學，而天馬行空無限擴張想像的就是作為文學的歷史小說。當然，包含探討近現代史的歷史評論也被包含在文科類歷史學之內。也就是說，歷史學的真諦「發現事實」是理科類歷史學，而歷史觀的不同或是所謂歷史認知的歧異等出現意見相左的情況是文科類歷史學的範疇。因此，若是我被指出犯了理科類歷史學層次的錯誤，必須有義務做出立即的反應，但是受到文科類歷史學層次的批判，我認為不一定有立刻回答的必要。

所幸在本書的本文裡面，理科類歷史學層次的錯誤只有一個，那就是把在一七六、一七七頁出現的史善應當作是史國（羯霜那）出身的粟特人。然而，根據這個人新出土的墓誌以及二〇一三年的發表，確定史善應是突厥的阿史那氏出身的王族。但是，若修正這一點的話，本書就與二〇〇七年的原版不同，所以我特意不修正，就保留初版的原文。

這十年間，我在理科類歷史學的領域裡發表的論著，若列舉與本書內容有密切關係的是①〈東回鶻帝國摩尼教史的新展開〉（《東西回鶻與中央歐亞》所收）②〈絲路東部出土古回鶻書信的文書格式（前篇・後篇）〉（《大阪大學大學院文學研究科紀要》五十一 &森安孝夫編《從粟特到回鶻》汲古書院）③《回鶻=摩尼教史關係史料集成》（《近畿大學國際人文科學研究所紀要》二〇一四年度版）④〈東回鶻帝國 Qari Cor 王子墓誌的新研究〉（A New Study on the Sino-Uighur Epitaph of Qari Cor.）（《史艸》五十六號）。在②和③裡面，詳細探討了可窺知絲路貿易實際情形的古代回鶻書信，③則是包含了古回鶻語的《牟羽可汗入教記》（柏林布蘭登堡科學院所藏 U72&U73）的日譯全文，④是探討東回鶻帝國的王朝革命，復原藥羅葛氏王朝的系譜。這些新研究都讓本書內容更加充實，所幸沒有發現和本書有矛盾之處，本書的價值絲毫沒有動搖。

另外，針對本書第一章提出的絲路史觀，間野英二給予有點算是特例的批評（《史林》九十一卷二號，二〇〇八年）。由此也呈現出了曾經在我的恩師護雅夫先生與間野之間發生的絲路史觀論爭，似乎轉移到間野與我之間的論爭，所以我不會特地去正面反駁。畢竟，如上述所言，史觀論爭屬於文科類歷史學的範疇，正確與否或勝敗是無法判定的，原本在論爭裡面就是為了向第三人澄清論點，因此會使用較為極端的措辭是理所當然的，這一點即使遭到批評，我也莫可奈何。

只是，其中與本書標題有關的部分，我必須澄清。一言以蔽之，間野的批評就是：高喊打倒西洋中心史觀的森安，卻使用西洋學者創造出的「Silk Road」（絲路）一詞是很奇怪的。對於這一點，老實說我無從回答。因為我不會輕易抹殺那些膾炙人口的用語，並且盡可能地朝著活用的方向，在必要情況下重新定義後使用。「Silk Road」就是典型之一，其他還有四大文明、土耳其（而不是突厥）、黠戛斯（而不是柯爾克孜）、奴隸王朝、伊斯蘭教（而不是伊斯蘭）、聶斯脫里派基督教、遊牧騎馬民族等，不管是哪一個，論爭的最終審判需要經過長遠的時間之後，只能交由第三人去判斷。如果讀者對於絲路史觀論爭具有強烈的執著，希望可以配合間野的文章，同時也能參考拙著《東西回鶻與中央歐亞》的序文和後記，甚至是護雅夫《草原與綠洲的人們》（三省堂，一九八四年，頁八十五～一〇七）。

我最初撰寫本書時，是針對一般讀者所寫的概論書，但是配合高中社會科的教師與大學史學系學科的大學生、研究生，以概論書來說內容屬於高階。即使如此，不只是我國的知識界，包括企業界也精讀本書，紛紛給予高度評價，甚至得知有讀者推薦給朋友閱讀，我感到驚喜萬分。當然，從老朋友那裡也聽到很多的意見，表示這本書老實說太艱澀了而無法閱讀。在不久的將來，如果有機會寫第二本概論書的話，究竟該如何寫成，我目前是一面積極應邀參加針對一般民眾開設的絲路演講活動，一面構思內容。話雖如此，實際上我深刻體會到，寫概論書比寫學術論文更加困難。

二〇一五年十二月吉日

森安孝夫

- 山口瑞鳳「沙州漢人による吐蕃二軍団の成立と mKhar tsan 軍団の位置」『東京大学文学部文化交流研究施設研究紀要』4　pp.13-47　1981 年
- 山下将司「玄武門の変と李世民配下の山東集団——玄房齢と斉済地方」『東洋学報』85-2　pp.19-49　2003 年
- 山下将司「新出土史料より見た北朝末・唐初間ソグド人の存在形態——固原出土史氏墓誌を中心に」『唐代史研究』7　pp.60-77　2004 年
- 山下将司「隋・唐初の河西ソグド人軍団——天理図書館蔵『文館詞林』「安修仁墓碑銘」巻をめぐって」『東方学』110　pp.65-78　2005 年
- 山田信夫編『ペルシアと唐』（東西文明の交流 2）平凡社　1971 年
    - ◆ 收錄有：小谷仲男「仏教美術の東方伝播」、布目潮渢「唐と西域」、糸賀昌昭「長安とバグダード」、山田信夫「トルコ族とソグド商人」。
- 山田信夫『北アジア遊牧民族史研究』東京大学出版会　1989 年
- 山根清志「唐代の奴婢売買と市券」唐代史研究会編『東アジア古文書の史的研究』刀水書房　pp.384-399　1990 年
- 吉岡真「北朝・隋唐支配層の推移」『岩波講座世界歴史（新版）9　中華の分裂と再生』岩波書店　pp.255-286　1999 年
- 吉田豊「ソグド語雑録（Ⅱ）」『オリエント』31-2　pp.165-176　1989 年
- 吉田豊「ソグド語資料から見たソグド人の活動」『岩波講座世界歴史（新版）11　中央ユーラシアの統合』岩波書店　pp.227-248　1997 年
- 吉田豊「中央アジアオアシス定住民の社会と文化」間野英二編『アジアの歴史と文化 8　中央アジア史』同朋舎発行　角川書店発売　pp.42-54　1999 年
- 吉田豊「栗特人在中国国際研討会」『唐代史研究』7　pp.240-248　2004 年
- 吉田豊／森安孝夫／新疆ウイグル自治区博物館「麴氏高昌国時代ソグド文女奴 売買文書」『内陸アジア言語の研究』4　pp.1-50　1989 年
- 李丹婕／中田裕子訳「唐代六胡州研究論評」『東洋史苑』65　pp1-19　2005 年
- E. I. ルーボ＝レスニチェンコ（高浜秀訳）「六朝時代（三〜六世紀）のシルクロード」『ユーラシア』新 2 号　pp.91-108　1985 年
- E. I. ルーボ＝レスニチェンコ／坂本和子「双龍連珠円文綾について」『古代オリエント博物館紀要』9　pp.93-117　1987 年
- 歴史学研究会編『世界史とは何か——多元的世界の接触の転機』（講座世界史 1）東京大学出版会　1995 年
    - ◆ 收錄有：清水宏祐「十字軍とモンゴル——イスラーム世界における世界史像の変か」、堀直「草原の道」。
- 和田博徳「吐谷渾と南北両朝との関係について」『史学』25-2　pp.80-104　1951 年
- Etienne de la Vaissière, *Sogdian Traders. A History.* Tr. By J. Ward, (Handbook of Oriental Studies, Section 8: central Asia, Volume 10), Leiden / Boston : Brill, 2005.

pp.69-89　1990年
- 森安孝夫「ウイグル＝マニ教史の研究」『大阪大学文学部紀要』31/32　合併号全冊　1991年
- 森安孝夫「仏教と異宗教との出遭い」龍谷大学三五〇周年記念学術企画出版編集委員会編『仏教東漸——祇園精舎から飛鳥まで』思文閣出版　pp.108-125　1991年
- 森安孝夫「日本における内陸アジア史並びに東西交渉史研究の歩み——イスラム化以前を中心に」『内陸アジア史研究』10　pp.1-26　1995年
- 森安孝夫「ポール・ペリオ」高田時雄編『東洋学の系譜　欧米篇』大修館書店　pp.137-152　1996年
- 森安孝夫「《シルクロード》のウイグル商人——ソグド商人とオルトク商人のあいだ」『岩波講座世界歴史（新版）11　中央ユーラシアの統合』岩波書店　pp.93-119　1997年
- 森安孝夫「大英図書館所蔵ルーン文字マニ教文書 Kao. 0107 の新研究」『内陸アジア言語の研究』12　pp.41-71　1997年
- 森安孝夫「ウイグルから見た安史の乱」『内陸アジア言語の研究』17　pp.117-170　2002年
- Moriyasu Takao, "On the Uighur Buddhist Society at Čiqtim in Turfan during the Mongol Period." In: Mehmet Ölmez / Simone-Christiane Raschmann (eds.), *Splitter aus der Gegend von Turfan, Festschrift für Peter Zieme anläßlich seines 60. Geburtstags,* (Türk Dilleri Araştırmaları Dizisi 35), Istanbul / Berlin : Şafak Matbaacılık, 2002, pp.153-177
- 森安孝夫編『シルクロードと世界史』大阪大学21世紀COEプログラム「インターフェイスの人文学」報告書第3巻　大阪大学大学院文学研究科　2003年
  - ◆收錄有：森安孝夫「コレージュ＝ド＝フランス講演録　ウイグル＝マニ教史特別講義」、鈴木宏節「トニュクク碑文研究史概論」。
- 森安孝夫編『中央アジア出土文物論叢』朋友書店　2004年
  - ◆收錄有：森安孝夫「序文——シルクロード史観論争の回顧と展望」、森安孝夫「シルクロード東部における通貨——絹・西方銀銭・官布から銀錠へ」。
- 森安孝夫「亀茲国金花王と硇砂に関するウイグル文書の発見」『三笠宮殿下米寿記念論集』刀水書房　pp.703-716　2004年
- 森安孝夫「シルクロード「学」へのまなざし」NHK「新シルクロード」プロジェクト編『NHKスペシャル　新シルクロード1　楼蘭・トルファン』日本放送出版協会　pp.196-210　2005年
- 森安孝夫／A. オチル共編『モンゴル国現存遺蹟・碑文調査研究報告』大阪大学文学部内　中央ユーラシア学研究会　1999年
  - ◆含有許多在蒙古的現地調查日記與各種突厥、回鶻關係碑文和譯註。
- 矢吹慶輝『マニ教と東洋の諸宗教』佼成出版社　1988年

・護雅夫『古代トルコ民族史研究Ⅰ～Ⅲ』全3巻　山川出版社　1967-1997年
・護雅夫『漢とローマ』（東西文明の交流1）平凡社　1970年
・護雅夫『李陵』（中公叢書）中央公論社　1974年
・護雅夫『古代遊牧帝国』（中公新書）　1976年
・護雅夫／神田信夫共編『北アジア史（新版）』（世界各国史12）山川出版社　1981年
・護雅夫『草原とオアシスの人々』（人間の世界歴史7）三省堂　1984年
・護雅夫／岡田英弘共編『中央ユーラシアの世界』（民族の世界史4）山川出版社　1990年
　◆收錄有：岡田英弘「中央ユーラシアの歴史世界」、林俊雄「草原の民」、加藤九祚「オアシスの民と国家」、片山章雄「モンゴル高原から中央アジアへ」、山口瑞鳳「民族の構成と軍事国家「吐番」の体制」。
・森部豊「魏博節度使何弘敬墓誌銘試訳」『吉田寅先生古稀記念アジア史論集』吉田寅先生古稀記念論文集編集委員会（立正大学東洋史研究室内）pp.125-147　1997年
・森部豊「唐前半期河北地域における非漢族の分布と安史軍淵源の一形態『唐代史研究』5　pp.22-45　2002年
・森部豊「唐代河北地域におけるソグド系住民――開元寺三門楼石柱題名及び房山石経題記を中心に」『史境』45　pp.20-37　2002年
・森部豊「唐末五代の代北におけるソグド系突厥と沙陀」『東洋史研究』62-4　pp.60-93　2004年
・森部豊「8～10世紀の華北における民族移動――突厥・ソグド・沙陀を事例として」『唐代史研究』7　pp.78-100　2004年
・森安孝夫「チベット語史料中に現れる北方民族――DRU-GUとHOR」『アジア・アフリカ言語文化研究』14　pp.1-48　1977年
・森安孝夫「増補：ウイグルと吐蕃の北庭争奪戦及びその後の西域情勢について」流沙海西奨学会編『アジア文化史論叢3』山川出版社　pp.199-238　1979年
・森安孝夫「渤海から契丹へ――征服王朝の成立」『東アジア世界における日本古代史講座7　東アジア世界の変貌と日本律令国家』学生社　pp.71-96　1982年
・森安孝夫「景教」前嶋信次ほか共編『オリエント史講座3　渦巻く諸宗教』学生社　pp.264-275　1982年
・森安孝夫「吐蕃の中央アジア進出」『金沢大学文学部論集　史学科篇』4　pp.1-85　1984年
・森安孝夫「中央アジア史の中のチベット――吐蕃の世界史的位置付けに向けての展望」長野泰彦／立川武蔵共編『チベットの言語と文化』冬樹社　pp.44-68　1987年
・森安孝夫「ウイグル文書箚記（その二）」『内陸アジア言語の研究』5

1982 年
- 平田陽一郎「突厥他鉢可汗の即位と高紹義亡命政権」『東洋学報』86-2 pp.1-34　2004 年
- 福島恵「唐代ソグド姓墓誌の基礎的考察」『学習院史学』43　pp.135-162　2005 年
- 藤善真澄『安禄山——皇帝の座をうかがった男』人物往来社　1966 年（中公文庫　2000 年）
- 藤善真澄『安禄山と楊貴妃——安史の乱前後』清水書院　1972 年
- 藤善真澄『隋唐時代の仏教と社会　弾圧の狭間にて』（白帝社アジア史選書 5）白帝社　2004 年
- E.G. プーリイブランク「安禄山の出自について」『史学雑誌』61-4　pp.42-57　1952 年
- 前嶋信次／加藤九祚共編『シルクロード事典』芙蓉書房　1975 年
  ◆ 含有：護雅夫「シルクロードと東西文化の交流」一文。
- 松田壽男『東西文化の交流』至文堂　1962 年（『松田壽男著作集』第 3 巻　六興出版　pp.7-211　1987 年）
- 松田壽男『砂漠の文化　中央アジアと東西交渉』（中公新書）中央公論社　1966 年（『松田壽男著作集』第 1 巻　六興出版　1986 年。同時代ライブラリー　岩波書店　1994 年）
- 松田壽男「東西絹貿易」『古代史講座』13　学生社　pp.145-180　1966 年（『松田壽男著作集』第 3 巻　六興出版　pp.214-256　1987 年）
- 松田壽男『古代天山の歴史地理学的研究（増補版）』早稲田大学出版部　1970 年（初版は 1956 年）
- 松田壽男『アジアの歴史——東西交渉からみた前近代の世界像』日本放送出版協会　1971 年（『松田壽男著作集』第 5 巻　六興出版　1987 年。同時代ライブラリー　岩波書店　1992 年）
- 『松田壽男著作集』全 6 巻　六興出版　1986-1987 年
- 間野英二『中央アジアの歴史：草原とオアシスの世界』（講談社現代新書、新書東洋史⑧）　1977 年
- 間野英二「中央アジア史とシルクロード——シルクロード史観との訣別」『朝日アジアレビュー』33　pp.33-36　1978 年春季号
- 間野英二／堀川徹共編『中央アジアの歴史・社会・文化』（財）放送大学教育振興会　2004 年
- 三上次男／護雅夫／佐久間重男『中国文明と内陸アジア』（人類文化史 4）講談社　1974 年
- 三崎良章『五胡十六国——中国史上の民族大移動』（東方選書）2002 年
- 水谷真成訳注、玄奘著『大唐西域記』（中国古典文学大系 22）平凡社　1971 年
- 室永芳三『大都長安』（教育社歴史新書）1986 年（初版は 1982 年）

- 長澤和俊『シルク・ロード史研究』国書刊行会　1979年（「シルク・ロード研究の展望——序説にかえて」を含む）
- 長澤和俊／横張和子『絹の道　シルクロード染織史』講談社　2001年
- 那波利貞「唐代の長安城内の朝野人の生活に浸潤したる突厥風俗に就きての小攷」『甲南大学文学会論集』27　pp.1-55　1965年
- 那波利貞『唐代社会文化史研究』創文社　1974年
- 布目潮渢／栗原益男『隋唐帝国』（講談社学術文庫）1997年
- 羽田明『西域』（世界の歴史10）河出書房新社　1969年
- 羽田明『中央アジア史研究』臨川書店　1982年
  - ◆再度收錄了「ソグド人の東方活動」、「東西文化の交流」。
- 羽田亨（解題：間野英二）『西域文明史概論・西域文化史』（東洋文庫545）平凡社　1992年
  - ◆初版為『西域文明史概論』弘文堂書房、1931年。『西域文化史』座右宝刊行会、1948年。
- 羽田亨『羽田博士史学論文集』上下　京都大学文学部東洋史研究会　1957-1958年
  - ◆上卷收錄有「唐代回鶻史の研究」、「漠北の地と康国人」、下卷則收錄有「回鶻文字考」、「唐故三十姓可汗桂女阿那氏之墓誌」等等。
- 羽田正『イスラーム世界の創造』（東洋叢書13）東京大学出版会　2005年
- 濱口重雄『唐王朝の賤人制度』（東洋史研究叢刊15）東洋史研究会　1966年
- 林俊雄「掠奪・農耕・交易から観た遊牧国家の発展——突厥の場合」『東洋史研究』44-1　pp.110-136　1985年
- 林俊雄「ウイグルの対唐政策」『創価大学人文論集』4　pp.111-143　1992年
- 林俊雄『ユーラシアの石人』（ユーラシア考古学選書）雄山閣　2005年
- 原宗子『「農本」主義と「黄土」の発生』研文出版　2005年
- 原田淑人『西域発見の絵画に見えたる服飾の研究』（東洋文庫論叢4）（財）東洋文庫　1925年（再録：同氏『唐代の服飾』（財）東洋文庫　1970年）
- スコット・ピアース（早大北朝史研究会訳）「代の地——内陸アジア境界地域社会の起源・発展及び歴史的意義」『史滴』27　pp.22-46　2005年
- 樋口隆康編『続シルクロードと仏教文化』東洋哲学研究所　1980年
  - ◆收錄有：佐藤武敏「シルクロード出土の絹織物」、由水常雄「ガラスの東伝」。
- 日野開三郎『唐代邸店の研究』（『日野開三郎東洋史学論集』第17巻）三一書房　1992年（初版は九州大学文学部、1968年）
- 日野開三郎『続・唐代邸店の研究』九州大学文学部東洋史研究室　1970年
- 日野開三郎『日野開三郎東洋史学論集4　唐代両税法の研究本篇』三一書房　1982年
- 日野開三郎『日野開三郎東洋史学論集5　唐・五代の貨幣と金融』三一書房

座世界歴史（新版）11　中央ユーラシアの統合』岩波書店　pp.3-89　1997年
- 杉山正明『中国の歴史8　疾駆する草原の征服者』講談社　2005年
- 鈴木宏節「突厥阿史納思摩系譜考——突厥第一可汗国の可汗系譜と唐代オルドスの突厥集団」『東洋学報』87-1　pp.37-68　2005年
- 妹尾達彦「唐代長安東市の印刷業」『東アジア史における国家と地域』（唐代史研究会報告8）刀水書房　pp.200-238　1999年
- 妹尾達彦『長安の都市計画』（講談社選書メチエ）　2001年
- 妹尾達彦「世界都市長安における西域人の暮らし」『シルクロード学研究叢書』9（財）なら・シルクロード博記念国際交流財団／シルクロード学研究センター　pp.21-99　2005年
- 關尾史郎『西域文書からみた中国史』（世界史リブレット10）山川出版社　1998年
- ソグド人墓誌研究ゼミナール「ソグド人漢文墓誌訳注（1）固原出土「史射勿墓誌」（隋・大業6年）」『史滴』26　pp.51-72　2004年
- ソグド人墓誌研究ゼミナール「ソグド人漢文墓誌訳注（2）固原出土「史訶耽夫妻墓誌」（唐・咸亨元年）」『史滴』27　pp.153-183　2005年
- 田辺勝美『ガンダーラから正倉院へ』同朋舎出版　1988年
- 田辺勝美「ソグド美術における東西文化交流」『東京大学東洋文化研究所紀要』130　pp.213-277　1996年
- 田辺勝美／前田耕作共編『世界美術大全集　東洋篇　第15巻　中央アジア』小学館　1999年
- 東京国立博物館／NHK／NHKプロモーション篇『シルクロード　絹と黄金の道』（日中国交正常化30周年記念特別展）NHK・NHKプロモーション　2002年
- 礪波護／武田幸男『隋唐帝国と古代朝鮮』（世界の歴史6）中央公論社　1997年
- 礪波護『隋唐の仏教と国家』（中公文庫）中央公論新社　1999年
- 百橋明穂／中野徹共編『世界美術大全集　東洋篇　第4巻　隋・唐』小学館　1997年
- 内藤みどり『西突厥史の研究』早稲田大学出版部　1988年
- 内藤みどり「突厥カプガン可汗の北庭攻撃」『東洋学報』76-3/4　pp.27-57　1995年
- 内藤みどり「突厥による北庭のバスミル攻撃事件」『東洋学報』81-4　pp.1-31　2000年
- 内藤みどり「突厥・ソグド人の東ローマとの交流と狼伝説」『史観』150　pp.29-50　2004年
- 長澤和俊『シルクロード』校倉書房　1962年
- 長澤和俊訳／慧立・彦悰撰『玄奘法師西域紀行』（東西交渉旅行全集6）桃源社　1965年

- 佐藤長『古代チベット史研究』上下（東洋史研究叢刊 5）同朋舎　1977 年（初版は 1958-1959 年）
- 佐藤長『中国古代史論考』朋友書店　2000 年
- 史念海／森部豊訳「漢・唐時代の長安城と生態環境」『アジア遊学』20 pp.27-55　2000 年
- 『しにか（月刊）』2-1　1991 年 1 月号　大修館書店
  - ◆ 特刊是「シルクロード写本学入門」。收錄有：武内紹人「中央アジア出土チベット文献」、吉田豊「ソグド語の写本」、熊本裕「コータン写本学」。
- 『しにか』7-9　1996 年 9 月号　大修館書店
  - ◆ 特刊是「花の都・長安」。收錄有：氣賀澤保規「世界史上の長安」、妹尾達彦「宇宙の都から生活の都へ」、金子修一「市井の暮らし」。
- 『しにか』9-7　1998 年 7 月号　大修館書店
  - ◆ 特刊是「シルクロード再発見」。收錄有：林俊雄「天山山中の新発見」、菅谷文則「「胡人」の墓を発掘する」。
- 『しにか』13-10　2002 年 9 月号　大修館書店
  - ◆ 大特刊是「シルクロードの旅人」。收錄有：桑山正進「玄奘」、吉田豊／影山悦子「ソグド人——典籍を補う最新の出土資料から」、大澤孝「突厥」。
- 嶋崎昌『隋唐時代の東トゥルキスタン研究』東京大学出版会　1977 年
- 白鳥庫吉「西域史上の新研究（1）康居考」『東洋学報』1-3 年　pp.307-349 1911 年（再録：『白鳥庫吉全集　第 6 巻　西域史研究・上』岩波書店　1970 年）
- 白鳥庫吉「粟特国考」『東洋学報』14-4　pp.1-93　1924 年（再録：『白鳥庫吉全集　第 7 巻　西域史研究・下』岩波書店　1971 年）
- 『シルクロード（月刊）』4-2　1978 年 2/3 月号　シルクロード社
  - ◆ 東土耳其斯坦特刊。收錄有：池田温「トゥルファン漢文文書に見える外族」、佐藤長「吐番と東トルキスタン」、羽田明「タリム盆地のトルコ化について」、護雅夫「ソグド人と中央アジア史　　間野英二氏の見解について」。
- シルクロード学研究センター『トルファン地域と出土絹織物』（シルクロード学研究 8）（財）なら・シルクロード博記念国際交流財団／シルクロード学研究センター　2000 年
- シルクロード学研究センター『新疆出土のサーサーン式銀貨』（シルクロード学研究 19）（財）なら・シルクロード博記念国際交流財団／シルクロード学研究センター　2003 年
- 新疆ウイグル自治区博物館編『新疆ウイグル自治区博物館』（中国の博物館第二期第 1 巻）講談社　1987 年
- 杉山正明『遊牧民から見た世界史——民族も国境もこえて』日本経済新聞社 1997 年
- 杉山正明「中央ユーラシアの歴史構図——世界史をつないだもの」『岩波講

360　1968年）
- 桑山正進「インドへの道——玄奘とプラバーカラミトラ」『東方学報』55　pp.145-210　1983年
- 桑山正進編『カーピシー＝ガンダーラ史研究』京都大学人文科学研究所　1990年
- 氣賀澤保規『中国の歴史6　絢爛たる世界帝国』講談社　2005年
- 原州聯合考古隊『唐史道洛墓』（原州聯合考古隊発掘調査報告1）勉誠出版　2000年
- 吳玉貴「唐朝における東突厥の降衆の安置問題に関する一考察」大阪経済法科大学／北京大学考古学系共編『7・8世紀の東アジア』大阪経済法科大学出版部　pp.49-100　2000年
- 後藤勝「西域胡安氏の活動と漢化過程」『岐阜県高等学校社会科研究会研究彙報』7　pp.36-54　1968年
- 後藤勝「ソグド系帰化人何氏について——西域帰化人研究　その2」『岐阜教育大学紀要』14　pp.1-20　1987年
- 後藤勝「ソグド系帰化人安吐根について——西域帰化人研究　その3」『岐阜教育大学紀要』16　pp.21-30　1988年
- 後藤勝「東魏・北斉朝の西域人——西域帰化人研究　その4」『岐阜教育大学紀要』19　pp.47-64　1990年
- 小松久男編『中央ユーラシア史』（新版世界各国史4）山川出版社　2000年
  - ◆ 收錄有：林俊雄「草原世界の展開」、梅村坦「オアシス世界の展開」、濱田正美「中央ユーラシアの「イスラーム化」と「テュルク化」」。
- 小松久男／梅村坦／宇山智彦／帯谷知可／堀川徹共編『中央ユーラシアを知る事典』平凡社　2005年
- 『西域美術——大英博物館スタイン・コレクション敦煌絵画』全3巻　講談社　1982-1984年
- 『西域美術——ギメ美術館ペリオ・コレクション敦煌絵画』全2巻　講談社　1994-1995年
- 齋藤勝「唐・回鶻絹馬交易再考」『史学雑誌』108-10　pp.33-58　1999年
- 齋藤勝「唐代の馬政と牧地」『日中文化研究』14　pp.44-51　1999年
- 齋藤勝「9・10世紀敦煌の牧羊代行業について」『歴史学研究』796　pp.1-15　2004年12月号
- 佐口透『ロシアとアジア草原』（ユーラシア文化史選書3）吉川弘文館　1966年
- 佐口透／山口信夫／護雅夫訳注『騎馬民族史2　正史北狄伝』（東洋文庫223）平凡社　1972年
- 佐藤圭四郎『東西アジア交流史の研究』（東洋史研究叢刊56）同朋舍　1998年
- 佐藤武敏『長安』（世界史研究叢書8）近藤出版社　1971年

- 小野川秀美「鉄勒の一考察」『東洋史研究』5-2　pp.1-39　1940 年
- 小野川秀美「突厥碑文訳注」『満蒙史論叢』4　pp.249-425　1943 年
- 小野川秀美「蒙古史中世（突厥回鶻時代）」『支那周辺史（上）』白揚社　pp.335-427　1943 年
- 影山悦子「サマルカンド壁画に見られる中国絵画の要素について——朝鮮人使節はワルフマーン王のもとを訪れたか」『西南アジア研究』49　pp.17-33　1998 年
- 影山悦子「ソグディアナにおける絹織物の使用と生産」『オリエント』45-1　pp.37-55　2002 年
- 影山悦子「中国北部に居住したソグド人の石製葬具浮彫」『西南アジア研究』61　pp.67-79　2004 年
- 片山章雄「Toquz Oγuz と「九姓」の諸問題について」『史学雑誌』90-12　pp.39-55　1981 年
- 片山章雄「突厥ビルゲ可汗の即位と碑文史料」『東洋史研究』51-3　pp.138-157　1992 年
- 金子修一『隋唐の国際秩序と東アジア』名著刊行会　2001 年
- 河内春人「東アジアにおける安史の乱の影響の新羅征討計画」『日本歴史』561　pp.18-33　1995 年 2 月号
- 川本芳昭『中国の歴史 5　中華の崩壊と拡大』講談社　2005 年
- 岸辺成雄『唐代音楽の歴史的研究　楽制篇』上下　東京大学出版会　1960-1961 年
- 岸辺成雄「唐代楽器の国際性」・「燉煌画に現れた音楽資料——ことに河西地方の音楽との関係について」・「南北朝隋唐における河西の音楽——西涼楽と胡部新声とについて」東洋音楽学会編『唐代の楽器』（東洋音楽選書 2）音楽之友社　1968 年
- 岸辺成雄『古代シルクロードの音楽——正倉院・敦煌・高麗をたどって』講談社　1982 年
- 来村多加史『唐代皇帝陵の研究』学生社　2001 年
- 許新国「都蘭県吐番（チベット）古墳群の発掘と研究」大阪経済法科大学／北京大学考古学系共編『7・8 世紀の東アジア』大阪経済法科大学出版部　pp.13-22　2000 年
- 姜伯勤／池田温訳「敦煌・吐魯番とシルクロード上のソグド人（1 ～ 3）」『東西文渉（季刊）』5-1　pp.30-39　5-2　pp.26-36　5-3　pp.28-33　1986 年
- 栗原益男「七、八世紀の東アジア世界」唐代史研究会編『隋唐帝国と東アジア世界』汲古書院　pp.139-161　1979 年
- 桑原隲蔵『東洋史説苑』弘文堂書房　1927 年（『桑原隲蔵全集』第 1 巻に収録。岩波書店　1968 年）
- 桑原隲蔵「隋唐時代に支那に来住した西域人に就いて」『内藤博士還暦祝賀支那学論叢』1926 年（『桑原隲蔵全集』第 2 巻に収録。岩波書店　pp.270-

- 石見清裕「唐の国際秩序と交易」『アジア遊学』26　pp.23-38　2001年
- 石見清裕「唐の絹貿易と貢献制」『九州大学東洋史論集』33　pp.61-92　2005年
- 石見清裕／森安孝夫「大唐安西阿史夫人壁記の再読と歴史学的考察」『内陸アジア言語の研究』13　中央ユーラシア学研究会　pp.93-110　1998年
- 岩本篤志「「俗」と「恩倖」——北斉社会の分析」『史滴』18　pp.43-60　1996年
- 岩本篤志「徐顕秀墓出土貴石印章と北斉政権」『史滴』27　pp.136-152　2005年
- 梅村坦『内陸アジア史の展開』（世界史リブレット11）山川出版社　1997年
- 栄新江『中古中国与外来文明』北京　生活・読書・新知三聯書店　2001年
- 栄新江（西林孝浩訳）「ソグド祆教美術の東伝過程における転化——ソグドから中国へ」『美術研究』384　pp57-73　2004年
- 江上波夫編・解説『シルクロードの世界』（『現代のエスプリ』167）至文堂　1981年
- 江上波夫編『中央アジア史』（世界各国史16）山川出版社　1987年
  ◆ 江上波夫・伊瀬仙太郎・嶋崎昌・香山陽坪・山口瑞鳳などが執筆
- NHK「文明の道」プロジェクトほか『NHKスペシャル文明の道3　海と陸のシルクロード』日本放送出版協会　2003年
  ◆ 收錄有：吉田豊「ソグド人の世界」、森部豊「安史の乱とソグド人」。
- 榎一雄『シルクロードの歴史から』研文出版　1979年
- 榎一雄編『講座敦煌2　敦煌の歴史』大東出版社　1980年
  ◆ 收錄有：榎一雄「漢魏時代の敦煌」、菊池英夫「隋・唐王朝支配期の河西と敦煌」、森安孝夫「ウイグルと敦煌」。
- 『榎一雄著作集　第3巻　中央アジア史Ⅲ』汲古書院　1993年
- 『榎一雄著作集　第5巻　東西交渉史Ⅱ』汲古書院　1993年
- 榎本淳一「唐代の朝貢と貿易」『古代文化』50-9　pp.25-32　1998年
- 岡崎勝世『聖書vs.世界史——キリスト教的歴史観とは何か』（講談社現代新書）　1996年
- 岡崎敬編『シルクロードと仏教文化』東洋哲学研究所　1979年
  ◆ 收錄有：岡崎敬「シルクロードの考古学」、井ノ口泰純「シルクロード出土の仏典」、護雅夫「シルクロードとソグド人」。
- 岡田英弘「中央ユーラシア史の可能性」『アジア・アフリカ言語文化研究所通信』71　pp.53-58　1991年
- 岡田英弘『世界史の誕生』（ちくまライブラリー）1992年（ちくま文庫1999年）
- 小野川秀美「河曲六胡州の沿革」『東亜人文学報』1-4　pp.193-226　1942年

• 池田温編『講座敦煌 3　敦煌の社会』大東出版社　1980 年
◆ 收錄有：菊池英夫「唐代敦煌社会の外貌」、梅村坦「住民の種族構成」、池田温「敦煌の流通経済」。
• 池田温「口馬行考」『佐久間重男教授退休記念　中国史・陶瓷史論集』燎原 pp.31-57　1983 年
• 池田温「中国古代の奴婢観」『中村治兵衛先生古稀記念　東洋史論叢』刀水書房　pp.25-44　1986 年
• 池田温ほか編『世界歴史大系　中国史 2　三国～唐』山川出版社　1996 年
• 池田温『敦煌文書の世界』名著刊行会　2003 年
• 石田幹之助『長安の春』（講談社学術文庫）1979 年（初版は創元社 1941 年）
• 石田幹之助（解說：榎一雄）『増訂　長安の春』（東洋文庫 91）平凡社 1967 年
◆ 比起初版跟文庫版，這個增訂版收錄的論文更多，值得推薦。
• 石田幹之助『東亜文化史叢考』（財）東洋文庫　1973 年
• 石田幹之助『石田幹之助著作集 2　東と西』六興出版　1985 年
• 石渡美江「唐鏡における西方銀器の影響」『古代オリエント博物館紀要』18 pp.213-232　1997 年
• 伊瀬仙太郎『中国西域経営史研究』巖南堂書店　1968 年（初版は 1955 年）
• 伊瀬仙太郎「遊牧国家と西域人——特に西域人の背反行為を中心として」『東京学芸大学紀要　第 3 部門』19　pp.143-151　1967 年
• 井ノ口泰淳／水谷幸正共編『アジア仏教史　中国編 5　シルクロードの宗教』佼成出版社　1975 年
• 岩佐精一郎『岩佐精一郎遺稿』（和田清編、岩佐傳一発行）　1936 年
• 『岩波講座世界歴史（ 版）6　古代 6』岩波書店　1971 年
◆ 收錄有：榎一雄「中央アジア・オアシス都市国家の性格」、嶋崎昌「遊牧国家の中央アジア支配と中国王朝」、羽田明「ソグド人の東方活動」、山田信夫「トルキスタンの成立」、佐藤長「チベット民族の統一とラマ教の成立」、栗原益男「安史の乱と藩鎮体制の展開」。
• 『岩波講座世界歴史（新版）9　中華の分裂と再生』岩波書店　1999 年
◆ 收錄有：妹尾達彦「中華の分裂と再生」・梅村坦「草原とオアシスの世界」・川本芳昭「北朝国家論」・吉岡真「北朝・隋唐支配層の推移」。
• 『岩波講座世界歴史（新版）11　中央ユーラシアの統合』岩波書店　1997 年
◆ 收錄有：杉山正明「中央ユ-ラシアの歴史構図」・森安孝夫「《シルクロード》のウイグル商人」、吉田豊「ソグド語資料から見たソグド人の活動」。
• 石見清裕『唐の北方問題と国際秩序』汲古書院　1998 年
◆ 是再度收錄本書寫作時利用到的多篇論文的重要著作。
• 石見清裕「ラティモアの辺境論と漢～唐間の中国北辺」『東アジア史における国家と地域』（唐代史研究会報告 8）刀水書房　pp.278-299　1999 年

參考文獻

概說書裡，即使是借用很多他人的先行研究，但是一般不會註明。不過，在這裡全部列舉出與本書內容直接相關的依據或作為批判對象的專門論文、著作。另一方面，關於我認為可提供讀者參考的專書・概論，是以第二次世界大戰後的日文文獻為中心，原則上戰前的文獻不列入其中。然而，相當重要且具有高度評價的，則不在此限。

排列順序按照作者名・編者名（若無，就按照書名・雜誌名）的五十音順序，同一作者就按年代順序，論文部分會註明頁數（pp.）是為了作為區別是大作抑或是記錄的判斷基準。長久以來，在中日的學界裡面不會特別註明頁數，但是現在這是違反全球標準，暫且不論著作，論文部分若沒有註明頁數，文獻目錄的價值也會減半。

- 安部健夫『西ウィグル国史の研究』彙文堂書店　中村印刷出版部　1955 年
- 荒川正晴「唐の対西域布帛輸送と客商の活動について」『東洋学報』72-3/4　pp.31-63　1992 年
- 荒川正晴「唐帝国とソグド人の交易活動」『東洋史研究』56-3　pp.171-204　1997 年
- 荒川正晴「北朝隋・唐代における「薩宝」の性格をめぐって」『東洋史苑』50/51 合併号　pp.164-186　1998 年
- 荒川正晴「ソグド人の移住聚落と東方交易活動」『岩波講座世界歴史（新版）15　商人と市場』岩波書店　pp.81-103　1999 年
- 荒川正晴「唐朝の交通システム」『大阪大学大学院文学研究科紀要』40　pp.199-335　2000 年
- 荒川正晴「魏晋南北朝隋唐期の通過公証制度と商人の移動」『中国の歴史世界——統合のシステムと多元的発展』東京都立大学出版会　pp.337-349　2002 年
- 荒川正晴『オアシス国家とキャラヴァン交易』（世界史リブレット 62）山川出版社　2003 年
- 荒川正晴「唐代前半の胡漢商人と帛練の流通」『唐代史研究』7　pp.17-59　2004 年
- 池田温「8 世紀中葉における敦煌のソグド人聚落」『ユーラシア文化研究』（北海道大学）1　pp.49-92　1965 年
- 池田温「中国古代物価の一考察——天宝元年交河郡市估案断片を中心として（一・二）」『史学雑誌』77-1　pp.1-45　77-2　pp.45-64　1968 年
- 池田温「唐朝処遇外族官制略考」唐代史研究会編『隋唐帝国と東アジア世界』汲古書院　pp.251-278　1979 年

西元	中國、絲路史	日本與世界
907	朱全忠滅唐，建立後梁（五代十國開始）	
		909年，北非的法提瑪王朝成立
916	遼（契丹）帝國成立	
		918年，高麗成立
923	沙陀突厥系王朝・後唐成立（之後接續的是後晉、後漢、後周）	
		926年，契丹滅渤海 935年，高麗滅新羅

西元	中國、絲路史	日本與世界
	番盆地在內的塔里木北邊以北為回鶻的勢力圈，塔里木盆地南邊至河西走廊以南成為吐蕃的直轄領地	
		794 年，遷都平安京
795	回鶻汗國的藥羅葛氏王朝被阿跌氏王朝取代，懷信可汗即位	
9 世紀的前四分之一世紀	回鶻汗國、吐蕃帝國均處於鼎盛時期	800 年，查理大帝受加冕為羅馬皇帝 802 年，柬埔寨的高棉帝國成立 804 年，最澄、空海入唐
821	唐朝太和公主遠嫁回鶻	
821 ～ 823	唐朝和吐蕃會盟（唐蕃會盟碑），甚至加上回鶻，三國會盟成立	
		838 年，派遣最後的遣唐使。圓仁入唐
840	回鶻帝國因為黠戛斯的入侵而崩壞，大量人口往漠南、河西、天山地方移動	
		843 年，根據《凡爾登條約》，法蘭克王國一分為三
845	唐朝彈壓佛教、摩尼教、景教（會昌滅佛）	
848	沙州的張議潮從吐蕃帝國獨立，成立事實上的河西歸義軍節度使政權	這個時候，吐蕃帝國衰亡
9 世紀中葉	東部天山地方的西回鶻汗國成立。以後，天山山脈以南的塔里木盆地進行土耳其斯坦化	859 年，南詔王自稱皇帝，將國號改為「大禮」 這個時候，以索格底亞那中心統治東伊朗的薩曼王朝成立
875	爆發黃巢之亂	
880	黃巢在長安即位為皇帝	
881	唐僖宗蒙塵成都	
883	沙陀族的李克用打敗黃巢奪回長安。李克用成為河東節度使	
884	黃巢之亂宣告終結	
890 年代	甘州回鶻汗國成立	
		894 年，廢除遣唐使 901 年，南詔遭漢人宰相篡位，滅亡

西元	中國、絲路史	日本與世界
		爪哇島的夏連特拉王國成立
753	唐朝從吐蕃手中奪取俾路支地區	鑑真遠渡日本 754 年，南詔大勝唐朝
755	爆發安史之亂	
756	安祿山在洛陽稱帝，自稱為大燕聖武皇帝。唐玄宗皇帝從長安蒙塵到四川。取代玄宗而起的肅宗遣使向回鶻帝國請求援軍。回鶻的磨延啜（葛勒可汗）出兵平定鄂爾多斯地區	伊比利半島的後伍麥亞王朝成立。法蘭克王國丕平三世（Pépin III）將拉溫納地方進獻羅馬教宗
757	安祿山遭到安慶緒等人暗殺，史思明謀求獨立。唐朝、回鶻聯合軍隊一時奪回洛陽。回鶻帝國在色楞格河畔為粟特人、漢人興建白八里	
758	回鶻要求唐朝下嫁公主，唐朝同意	
759	史思明即位為大燕皇帝。回鶻的牟羽可汗即位	
760	史思明進入洛陽	
762	回鶻帝國的牟羽可汗受史朝義之邀計畫入侵唐朝，反而與唐軍聯手奪回洛陽。安祿山的假子張忠志帶著治下的五州歸順唐朝，被唐朝任命為成德軍節度使，並賜李姓（李寶臣）	
763	安史之亂終結。牟羽可汗在安史之亂進駐洛陽，從這裡帶回摩尼教僧侶。唐朝僕固懷恩發動叛亂，回鶻牟羽可汗與吐蕃一起援助妻子的親生父親僕固懷恩。吐蕃佔領唐都長安，短暫樹立傀儡政權	
764	涼州從唐落入吐蕃的手中	惠美押勝之亂
765	舉兵叛唐的僕固懷恩病歿。回鶻與吐蕃分道揚鑣，再度向唐朝靠攏，大敗吐蕃軍	
		770 年，阿倍仲麻呂在唐逝世
778	回鶻牟羽可汗令堂兄頓莫賀達干入侵太原	
779	因為集結反摩尼教勢力的頓莫賀達干發動政變，回鶻牟羽可汗連同身邊的粟特人均遭到殺害	
780	唐朝施行兩稅法	
786	吐蕃佔領敦煌（沙州），完全掌握河西走廊	
789 ～ 792	回鶻汗國與吐蕃帝國針對東部天山地方的領有權展開激烈的北庭爭奪戰	
792	回鶻在北庭爭奪戰取得勝利，以後包含吐魯	

西元	中國、絲路史	日本與世界
716	突厥的遷善可汗死於非命。毗伽可汗、闕特勤兄弟奪權，遷善可汗一派遭到肅清	
		717 年，玄昉、吉備真備、阿倍仲麻呂等人入唐
718	唐朝設置安西節度使	
719	突騎施擴張勢力，唐朝放棄碎葉鎮	
720	唐玄宗計畫包圍攻擊突厥毗伽可汗。突厥反而進攻唐朝的北庭、河西	《日本書記》完成
721 ～ 722	鄂爾多斯的六州胡對唐發動叛亂	
722	唐朝的募兵制開始形成	
725	玄宗在泰山舉行封禪儀式	
		727 年，渤海的使者到達日本 732 年，法蘭克王國在圖爾戰役中，擊退伍麥亞王朝 738 年，南詔王受唐朝冊封為「雲南王」 740 年，藤原廣嗣之亂 741 年，頒布「國分寺建立之詔」
742	拔悉密、葛邏祿、回鶻聯合擊敗突厥第二帝國的骨啜葉護可汗，推舉拔悉密的阿史那施為可汗。此年，安祿山成為平盧節度使	
		743 年，頒布「墾田永世私財法」
744	拔悉密、葛邏祿、回鶻攻殺突厥遺民的烏蘇米施可汗，將首級送抵長安。接著，回鶻、葛邏祿聯合擊敗拔悉密，於是回鶻的骨力裴羅即位為闕毗伽可汗，成立回鶻帝國（東回鶻可汗國）。此年，安祿山兼任范陽節度使	
745	葛邏祿與回鶻不睦，主部移到七河地區	
8 世紀中葉	索格底亞那直接置於阿拔斯王朝的統治之下，以後進行伊斯蘭化	750 年，南詔背叛唐朝，與吐番結盟。伍麥亞王朝滅亡，阿拔斯王朝成立
751	怛羅斯戰役。因為葛邏祿的臨陣倒戈，唐朝敗給大食（伊斯蘭軍）。這一年，安祿山甚至也兼任河東節度使	法蘭克王國卡洛林王朝成立
		752 年，創建東大寺，舉行大佛開眼供養會。

西元	中國、絲路史	日本與世界
	至於都斤山一帶	
687	吐蕃的西域進出再度變得活躍	
689	制定則天文字（也稱武后新字）	
690	武周革命後，武則天即位為皇帝。在各州設置大雲寺	
691	突厥的頡跌利施可汗之弟默啜即位為遷善可汗。在武周（唐），把佛教置於道教之上	
692	武周（唐）聯合舊西突厥的突騎施擊敗進入西域的吐蕃軍，讓安西都護府再度進出龜茲	
693	突厥第二帝國的遷善可汗入侵鄂爾多斯西邊的靈州後，與武周（唐）和親	
694	摩尼教在中國正式傳播	遷都藤原京
695	在武則天的令下，於洛陽建立天樞	
696	突厥的遷善可汗趁著契丹叛亂之際，站在武周（唐）這邊參與討伐，受到冊封。遷善可汗向武則天要求返還突厥降戶、割讓單于都護府之地	
698	突厥縱放大軍侵略華北各地，並且掠奪大量的漢人男女當作人力資源	震（渤海）建國
701、702	突厥進軍鄂爾多斯，經略六州胡	701 年，完成大寶律令
702	武周（唐）在天山北麓東部的庭州金滿城設置北庭都護府。這個時候，突騎施在天山北路的中西部擴大勢力	
703	突厥征伐拔悉密	
705	武則天失勢，國號從周改回唐朝	
708	唐朝在黃河大彎曲部的北側設置受降城，接納突厥降民	
708、710	突厥遠征突騎施	
709	伊斯蘭軍征服索格底亞那的布哈拉	
709、710	突厥遠征契骨、黠戛斯	
710	唐朝的安西都護府一時屈服突厥第二帝國的遠征軍。唐朝設置河西節度使（節度使的起源）	遷都平城京
		711 年，伊斯蘭軍滅掉伊比利半島的西哥德王國
712	唐玄宗即位。伊斯蘭軍控制索格底亞那的撒馬爾罕	
713 ～ 715	突厥三度攻擊唐朝的北庭。此時，突騎施也在蘇錄的治理下復興	713 年，震國王受唐朝冊封為「渤海郡王」，震國改名為「渤海」
714、715	突厥遠征葛邏祿	

西元	中國、絲路史	日本與世界
660	鐵勒諸部對唐朝發動叛亂	新羅、唐擊敗百濟，攻陷扶餘
661	分別在帕米爾以西的十六國設置都督府，全部置於安西都護府的監督底下	伍麥亞王朝成立
662	面對鐵勒諸部的叛亂，唐朝大規模出兵	
663	唐朝鎮壓鐵勒諸部的叛亂，將燕然都護府改名為瀚海都護府並移到漠北。漠南新設雲中都護府，統治突厥降戶	百濟遺民、日本在白村江戰役被唐、新羅打敗，唐朝佔領百濟。吐蕃帝國滅掉吐谷渾
664	唐朝將雲中都護府改名為單于都護府。唐朝的政治實權從高宗移到武則天手上	
		667 年，遷都近江大津宮
668	唐朝與新羅聯手滅掉高句麗。在平壤設置安東都護府	
669	唐朝將瀚海都護府改名為安北都護府	
670	吐蕃入侵于闐，使得唐朝的安西都護府從龜茲退到西州。西藏擴大在西域的統治。唐朝一時廢除安西四鎮	
671	義淨利用海路前往印度	
		672 年，發生壬申之亂
674	唐朝把皇帝改稱天皇，皇后改稱天后，並統稱為二聖	
		676 年，新羅統一朝鮮半島
		678 年，吐蕃在青海與唐朝的作戰大獲勝利
679	唐朝在靈州到夏州南境的粟特人、粟特系突厥底下設置六胡州。唐朝裴行儉打敗了由阿史那都支率領的舊西突厥勢力，為了安置唐朝的駐留軍而興建碎葉鎮。取代焉耆，碎葉成為安西四鎮之一。唐朝在越南設置安南都護府	保加爾汗國成立
682	突厥的阿史那骨咄祿自立為頡跌利施可汗，再次復興突厥帝國（突厥第二帝國成立）	
683	突厥的頡跌利施可汗攻陷唐朝的單于都護府	
685	唐朝的安北都護府從漠北撤退到河西的額濟納一帶	
686	因為漠北的大旱，鐵勒的難民橫渡戈壁流入河西走廊	
686 ～ 687	突厥第二帝國將根據地移到漠北的鄂爾渾河	

西元	中國、絲路史	日本與世界
635	唐朝征服吐谷渾，扶植傀儡政權	
639	突利可汗之弟結社率向唐發動叛亂。唐朝賜阿史那思摩為李姓，冊立為新可汗，讓突厥遺民回到漠南舊地	
640	唐朝滅掉麴氏高昌國，將其首都改名為西州，並設置安西都護府。隔著天山與西州相對的北麓之地，設置庭州防範西突厥	
641	薛延陀的夷男讓嫡子率領鐵勒諸部攻擊漠南的新突厥集團。此年，文成公主下嫁吐蕃	
		642 年，伊斯蘭軍在納哈萬德戰役（Battle of Nahāvand）上，擊敗薩珊王朝的軍隊
643	由阿史納思摩率領的新突厥集團內部發生叛亂，阿史那思摩逃回鄂爾多斯	
644	唐朝征服西突厥勢力下的焉耆。玄奘從印度攜帶大量佛典回國	
		645 年，實行大化革新。蘇我氏滅亡
646	唐太宗滅薛延陀，漠北蒙古高原的鐵勒諸部內附。玄奘的《大唐西域記》完成	
647	唐朝受回鶻的請求，對漠北的鐵勒諸部設定六個羈縻府與七個羈縻州，並在漠南設置統轄的燕然都護府	
648	唐朝遠征高句麗失敗。西突厥的阿史那賀魯內附唐朝，設庭州置其部落，承認唐朝的羈縻制度。唐朝征服龜茲	
649	唐朝派兵到焉耆、龜茲、疏勒、于闐，創設安西四鎮。唐朝對漠南的突厥遺民，改編入定襄、雲中兩都督府	
651	西突厥的阿史那賀魯統合土耳其諸部舉旗叛唐，謀求再度獨立。唐朝的西域支配體制一時瓦解	波斯薩珊王朝滅亡
		652 年，施行班田收授法
657	西突厥的阿史那賀魯被唐朝打敗	
658	唐朝將安西都護府從西州移到龜茲，在索格底亞那設置康居都督府	
659	舊西突厥的思結部的闕俟斤都曼攻擊于闐，但被唐朝的蘇定方打敗。唐朝的西域支配一時得以擴張	

西元	中國、絲路史	日本與世界
	樹立政權	
618	隋煬帝在揚州（江都）遭到部下叛亂被殺。高祖（李淵）建立唐朝，改元武德	
619	涼州粟特人安氏俘虜李軌，將河西之地獻給唐朝。劉武周攻陷太原。唐朝於此年實施租庸調制	阿瓦爾人入侵拜占庭帝國
620	東突厥處羅可汗轉換方針，突厥與唐朝聯合打敗劉武周	
621	東突厥頡利可汗率領一萬餘騎，與苑君璋的軍隊一起攻擊山西的雁門	
622	東突厥頡利可汗與劉黑闥聯合，自身也率領數萬騎席捲山西到鄂爾多斯各地	穆罕默德聖遷，伊斯蘭曆元年
623	唐朝鎮壓了隋末唐初的多數群雄，廢除619年設置的關中十二軍	吐谷渾與黨項入侵唐朝的河州
624	東突厥的頡利可汗與突利可汗一起從寧夏固原一帶出發，侵入到長安以北僅距一百公里之處	
625	唐朝再度設置關中十二軍（最高指揮官為包含粟特人安修仁在內的李淵派，排除李世民派）。東突厥頡利可汗率領十萬大軍入侵山西到鄂爾多斯各地	
626	唐朝李世民發動玄武門之變，殺害手足（此時，粟特人安興貴父子站在李世民這邊）。李世民先成為皇太子，接著逼父李淵退位，即位為太宗。趁唐朝因玄武門之變陷入混亂，頡利可汗逼近長安北郊，與太宗對峙後退卻	
626～627	在東突厥統治下的蒙古高原，九姓鐵勒諸部發動叛亂	
627～628	玄奘通過河西走廊，抵達吐魯番的麴氏高昌國	
628	玄奘在西部天山北麓的碎葉，謁見西突厥的統葉護可汗	
629	唐朝冊封薛延陀的夷男為真珠毗伽可汗，突厥的東面小可汗即突利可汗降唐	松贊干布即位為吐蕃皇帝
630	唐朝滅掉東突厥以及隋朝亡命政權。包含粟特人在內的大量突厥遺民流入唐朝國內。由粟特人首長石萬年率領。哈密一帶的七城臣服唐朝，唐朝在哈密設置西伊州	第一次派遣遣唐使
632	唐朝將哈密的西伊州改為伊州	遣唐使在唐朝使節高表仁隨同下歸國
634	唐朝開始征伐吐谷渾。吐番帝國首次向唐遣使	

西元	中國、絲路史	日本與世界
574	北周武帝斷然採取廢佛	
577	北周武帝滅掉北齊	
578	北周對抗突厥、北齊亡命政權的聯盟，取得勝利	
581	文帝（楊堅）接受北周的禪讓，建立隋朝	
583	隋朝遷都大興城（長安），突厥汗國呈現東西分裂的狀態	
589	隋朝擊敗南朝陳，統一中國全土	
		593 年，聖德太子擔任攝政
599	東突厥的突利可汗戰敗降隋，隋朝冊封為啟民可汗並下嫁義城公主	
		603 年，制度冠位十二階
604	隋朝煬帝即位	
605	原隸屬於西突厥的鐵勒部契苾哥楞成為易勿真莫賀可汗，稱霸東部天山一帶，派遣重臣到高昌國，並向往來的商胡徵稅 這個時候，進行大運河的建設	
		606 年，印度的伐彈那王朝（Vardhana）成立（戒日王即位）
607	隋煬帝到訪啟民可汗位於漠南的牙帳	派遣小野妹子到隋朝 創建法隆寺 608 年，隋煬帝派遣裴世清到倭國。高向玄理等人留學隋朝
609	隋煬帝親征吐谷渾	
610	隋朝佔領伊吾（哈密）	610 年左右穆罕默德開始傳播伊斯蘭教
612 ～ 614	隋朝三度遠征高句麗，皆以失敗收場	
614	東突厥內的粟特人史蜀胡悉率領的一軍團，掉入隋朝名將裴矩的計謀，被引誘到設在馬邑（朔州）的互市內，全數遭到殺害	
615	東突厥始畢可汗率領軍團南下，入侵大同盆地西部。出征的隋煬帝在雁門附近被突厥軍包圍受困	
		616 年，波斯薩珊王朝遠征埃及
617	李淵在太原舉兵南下進入長安城。擁立煬帝之孫楊侑，自立為唐王。李軌在涼州（武威）	

西元	中國、絲路史	日本與世界
452	北魏在粟特王的請願下，釋放粟特人俘虜	
		476 年，西羅馬帝國滅亡 478 年，倭王武遣使南朝宋 481 年，法蘭克王國成立
485	北魏實施均田制	
490	高車國王阿伏至羅派遣粟特人．商胡越者到北魏洛陽	
494	北魏遷都洛陽	
501	吐魯番盆地的麴氏高昌國成立	6 世紀，波斯薩珊王朝的黃金時代。高棉人建立真臘 520 年，新羅頒布律令
523	北魏爆發六鎮之亂	
		527 年，筑紫國造磐井之亂。拜占庭帝國查士丁尼大帝即位
534	柔然可汗的阿那瓌趁著北魏最末期的混亂意圖入侵，而遣使北魏（使節團內包括粟特人安吐根） 年末～隔年初，北魏分裂成東魏、西魏	
541	東魏與柔然和親	
545	握有西魏實權的宇文泰任命酒泉的粟特人安諾槃陀為正式使節團的首長，出使突厥	
6 世紀中葉	突厥在蒙古高原西部的阿爾泰地區興起	
546	突厥部落的首長土門遣使西魏	
550	在東魏的禪讓下，北齊成立	
552	土門自稱伊利可汗，建立突厥汗國	百濟聖明王獻給日本佛像、經綸
553	西魏從南朝梁的手中奪取四川，阻斷吐谷渾和南朝的通行	
556 ～ 557	西魏滅亡，北周成立	
		562 年，新羅征服任那，加羅各國滅亡。這個時候，突厥、波斯薩珊王朝聯合滅掉嚈噠
568	突厥的西面可汗室點蜜，派遣統治下的粟特商人摩尼亞赫（Maniakh），企圖開拓突厥與東羅馬（拜占庭）帝國之間直接進行絲綢貿易的路徑	
572	突厥汗國的他鉢可汗即位	

年表

西元	中國、絲路史	日本與世界
3 世紀	粟特商人在三國志時代的中國登場	239 年，邪馬台國．卑彌呼遣使魏國，被授予「親魏倭王」金印
311	西晉懷帝在伴隨永嘉之亂發生的動亂中，欲逃出洛陽之際，被匈奴的劉聰俘虜	
312 ～ 314	敦煌西方出土的粟特語古代書信的製作年代	
313	劉聰殺害晉懷帝	高句麗滅樂浪郡。君士坦丁大帝頒布《米蘭詔書》，承認信仰基督教的自由 320 年左右，笈多王朝成立
335	西域僧佛圖澄成為後趙的國師	4 世紀中葉，百濟和新羅成立 375 年，西哥德人南渡多瑙河，定居於羅馬境內
386	拓跋珪建立北魏	391 年，高句麗廣開土大王即位。倭軍擊敗百濟、新羅軍隊 395 年，羅馬帝國分裂為東西
399	法顯出發前往印度求法	
401	西域僧鳩摩羅什抵達長安	5 世紀，嚈噠強盛，笈多王朝的黃金時代
402	柔然在蒙古高原自稱可汗	413 年，倭王讚遣使東晉 427 年，高句麗遷都平壤
429	北魏的世祖太武帝遠征蒙古，大勝柔然的大檀可汗。柔然已經有涼州的粟特人	
439	北魏征服了統治河西走廊的北涼，華北統一。作為人力資源，自北涼的首都姑臧（涼州、武威）遷徙了包含粟特人在內的三萬多戶到北魏的首都平城（大同）	
442	北涼殘部攻陷吐魯番（高昌國的起源）	

興亡的世界史 06

絲路、遊牧民與唐帝國

從中央歐亞出發，騎馬遊牧民眼中的拓跋國家

シルクロードと唐帝国

絲路、遊牧民與唐帝國：從中央歐亞出發，騎馬遊牧民眼中的拓跋國家
森安孝夫著／張雅婷譯／
初版／新北市／八旗文化出版／
遠足文化發行／二〇一八年四月
ISBN 978-957-8654-03-7（精裝）
一、唐史
624.1
107002853

作者　森安孝夫
日文版編輯委員　青柳正規、陣內秀信、杉山正明、福井憲彥
譯者　張雅婷

總編輯　富察
責任編輯　穆通安、張乃文、鄭天恩
編輯協力　洪源鴻
企劃　蔡慧華

封面設計　莊謹銘
排版設計　宸遠彩藝

社長　郭重興
發行人兼出版總監　曾大福

出版發行　八旗文化／遠足文化事業股份有限公司
地址　新北市新店區民權路 108-2 號 9 樓
電話　〇二～二二一八～一四一七
傳真　〇二～八六六七～一〇六五
客服專線　〇八〇〇～二二一～〇二九
信箱　gusa0601@gmail.com
臉書　facebook.com/gusapublishing
部落格　gusapublishing.blogspot.com

法律顧問　華洋法律事務所／蘇文生律師
印刷　成陽印刷股份有限公司

出版日期　二〇一八年四月（初版一刷）
二〇一九年三月（初版五刷）

定價　五五〇元整